為什麼我們會
這麼想、那樣做？

耶魯心理學權威揭開
你不能不知道的「**無意識**」法則

John Bargh Ph.D.
約翰·巴吉 博士 著　趙丕慧 譯

BEFOR
YOU
KNOW I

THE UNCONSCIOUS REASONS
WE DO WHAT WE DO

獻給丹妮兒，我的超級英雄

各界專家一致好評！

雖然這本書是多年研究的結晶，但是詼諧的語調和雋永的小故事卻讓文字平易近人。讀者讀到最後一章……對於意識的權威會有全新的認識，同時也能吸收一些實用的訣竅，利用自由意志來改變自己。讀過安琪拉．達克沃斯的《恆毅力》以及麥爾坎．葛拉威爾的《決斷2秒間》，你就絕對會想讀這本書。極力推薦給任何對心理學以及自我成長真正感興趣的人！

——**圖書館期刊**

約翰．巴吉的《為什麼我們會這麼想、那樣做？》讓我們對人類行為的理解又向前邁進了一大步！真是一本精采又可信的作品！

——**《決斷2秒間》作者／麥爾坎．葛拉威爾**

《為什麼我們會這麼想、那樣做？》是一本精采的書，清楚地解釋了我們的無意識在日常行為中扮演著無所不在的角色，也說明了背後的原因。過去多年來出版的心理學書籍中，這本可以名列前茅。它嚴肅中帶著幽默，令人讀來津津有味，也讓我們省思我們的行為。無論是科學家或是一般大眾都會對這本書有極大的興趣。

——**蘇黎世大學經濟學教授暨國家經濟實驗室主任／恩斯特．費爾**

這本書非讀不可，不僅因為它的主題「無意識的本質」十分迷人，也因為作者是一位開創性研究的科學家。他的文筆平易近人，每個人都應該要一讀！

——**《佛洛伊德的近視眼》作者／提摩西．D．威爾森**

走一趟人心內在運作之旅，讓我們知道意識與無意識動機是如何交錯糾纏，塑造了今天的我們。這本有趣又睿智的書將會改變你看待自己以及周遭世界的方式。

——**《瘋潮行銷》作者／約拿．博格**

了不起！作者及其團隊完成了社會心理學研究上極具指標性的精采概論。巴吉清楚易讀的文風不但能吸引專家，連一般讀者都能欣然接受。

——**出版家週刊**

無意識心智科學上的權威學者寫出的一本令人入迷又發人深省的好書！

——**《快樂為什麼不幸福》作者／丹尼爾．吉伯特**

一本活潑的書，丹尼爾．康納曼在他的知名著作《快思慢想》中引用過巴吉的理論。巴吉是領導全球的心理學家，對心理學抱有強烈興趣的讀者將透過這本書獲益良多。

——**週日泰晤士報**

以有趣的科學及實驗發現為後盾，巧妙訴諸筆端，既是科普文章也是學術論文，再添加一劑自助良方，包裹出一個令人滿意的成品！

——**寇克斯評論**

清楚、生動、有趣，透過作者引人入勝和強大的說故事能力，讓我們重新認識心理學。

——**《人類的冒險》作者／加文·法蘭西斯**

·CONTENTS·

緒論——讓我們再把時間歪曲一遍

過去、現在、未來的分野只是一個死也不肯破滅的幻覺。

——艾伯特・愛因斯坦

我大學主修心理學，副修「齊柏林飛船」；或者應該是反過來才對。那時是一九七〇年中期，我在伊利諾大學念書，學校在香檳－厄巴納。我如果不是在心理系的研究室裡用功，就一定泡在由學生負責的調頻電臺WPGU裡，擔任晚間的DJ。轉唱片可不只是個技術活，在前數位時代仍是黑膠唱片當道的時候，這句話尤其是至理名言。轉唱片是一門藝術，直覺和技能缺一不可，我在節目中鬧了不少笑話之後，才終於在電臺裡那間有窗戶的隔音小盒子裡覺得自在。前一首歌曲的旋律漸漸變弱，這時要播放一首新歌，你得要配合它的旋律，甚至連音調都得考慮，才不會顯得突兀。就像兩個人在餐廳門口偶遇，一個剛來，一個要走，兩首歌會重疊個幾秒鐘，製造出一種舒服愉快的延續感。我最愛「齊柏林飛船」的一點就是他們的歌曲的結尾往往會拖長，正好讓我能靈機一動，在歌曲的過渡之中創造力十足。〈喋喋不休〉（*Ramble*

On）旋律漸弱，勞勃．普蘭特的「我的寶貝、寶貝、寶貝」越來越細微，我就會放上「門戶」的〈暴風雨中的騎士〉（*Riders on the Storm*），雷鳴雨狂。

我這個中西部來的小子，才剛要開始摸索人生，選上心理學是因為心理學有說不完的解釋：人為什麼會行善又為惡？決定我們的思想與感情的元素是什麼？而最令人著迷的是，我們可否利用這一口越掘越深的知識之井來重塑自己和世界。但是反過來，我對音樂會那麼痴迷也就是因為它**藐視**解釋。我為什麼喜歡這些樂團？為什麼有些歌會讓我起雞皮疙瘩，或是讓我不由自主地跟著亂蹦亂跳，而有些歌卻左耳進右耳出？音樂對我的情緒為何會有這麼大的影響？由此可見我埋藏著自己也不了解的東西，但這些東西顯然是存在的，而且是非常重要的。一九七八年我為了攻讀博士搬到密西根州的安娜堡，我的指導教授羅伯．札瓊克（Robert Zajonc）會把我叫到辦公室裡，舉起兩張博物館明信片，上頭是現代畫作，然後問我喜歡哪一張。他出示了大約四、五組畫，每次我都一眼就知道比較喜歡哪一幅，可我總在摸索原因。

教授面帶微笑，對著我的煩悶點頭。「這就對了。」他說。

心理學家才剛開始了解有一些隱藏的、潛在的機制主導了，甚至是創造了我們的思想及行動，可是這些是什麼機制，又是如何運作的，我們也才剛有一點點頭緒。換句話說，我們仍然無法解釋是什麼重要部分造就了我們，但我們的經驗中的關鍵部分卻是根源於此。

約莫也是在一九七〇年代的晚期，有個叫邁可．葛詹尼加（Michael Gazzaniga）的人駕駛著二十六呎長的通用露營車繞行新英格蘭。葛詹尼加是現代神經科學奠基人之一，他跑這趟路的目的並不是為了好玩，而是為了探訪「裂腦」病人——亦即接受過胼胝體橫切術的病人（切除連接左右腦的那束纖維，以便降低癲癇發作的機率）。葛詹尼加希望能夠獲得大腦各區塊互動方面的新知。他會在他的露營車裡架起放映機，讓病人坐在一個可於右半腦呈現一些刺激，並於左半腦呈現其他訊息的螢幕前。通常病人無法覺察是什麼在右半腦中呈現，只能覺察左半腦所呈現的訊息。在某些研究中，研究者會向右半腦呈現視覺指令，比如電腦螢幕出現「走」這個字，而病人會立刻就把椅子向後推，邁開步子要離開測驗室。問他要去哪裡，他會說「回我家去喝杯汽水」之類的話，聽起來合情合理，卻是完全錯誤的解釋。病人可以迅速又輕鬆地去詮釋，並為自己的無意識意向或非自己起心動念的行為提出合理的說明，讓葛詹尼加印象深刻。

葛詹尼加從實驗中獲得了突破性的見解：那些驅動我們每天許多行為的本能源自於我們覺察之外的大腦歷程，即使我們可以在事後快速理解。我們都感受得到有意志的主觀經驗，但是這種感受並不能有效證實我們的某些行為是出於我們的意志。我們可以在沒有移動意志的情況下，因受到誘發而移動，這一點懷爾德・潘菲爾醫師（Wilder Penfield）在一九五〇年代蒙特利爾的麥基爾大學，從動過腦部手術的病人的實驗中已經證實了。一旦他刺激運動皮質的一個區域，病人的手臂將會移動。他在稍後提醒病人即將發生的事情，而病人甚至以左手臂嘗試制止手臂移動，但卻仍然移動。意識意志

（conscious will）在手臂動作中並不是必需的；意識甚至無法阻止。葛詹尼加認為，意識使我們在無意識時所做出的行為在事後獲得合理解釋，我們會創造正向的、似是而非的一番說詞去解釋我們的舉動以及原因。而顯然，這些事後說明不能保證都是正確無誤的。葛詹尼加的洞見為德爾斐箴言「認識你自己」提供了一個嶄新的觀點，也向自由意志這一概念提出了新的問題。

我們在日常生活中，說的話、心裡的感覺、做的事，有多少**是**由我們的意識控制的？更重要的是，有多少不是受意識控制的？而更關鍵的是，如果我們了解無意識是如何運作的——**如果我們知道我們為什麼這麼做**——那麼我們是否就能徹底了解自己？察知了我們潛藏的驅動力，是否就能開始不一樣的思考、感覺和行動？這對我們的生活又有什麼意義？

《為什麼我們會這麼想、那樣做？》就在探究這些問題，也探究幾十個同樣複雜迫切的問題。不過，在開始之前，我們需要看看**為什麼**人類的經驗是如此運作。一旦我們取得了正確的框架來理解心智運作中意識與無意識的互動，新的機會就會出現在我們眼前。我們能學習癒合傷口、打破積習、克服偏見、重建關係和發掘沉睡的能力。再套用「齊柏林飛船」的兩首歌，也就是具改革作用的機會不再「遠在群山之外」，而是逐漸「在光中」萌生。

我們知道我們不知道什麼

我的姊夫彼特是火箭科學家。不蓋你。他跟我都在香檳小鎮長大，然後他、我姊和我都進了伊利諾大學念書。我後來又進了密西根大學讀研究所，他當了海軍，成為天線引導式飛彈系統的專家。他非常聰明。

一九八〇年代，我在紐約大學教了幾年書，有一次我到我家位在密西根州利勒諾郡的小木屋，跟家人共度兩週。這地方通稱為密西根州的「小指」，一到冬天，白雪覆蓋，大地白茫茫一片，天空也灰濛濛的；可是夏天的湖泊卻波光粼粼，湖水藍得像加勒比海，沙丘上到處是開心的孩子在翻滾，夕陽餘暉把樹木照得更加翠綠，樹下的烤肉架冒著煙，鍋裡咕嚕嚕地煮著魚。我爸在我們還是小鬼頭的時候買下了這棟沒有暖氣的小木屋，在非常特別的幾年裡我們都在那裡度過整個暑假。

有一天，湖面平靜無波，偶爾才被無聲無息的風吹動一絲漣漪。那年我在喧囂的紐約市生活了五十週，這裡可以說是最完美的靜土。我的姊夫跟我都是早起的鳥兒，所以我們就坐在有紗門和紗窗的客廳裡喝咖啡，沐浴著晨光。

「說說看你的研究室最近有什麼偉大的發現。」他說。

我說明了我們發現有意識的覺察（awareness）及意圖（intention），並不總是我們對周遭世界的反應源頭。「比方說，」我說，「有一個叫雞尾酒會效應（Cocktail Party Effect）的玩意。就是你參加派對，忽然聽到房間另一頭有人說了你的名字。你沒聽見他在說你名字**之前**說了什麼，你可能也不知道他來參加派對了。四周很吵雜，你在濾除雜音，專心聽跟你說話的人在說什麼，可是你的名字卻還是滲透了進來。為什麼偏偏是你的名字？這是我們做的第一個研究，說明了我們會自動處理我們的名字以及與我們的自我概念（self-concept）有關的重要事情，甚至不需要知道，就已經在處理了。」

我姊夫看著我，一臉茫然。我猜是我沒說清楚，就接著往下說。我又說明我們對別人的看法——比方說，第一印象——可能會在無意識中，被我們見面前幾分鐘的經驗影響，甚至是操弄。我曾在我的實驗室所執行的實驗中親眼見過，結果相當驚人。「整體來說，」我說，「我們一直發現仍然有許多心智運作的方式是我們尚未發掘的，但這些心智運作在我們毫無覺察之下塑造了我們的經驗和行為。而最令人振奮的是，藉由我們的實驗，我們開始慢慢偵測這些無意識的機制，**看見了**我們的心智中所看不見的模式。」

這時候，彼特打斷了我，不停地搖頭。「不可能，約翰。」他衝口而出。「我就不記得有哪一次是在無意識中被影響過！」

可不是嗎？我心中暗想。重點就在這裡，不是嗎？你什麼都不記得，因為你從一開始就壓根沒有覺察。

我的火箭科學家姊夫無論如何也甩不掉他的強烈信念——根植於他長年的個人經驗——他認定他做的每一件事都是出於他有意識的選擇。百分之百可以理解。從定義上而言，經驗本來就局限於我們所覺察的事物。再者，要去接受我們可能不是我們意識中所堅信的那般可以穩固地控制自身思想和行動，這想法不唯荒誕，可能還有些嚇人。我們很難接受自我這艘船會動，除了意識這位船長在掌舵外，還有別的動力。

想要了解無意識的力量在每一天的每一刻是如何運作，我們就必須知道無論在何時，我們所覺察到的事物與心智中正在運作的事物之間有一道鴻溝，而心智活動中運作的事物是遠多於我們所能覺察的事物的。就像是物理學中的各種不同波長的電磁波，從最小到最大——我們只能看見當中的一小部分，也就是可見光譜（visible spectrum），可是我們不能說其他波長的電磁波是不存在的——我們只是看不見罷了，像紅外線、紫外線、X光以及其他許多不同波長的電磁波。我們的肉眼雖然看不見這些電磁波的能量，但現今已有儀器和技術能夠偵測，並且測量其功效。同理，我們看不見的心智歷程（mental processes）也是：我們或許不能直接覺察到，可是現在科學卻能夠偵測到，而且我們也能學會如何偵測——透過學習而去看見是什麼被隱藏，我們就獲得了另一雙眼睛。也許該說是取得了一付我們之前不知道我們需要的新眼鏡。（「看我錯過了多少！」）而且，你不必是火箭科學家也能戴。

三個時區

直到最近我們才有可能系統地、積極地測試無意識是如何影響我們的思想與行動。之前的科學家只有理論、臨床病人的病例研究、拼湊的實驗成果，當然就會眾說紛紜。心智中的無意識部分和在我們覺察之外所進行的心智歷程的想法，早在佛洛伊德（Sigmund Freud）之前就存在了。譬如達爾文（Charles Darwin）就在他一八五九年問世的皇皇巨著《物種起源》（*On the Origin of Species*）中反覆提及，他在書中說到農夫以及育種人每天都在不知不覺中運用了物競天擇的原理，種出更大的玉米，培育出更肥壯的母牛和更多毛的綿羊。他的意思是農夫和育種人沒有覺察到他們的作為為何會成功，或是隱藏在背後的機制——甚至是他們沒有覺察到物競天擇的機制之於宗教信仰所隱含的重大意義，它牴觸了當時的宗教信仰中對於世界、動植物的超自然創造論。到了十九世紀，愛德華・馮・哈特曼（Eduard von Hartmann）出版了《無意識的哲學》（*Philosophy of the Unconscious*），卻只是恣意猜測心智以及心智的內部運作，既沒有資料也說不上什麼邏輯和常識。這本書非常暢銷，到一八八四年已經再版了九次。威廉・詹姆斯（William James）這位現代心理學之父就很不喜歡馮・哈特曼毫無科學根據的理論，甚至讓他說出了無意識只不過是「為那些奇思怪想的人提供了胡攪蠻纏的土壤」的名言。詹姆斯與西格蒙・佛洛伊德首次見面並聆聽他對夢的意義的演說，詹姆斯對於從醫學角度來研究無意識的方法感到印象深刻，並對佛洛伊德說他的研究是心理學的未來。詹姆斯欣賞佛洛伊德的努力，他不是坐在安樂椅上胡亂臆測，而是臨床觀察並且設法排解病人的沮喪與症狀。

可是之後，就在這兩位心理學的巨擘第一次也是唯一一次的會面之後，心智研究卻受到了當代科學機構地震式的打擊。心理學研究參與者有意識的內在經驗回報，也就是其內省（introspection），並不能作為可信賴的證據來源，因為同一個人即便在相同的情形下，也能在不同的時間點回報不同的結果。（沒錯，本書的其中一個主題就是我們人類缺乏準確的內省方法以及對於我們的心智運作的知識——但當時的科學家只能仰賴他們的研究參與者有能力準確地回報自己的心智運作方式。）到了一九一三年，約翰・B・華生（John B. Watson）主張科學心理學根本就不應該企圖研究思想以及意識經驗，他的這句名言帶來了毀滅性的後果。正如阿瑟・庫斯勒（Arthur Koestler）在一九六七年寫在他的《機器中的幽靈》（*The Ghost in the Machine*）裡對行為主義的批判，華生及行為學派的學者們犯了一個天大的邏輯錯誤，導致心智的研究——無論研究的是有意識或是無意識——在接下來的五十年都被排除在科學心理學之外。正如庫斯勒所指出，其他的科學領域都在這段時間中得到了巨大的進步。蟄伏的「行為學派」心理學（開山鼻祖是華生）極力主張我們就是環境的產物。我們的所見、所聽、所觸——和其他微不足道的——決定了我們的作為。我們就跟老鼠一樣，可以被訓練成為了食物而去按鍵。意識是一種幻覺，是一種**副現象**（epiphenomenon），我們可能會覺得很真實，可是在我們的人生中卻沒有扮演什麼積極的角色。這種極端的觀點當然是錯的。

一九六〇年代，新範例出現了——認知心理學。認知心理學家想駁斥我們只是實驗室老鼠的說法，他們主張，我們的意識選擇占有重要角色。雖說認知心理學家把自由意志還給了我們，但是在辛苦對抗壕深牆高的權威行為學派時，他們卻也偏向了另一個極端。他們認為我們的行為幾乎都在意圖與意識的控制之下，唯有極少數的情況是因環境線索而誘發。這種極端的立場一樣是錯誤的，真相其實是介於兩極之間，而我們若是想了解，就一定要把地球上一切生命的基本存在條件——**時間**——考慮進去。

本書的架設前提就是心智——正如愛因斯坦所言，整個宇宙中唯心智是真——同時存在於過去、現在、未來。我們的意識經驗就是這三部分的總合，因為這三個部分在每個個體的大腦中互動。然而，心智中時區是怎麼個並存法卻沒有乍看下那麼易懂，或者是說，有一層很輕易能辨識出來，另外兩層則否。

未隱藏的過去、現在、未來就在我們的日常經驗中。我們隨時隨地都可以主動從腦子裡的巨量檔案庫中提出記憶，有些記憶還會格外生動。偶爾受到什麼觸動，回憶也會自己跳出來，就像是電影螢幕在心智的眼前展開來。而如果我們花時間沉思——或是有個愛追根究柢的夥伴，或是接受治療——我們就能夠發現過去是如何塑造我們現在的思想和行動的。同時，我們也始終知道現在是一直持續的。每個清醒的時候，我們都體驗到人生，因為它迎上了我們的五種感官——視覺、嗅覺、味覺、聽覺、觸覺。人腦進化到當事情在**現在**發生的時候，我們能夠有效地針對四周發生的事物做出反應，所以我們投注了大量的神經資源，以便讓我們在這個無法控制的變動世界裡，作出聰明的行為決策。萬古的演化把我們兩耳之間的灰色物質形塑成一個複雜得令人吃驚的指揮中心。想想看：人腦的重量只占一個人體重的二%，可是卻在我們清醒時消耗掉二十%的能量。（說到這裡，你也許會想去吃點東西。）

不過我們卻可以控制我們所想像的未來。我們主動追求野心、欲望、里程碑——珍視的升遷、夢想中的假期、理想的家。這些想法活躍在我們的心智裡，跟過去和現在一樣，毫不隱藏。怎麼可能隱藏得了呢？這些都是我們自己想出來的東西啊。

所以說我們有意識的覺察給了我們很多有意義的經驗，這一點就無庸置疑了。可是心智的活動卻比這三個時區立即可見的活動要多得多。我們也有一個隱藏的過去、一個隱藏的現在、一個隱藏的將來，皆在我們知道之前影響了我們。

人體的構造是為了要活命而演化，於是不斷地繁殖。其他的東西——宗教、文明、一九七〇年代的前衛搖滾——都是以後才出現的。人類為了求生而學到的寶貴教訓組成了我們隱藏的過去，賜予我們自動的「儀式」，持續到今天，雖然我們對產生這些特點的古遠歷史不復記憶。舉例而言，如果有輛公車對著你衝過來，你就知道要往旁邊跳，而你的神經系統會幫助你向旁邊跳，不需要你命令它分泌腎上腺素。同樣地，如果有一個吸引你的人靠過來吻你，你也知道要迎上去。半世紀之前，普林斯頓大學的喬治·米勒教授（George Miller）就指出，要是我們做什麼事都得是有意識的，那我們早晨絕對下不了床（起床通常就已經夠折磨人的了）。要是你得絞盡腦汁來決定要動哪一束肌肉，而且次序還必須正確，那你的腦袋絕對會打結。我們每天都忙得像隻無頭蒼蠅，哪有那個功夫來仔細思考每一刻的最佳反應，所以我們演化的過去就在不知不覺間運作，供給我們一個流線型的系統，幫我們節省時間精力。不過，我們很快也會提到，它也在其他重要卻較不明顯的地方指引我們的行為，像是約會和移民政策。

「現在」存在於心智中，同時它的底蘊也遠遠大過了我們在通勤上班、陪伴家人，或是瞪著智慧型手機的時候，有意識地感知到的範圍。（有時我們三件事一起做，不過我是不建議啦。）我這些年來的研究，以及我同事的研究，都揭露了有一個隱藏的現在幾乎正在影響我們所做的每一件事：採購雜貨時我們購買的產品（以及數量）、我們認識新朋友時的面部表情及姿勢、我們在考試及面試時的表現。儘管看起來並非如此，但是我們在這些情況下的想法和行動並不完全受我們的意識控制。隱藏的力量影響了我們心智中的每一個當下，所以我們買了不同的產品（而且數量不同），跟不同的人有不同的互動，有不同的表現。一如麥爾坎・葛拉威爾（Malcolm Gladwell）在他的書《決斷2秒間》（*Blinks*）中所說，我們也有自己信任的預感（hunches）、本能（instincts）和膽量反應（gut reactions）。心智在當下的柔韌性（malleability）是在於一眨眼間的反應其實遠比我們所想的還要更容易出錯。透過學習這些瞬間反應如何在我們的大腦中運作，我們就能增強辨識好預感和壞預感的能力。

再來是隱藏的未來。我們有希望、有夢想、有目標，所以我們的心智和生活都會朝它們調整；我們對未來也有恐懼、焦慮和擔憂，有時就是無法從腦海中驅逐。這些念頭在我們的神經路徑中奔馳，在我們身上發揮了無形的影響力。我們想要與需要的東西，強烈決定了我們喜歡與不喜歡的東西。比方說，有個著名的實驗結果是，如果鼓勵女人去想找個伴安定下來，她們對日光浴沙龍和瘦身藥（增加吸引力的外在方式）的不認同就會減少。為什麼？因為我們在無意識下，會戴著染了目標色彩的眼鏡去看世界。我們的心在無意識中聚焦於「變得有魅力，以便找到伴侶」這件事，這時日光浴沙龍和瘦身藥就會突然變成好東西。這種無形的未來也影響了我們喜歡**誰**，討厭**誰**。如果你專注於你的事業，你就會對那些跟你的職業目標相關的人產生更強大的情感連結。反過來說，如果你比較在乎玩樂，另一種類的人將會被你吸引。換句話說，朋友——以及人生中的其他面向——都受我們無意識的目標、我們隱藏的未來而影響。透過檢視我們的慾望如何悄悄地影響我們的生活，讓我們更能妥善安排自己的人生中真正的優先考量及價值觀。

過去、現在、未來。心智同時存在於這三個時區中，無論是隱藏的或是可看見的運作。這是一種多次元的時間扭曲，即使它給我們的是一種平順線性的經驗。包括精通冥想的人，沒有一個人能夠**只**活在當下。我們也不想要。

總之，心智的運作模式很像一九七〇年代我在ＷＰＧＵ當ＤＪ時使用的音響設備，只不過重疊的手法更複雜細膩，而且混音器有更多主動的輸入端。其實就好像是三首歌曲一直在播放。主調（現在）最大聲——就用〈薄倖人〉（*Heartbreaker*）吧，那是「齊柏林飛船」的扛鼎之作——而另外兩首（過去和未來）時而輕柔，時而嘹亮，而且還偷偷地改變整體的旋律。而那種含糊滑溜的細微差異就在於：在你心智隱藏的深處，存在著你沒有覺察的重要歌詞、旋律、基調強節奏。即使你正在聽的歌曲被它們修改得面目全非，你卻幾乎不知道要去聽見它們。

這本書就是想把你放進你的心智播音室裡，讓你能更清楚聽見真正在播放的歌曲，並且開始自己來控制音樂。

新的無意識

人類在步向理解無意識心智的漫漫長途中，走進了許多雖然相當有想像力，卻是錯誤的方向。中世紀時，有人出現奇怪的行為，像是自言自語或看見異象，大家就相信是撒旦或惡靈占據了他們的身體。畢竟各種教派都說人類是依據上帝的形象創造的，而上帝可不會自言自語到處閒晃。十七世紀初，哲學家笛卡兒（René Descartes，就是「我思故我在」的那位）把人類靈魂——我們超自然、類上帝的一面——擺進了我們的意識裡。社會不接受的行為就不可能是起因於人類像上帝一樣的意識，而必須得是外在力量占據了某個人的身體。

差不多是三個世紀之後，約莫在一九〇〇年，在巴黎的科學家皮耶．賈內（Pierre Janet）跟在維也納的佛洛伊德分別主張心理疾病有自然的、有形的病因。佛洛伊德和賈內都是有創見的精神病學家，他們在各自服務的醫院裡治療精神病病人——像是人格分裂——並且嘗試有系統地去解釋這些干擾是源自於身心靈的哪個部分。賈內認為心理疾病純粹是因為大腦功能異常，而佛洛伊德卻認定這些精神疾病源自於病人獨立存在的無意識自我。不過他並沒有就此打住，他還堅持——而且還頗專斷——這個獨立的無意識心智存在於我們每一個人身上，而不僅是心理疾病患者。佛洛伊德強烈要求他的助手卡爾．榮格（Carl Jung）以及其他人把他的理論當成教條，差不多要當成開示的真理，而不是需要科學驗證的假設（不過榮格還是做了科學驗證）。所以，雖然佛洛伊德對無意識驅動力的強調無疑是驚天動地的真知灼見，實際上，他卻把正常心智的無意識運作妖魔化了。他宣稱我們每一個人的心裡都藏了一個無意識冥界，裡頭充斥了黑暗扭曲的衝動，唯有乞靈於精神療法才能驅魔。研究相同現象的賈內極力反對，但我們也知道，最後是佛洛伊德的理論滲透了通俗文化的肌理，流傳至今。

佛洛伊德在他廣博詳盡的推論中，把無意識心智比喻為一個熱氣騰騰的大釜，裡面燉煮著適應不良的各種情結，專門給我們找麻煩、惹我們傷心，而唯一的解決之道就是用我們的意識心智來干涉（當然得仰仗一位優秀的精神病醫生助一臂之力）。笛卡兒的主張是意識心智是我們類似上帝的一面，而有形的無意識心智代表我們的根柢，亦即動物本能。笛卡兒與佛洛伊德的主張流傳至今，連有些科學心理學的分枝都深受影響。簡單一句話，凡屬有意識的都是**好**的，而沒有意識的都是**壞**的。這個方程式方便使用卻過於簡化，而且**大錯特錯**，也造成了許多不方便。

那我們為什麼會死抱著這種理論，視為珍寶呢？我覺得很大的一個因素是我們太**想**相信，畢竟我們能和地球上的所有動物有所分別，靠的就只有意識這個超能力。且讓我們來看看兒童電視劇裡的情節和人物（復仇者、蝙蝠俠、蜘蛛人），或是好萊塢電影，更不用說給成人看的電視節目了，主角不是有什麼特殊的心理力量就是有什麼超能力。我們渴望變成電視電影中的人物，比別人多一種特殊的優勢，擁有那些能力來撥亂反正、報仇雪恥、及時拯救我們的親朋好友以及社會上被打壓蹂躪的人。這些奇妙的、令人開心的情節讓我們能暫時逃避現實生活，於是我們花大筆的金錢以及大量的寶貴時間定期觀看這些媒體的奇思幻想。我們太渴望這種超能力了，所以我們心甘情願地（也是可以理解的）不肯不去相信只有我們**有**，而別的動物都沒有的超能力（意識）。因為這種誘導，我們就相信我們的意識心智是良善之源，而出了錯就責怪心智的無意識運作。只要我們做了讓別人皺眉的事，我們就會說「我不是故意的」，並且為我們的行為編織出情有可原的藉口，而不是直接說：「對，我是故意的，而且我真是倒楣才會被拆穿。」要證明給你自己看你確實經常用別的理由來粉飾你自覺的意圖的話，有個辦法就是，去了解你編出這些別的理由是不想為自己的行動負責。於是一轉眼間，你**真的**相信你的行動是出自別種因素而不是你自覺的意圖。可是如果你對自己誠實，你就會承認這個原理不但適用於你的正向行為，也適用於那些你寧可卸責的行為。

可是今天，多虧了認知科學以及它所運用的一些有效的新方法，我們進入了無意識的新時代。我們現在知道了無意識並不是我們另一套有自己運作規則的心智，而是有它自己的運作規則。我們有科學理論說明一般人的心智是如何作用的，而且我們用實驗總結一般人的反應，以此資料為基礎來驗證這些假設。所以我們能夠更安全地總結一般人的心智，不像佛洛伊德只能透過研究數量少很多，且有重大心理和情緒問題的非典型病人個案研究，來建立他的理論。腦部照影（brain imaging）研究揭露了無意識心理歷程使用了跟意識心智一樣的區域及系統：所以，〈還是那首歌〉（*The Song Remains the Same*）。我們有一個簡單、統一的心智，分別以有意識與無意識模式來運作，使用的是同一套基本的機件，在演化的過程中精密地調校過。隱藏的心智——在我們的知識與意圖之外運作的心理歷程——是為幫助我們而存在的，儘管它確實有一連串複雜的功效，但只要我們能了解，就能從中獲益。而這些關鍵的無意識心智歷程就是我窮盡四十年生涯研究的目標。

二〇〇三年夏天，我從紐約大學遷到耶魯。我抵達後，就跟同事一起把我們的實驗室命名為「認知、動機暨評估研究室」，簡稱ACME。顧名思義（我得承認，我一開始想把實驗室就命名為ACME，理由很快會出現，而且在那個時候才想出了全名），*Acme*這個字的意思是「尖峰」或「頂點」，而我們有許多人認為我們的意識心智就是完美的高水位標記，是「創造的皇冠」（這是「傑佛森飛船」的歌，不是「齊柏林飛船」的）。雖然它的確是三十六億年的生命進化的頂點，卻不是我稱它ACME研究室的真正理由。

大概有很多人還記得老卡通《威利狼與嗶嗶鳥》（*Wile E. Coyote and the Road Runner*），那隻貪婪的掠食動物威利狼在無邊無際的沙漠高速公路上追逐著無辜的嗶嗶鳥。Acme團體就是買辦，為威利狼採購用來獵殺的各種特殊、古怪發明和爆裂物。（沒騙你，我們研究室的網站可以連結所有Acme產品的目錄。）可是到頭來，古怪發明不是爆炸了，就是反噬了使用人。可以說，嗶嗶鳥是我們速度快、沒我們想的那麼笨的無意識心智，而威利狼就是我們運籌帷幄、沒有自以為的那麼聰明的意識心智。我們也經常犯威利狼的錯誤，以為自己聰明又狡猾，結果我們有意識的計畫卻經常被粉碎。

問題是，放到真實生活裡，這種事卻不如卡通那麼好玩。如果說在真實生活中是發生在別人的身上，而不是發生在我們自己的身上，那就還滿好玩的。

說到真實生活，我在設計研究室的實驗時，就竭盡所能將實驗情境操弄得自然寫實。參加心理學實驗是一種詭異的經驗，因為你知道有一位**心理學家**——在人類思想與行為方面的專家——會評估你。（大學時我自己就參加了十來個心理學實驗，每次都以為實驗結束後會有一位穿白袍的人走出來，瞪著我，大搖其頭，跟《阿達一族》裡的科學怪人管家一樣呻吟。）所以大家總難免會提高警覺，就會比平常想得更多，努力表現出最好的一面。可是我們這些心理學家並不想研究人們在提高警覺時有哪些行為，我們想知道的是在真實的世界裡，當人們不是自我意識地修正自己的行為。所以多年來，我們透過設計了許多研究來收集資訊，而當中的受試者實際上並不知道他們參加了什麼研究。

比方說，我們研究了權勢與無權無勢的效應。我請自願者進入教授（我）的辦公室，我隨意讓他坐在大桌後教授的大皮椅上（高權勢），或是桌前搖晃的學生座椅上（低權勢）。在另一個研究裡，我們計算了受試者在離開時花費多少時間走完通道，當然受試者都以為實驗已經結束了。在另一個研究中，施測人員隨口請受試者幫他拿著熱咖啡或冰咖啡一會兒，好讓他能伸手去檔案夾裡拿問卷給他們填；而在他們沒察覺時給他們一種熱的或是冰的感覺就是研究的一部分。用這些方式，我們增加了實驗的「生態效度」（ecological validity），也就是說在實驗室之外的真實世界裡也可能會出現我們的發現。這類研究做了幾十年之後，一個又一個的實驗證明了無意識並不是一道逾越不了的高牆，而是一扇可以打開的門，而開門的鑰匙就握在科學的手中。

一般人第一次聽見無意識的影響力，也都跟我的姊夫一樣，害怕他們沒有了自由意志或無法掌控自己的生活。但諷刺的是，為了捍衛自己的自由意志而去拒絕相信證據，反倒是減少了自己所真正擁有的自由意志。往往便是那些不願意承認自己沒有覺察到的受暗示性機制或是可能被影響的人，越容易被操縱。聽起來可能矛盾，不過如果我們承認了無意識力量存在，承認了我們的自由意志有其侷限，我們反而能增加我們的自由意志。比方說，要是我覺察到在辦公室中發生的事件，能夠影響到我進家門後，看見五歲大的女兒跑向我時的反應，我就能夠設法控制這種影響，照著我真正的意願來應對這種雖世俗卻歡悅的小事了。而要是我不知不覺，我很可能就會把我的惱怒歸咎於她，馬上又為我的表現而後悔。我們作為人類，有一種真實且具意義性的需求，去感受我們是自身靈魂的船長，我們要掌控自己的人生中一切的後果。要是我們覺得沒有力量，那我們何必還去嘗試？雖然說我們身上可能有某些力量是我們不了解的，但那只代表我們擁有的具有意圖性的控制力比我們以前相信的要**少一點**，並不是說我們就**完全沒有**一點控制力了。你想想，承認並且接受這些影響力能夠給你更多的控制力，別再假裝它不存在，結果反而讓它控制了你。

說到底，真正的船長並無法百分之百控制船隻的走向。他們必須考慮其他的影響力，比如洋流與風向。他們並不僅僅是讓船首對準遠方的港口，直線前進，如果這麼做，他們一定會撞上岩石或是漂流得更遠。船長會適時調整，和這些能夠影響船隻方向的強大因素協同合作。打高爾夫球也是這樣。要是有陣強側風，他們就不會筆直瞄準洞口，而是把側風的力量也計算進去。要是你學著調適作用在你身上的無意識洋流與側風，那你的人生就會玩得比我的高爾夫球高明，而我的高爾夫球可是連水準都談不上的。

這本書就想要發現那些洋流和側風。第一部，我們會檢視我們隱藏的過去，看看我們今天是如何受到遠古的進化史、我們大致遺忘的早期童年，以及我們生長其中的文化所影響。這個長期的過去，雖然絕大部分我們都不復記憶，對我們當下的意識經驗卻有驚人的影響。它能影響我們如何投票、我們在小學有多少朋友，甚至影響我們的數學考試成績。我們的短期過去，亦即我們在一兩個小時前做的事，也能夠悄悄改變在不同環境中的作為，導致我們花更多的錢、吃得更多，或是偏頗地判斷某人的工作表現。隱藏的過去甚至能夠影響你未來的工作以及你能夠爭取到的薪水——完全只看你未來的老闆手上端的是哪一種飲料，或是他們坐的是哪一種椅子。

在第二部中，我們會檢視我們隱藏的現在——我們受當下的判斷以及「薄片」的影響。我們會學到幾時可以信任自己的直覺，幾時該睡一覺，避開我們的瞬間反應。我們會學到為什麼在判斷別人或任何事時要保持中立是幾乎不可能的，然而也能學會把這個將世界分成「善」與「惡」兩部分的同種傾向加以管束，有效地降低酗酒復發的機率。我們的現在具有驚人的彈性，我們也會看到平常循規蹈矩的公民在看見塗鴉之後為什麼就會亂丟垃圾，還有為什麼你和配偶或是伴侶同居越久，你們的外表就會越相像。我們也會調查為什麼你更新一下近況就能夠影響你臉書上的朋友整整三天，以及為什麼你要錄下週日下午的美式足球賽跟孩子一起觀看，而不是看現場轉播。

在最後一部裡，我們會檢視我們未來計畫的隱藏作用，聚焦在最新的無意識動機研究上。我們的目標與欲望對我們有強大的影響力，所以我們確實得小心我們許的願，可是我們的願望也能夠在許多意外的方面激勵我們。我們會看到只要讓學生想到母親，就能夠誘使他們在文字測試上表現得更好。我們也會探索如何讓我們的心智在無意識中，甚至是在睡眠之中，幫助我們解決問題，以及如何利用我們在隱藏的心智方面的新知來幫助我們接觸難以捉摸的目標。我們會學到執行意圖（implementation intentions）的方法，近來這種方法曾運用在幫助老年人想起是否吃過藥、把懶在沙發上的人拽起來運動，以及刺激年輕人向父親說出他們的愛而不感到難堪。

當我跟非科學家談起我的研究，他們往往會懷疑哪個才是他們「真正的」自己，是有意識的或無意識的自我；有些人覺得有意識的自我是真正的自我，因為它反映出一個人的意圖以及他所覺察之下的行為。有的人則認為無意識的自我才是真正的自我，因為它反映了一個人內心深處真正相信的東西，而不是他們向世人展現的那個版本。但真正的答案是「兩者皆是」。我們需要擴展我們對「我是誰」的這個概念。一如笛卡兒，我們有很多人只認同我們的意識心智，仿佛覺得彈性十足又在大多數情況下為我們做了許多事情的無意識是入侵了我們身體的外星人。我們要是對無意識的影響力毫無所覺可能會被無意識牽著鼻子走，但是仍然要記得，無意識演化之後依舊存在因為是它使我們存活繁茂。（佛洛伊德的無意識理論有一個很大的難題，就是實在很難看出這樣一個適應不良的機制，是如何能夠在物競天擇的進化過程中演化的。）同樣的，我們的意識心智也像是演化成了某一種舵輪，可以對無意識機制進行更多策略性操控。唯有等我們主動整合心智中的意識與無意識彼此間的運作，傾聽兩造，善加利用兩者，我們才能夠避開盲目對待心智另一半的陷阱。

換句話說，問題不在何者是我們真正的自我，因為兩個都是。如果我們不了解無意識，不了解它如何形塑我們的感情、我們的信念、我們的決策以及我們的行動，那我們就無法真正地知道完整的自我。無意識時時刻刻都在指導我們的行為，儘管我們可能就跟葛詹尼加的裂腦病人一樣，強烈地相信並非如此。無意識常常在幫忙，有時也會成為妨礙，但最終它的主要目的是保我們平安，而為了這個，它不眠不休。我們無法讓無意識心智停止下來，我們也不想要。等你慢慢了解了你為什麼這麼做的背後原因有多迷人又多簡單，了解了你的過去、現在、未來的心智是如何在你知道之前影響了你，那，隱藏的心智就不再那麼雲罩霧遮了。

勞勃．普蘭特在「齊柏林飛船」前期歌曲中的一首裡唱道：「迷惘疑惑了這麼久……」我可以想像當時的感覺，我猜那就是我選擇了這一條生涯道路，以及做這種研究的原因。這就是「齊柏林飛船」和心理學帶領我的方向——去了解那些深深影響我們的力量，就在我們的意識之下。我有時會覺得迷惘——那是人生的常態——但整體上卻疑惑得少了，尤其是從十年前我跟某一隻綠眼鱷魚偶遇之後。

第一部

隱藏的過去

過去一直沒死，甚至沒有過去。

——一九四九年諾貝爾文學獎得主威廉·福克納

第一章 過去始終都在眼前

約在公元前三千二百年時，一個褐眸、髮似波浪的男人躺在滿是巨岩的小峽谷中奄奄一息，那兒遠在海平面一萬呎以上，也就是現今的義大利阿爾卑斯山脈。那人面朝下摔落，左臂橫在頸下。他五呎二吋高，大約四十五歲，皮膚上有類似刺青的痕跡，兩顆門牙間有條縫。他不久前吃過穀物和高地山羊肉，而且肋骨斷裂。時節不是春天就是夏初，可是在這麼高的地方，四周山峰仍白雪皚皚，天氣變幻難測。他穿著山羊皮大衣，綁著山羊皮裹腿，攜帶了一把銅刃斧以及其他用品，還有一個急救包，雖然並沒能救得了他的命。

他死了。不久之後，暴風雪來臨，把他的屍體冰封了。

五千年後，在一九九一年九月十九日，兩名德國健行客在奧茨塔爾阿爾卑斯山脈的一座山上往下走，決定要抄捷徑。兩人離開了一般人慣走的小路，經過了一處小峽谷，注意到崎嶇的地表上有個古怪的東西，一半淹沒在融化的雪水裡。他們走過去看個仔細，想不到竟然是人類的屍體。吃驚之餘，兩人通報了有關單位，最後他們終於把仍有部分冰封在冰裡的屍體挖掘了出來。沒多久他們就發現起初的設想錯了，並不是不幸的登山客，而是一具世界上最古老的木乃伊。多虧了冰雪覆蓋住這名褐眼男，而且小峽谷的位置又幽僻，躲開了冰河的輾壓運動，才有了科學上的重大發現：這具青銅器時代保存格外良好的人體樣本，對人類的生活與死亡都提供了真知灼見。

奧茨——媒體給這個在孤伶深谷迎接末日的人取的綽號之一——出土之後的幾年裡，科學家小心翼翼分析了他的殘軀以及隨他發現的器物。他們想知道是什麼殺了他，結果只需要一點點法醫的解剖工作。在那個古遠年代的那一天，奧茨在暴風雪冰封了他之前，頭部受到重創，但並不清楚是否是致死的主因。因為他也有寄生蟲（科學家在他的胃裡找到蟲卵），檢驗他的指甲後也發現他有某種慢性疾病（很可能是萊姆病）。同樣的測試也發現，在他生命中的最後四個月裡，他的免疫系統曾有過三次的急遽衰退。他變得衰弱可能是因為高海拔加上健康不佳，同時又跌落峽谷。同時，他的血液中的砷含量也高得危險，因此研究人員相信他是個冶金工。好像還不夠慘似的，他過去骨折過，還有囊腫，可能是凍瘡的後遺症。

你還覺得**你的**難題很多嗎？

他的死因眾說紛紜，但是有一點是很清楚的：奧茨的一生都在承受環境的攻擊。他必定是個相當頑強的人，才能活到那把歲數。從他擁有一把銅斧來看，他很可能在社群中享有很高的地位，卻仍然發生種種的不幸。但到最後，科學家發現殺死奧茨的並不是他的健康，而是更私人的危險——人類。

二〇〇一年，X光檢驗照射出他的左肩皮膚下有個隱藏的東西，仔細檢查之後，研究員判定是一支燧石箭頭，箭頭的尖端刺穿了一條血管，在極短的時間內就造成他失血昏厥。也就是說，奧茨是死於謀殺，在人類史上留下了一件最古老、最無解的案子。

這項發現為他的死又提供了一條線索。這下看來，他頭上的傷顯然也跟奪走他生命的攻擊有關了。他不是被同一名攻擊者敲了一棍，就是因為失血過多摔到了頭，他也可能是被攻擊者推到峽谷下的。無論導致他死亡的事件順序如何，場面絕對不好看——那是一場生死存亡的大戰，而奧茨輸了。然而這致命的一天所產生的傷勢卻比他四十多年的日常生存來得少，他活著時疾病纏身、身體受損，四周環境充斥了不利的因子。奧茨的一生，如同他的死亡，都訴說著我們人類長遠的進化史上遭遇的種種危險和困難。了解這一點至關重要，因為就是在同樣的危險和困難之中——這些危險和困難可以追溯到青銅器時代之前許久，但從人類的進化史上來看，青銅器時代就像發生在昨天——我們適應力極強的無意識大腦系統才被形塑和打磨了出來。

顯而易見卻耐人尋味之處在於，跟形塑今天的我們的個人經驗不同，**我們對這段過去沒有記憶**。我們不記得我們的進化史。它隱藏了起來，可是它對我們的所思所言所行影響那麼巨大，想想實在讓人有些發怵。我們一出生就「內建」了某些非常基本的動機，那是在人類史上一段非常艱困的歲月形成的。（我們當然也都事先組裝好了，雖然以後尺寸會變大。）就如達爾文在一八七七年所寫的：「我們可否不去質疑，兒童模糊卻真實的恐懼，是遠古野蠻年代真實的危險及卑劣的迷信所遺傳下來的結果嗎？那和個人經驗沒什麼關係。」欸，我們可以。人並不是一張白紙，我們有兩個基本的、原始的驅動力，在隱微之中，不知不覺地、無意識地影響了我們的思想與行動：一個是生存需求，另一個則是求偶需求。（在下一章我們會討論第三種內在的驅動力——合作需求，這對生存和繁殖都很有幫助。）但是在現代，這些遠古的、不復記憶的驅動力，或者說是心智的「效應」，往往在我們不知不覺間運作，這將會使我們對於我們真正的感覺或是行為背後的原因視而不見。所以透過揭開這個至今仍然影響著我們的隱藏過去的層層面紗，揭露生存與繁衍的需求是如何在我們的心智中運作後，我們便能更了解現在。

我的按鍵呢？

我不需要像奧茨一樣，在阿爾卑斯山脈上躲避帶著弓箭、殺氣騰騰的攻擊者，但是我也跟大多數人一樣，都感覺過奧茨感覺到的求生意志在心裡湧現。

那是一九八一年的八月，我剛搬到紐約市，開始在紐約大學教書。我二十六歲，剛從研究所畢業，之前只有一次到過紐約，就是在幾個月前為了工作過來面試。我一來就覺得緊張焦躁。每天早晨大約六點鐘，就有個憤怒的男人會在我的單房公寓下方的馬路上大吼大叫。我沒有空調，那時又正是夏天最熱的時候，所以我的窗總是敞開著。我大概有整整一個星期都被他的吼叫聲吵醒，偶爾還會有瓶子砸中我的窗戶。最後我才知道，打算競選連任的郭德華市長（Ed Koch）就住在我那棟大樓的頂樓，而那個憤怒的傢伙是想要砸他的窗。憤怒哥擲得不夠高，打不著市長的窗子，卻打得著我的窗子。我知道我不是他的靶子之後，稍微覺得安全了些（只有一點點），但是我的公寓之外的紐約市可不安全。

一九八〇年代的華盛頓廣場可不像今天這樣，當時三教九流都有，曼哈頓的許多其他地區也是如此。我搬來的第一週，在華盛頓拱門附近有兩個人從我旁邊跑過，第二個人手持一把彈簧刀在追殺第一個人。在頭兩個月裡，我像驚弓之鳥，除了白天上班，哪兒也不敢去，晚上更是**打死**不出門。當時我僅有的家具是一張木椅和一張折疊桌，每天晚上我都會檢查門上的四道鎖兩遍，再用椅子頂著門把。雖然每天晚上我都設法入睡了，我的「逃跑或戰鬥系統」卻一刻也沒有放鬆過。還得等到多年之後，我才會在紐約有歸屬感。我在美國小鎮度過了快樂的童年，跟我那條街的小孩子爬樹、打棒球、騎腳踏車，後來又在家鄉念大學，接著到另一個中西部的大學城安娜堡念研究所。這些地方沒有一條像紐約市這樣多元文化、人滿為患、吵鬧不休的街道。這是一次文化衝擊，最高階的，而如果我想活下來——功成名就就別提了——我就得瞪大眼睛，豎起耳朵，注意力更要時時刻刻處在警覺的狀態。

前一年我在密西根大學念博士時，讀過一篇由心理學家埃倫・蘭格（Ellen Langer）寫的論文。她指出了當時許多社會心理學實驗室的研究都存在著所謂的「假象性」（artificiality）。結果這篇論文成了我搬到紐約市後親身經歷的前兆，可能是因為蘭格的論文就是以她在紐約做的研究為基礎的。她提醒我們，現實的世界是個步調快速、忙忙碌碌的地方，並不如施測人員與受試者所處的心理實驗室那麼寧靜安詳。讀蘭格的論文時我還在安娜堡，我是在知識層面上理解了她的論點，等我自己搬到了紐約市，有了親身經驗，我才真正了解她的主張。

心理學的「社會認知」（social cognition）研究在我剛到紐約大學後才興起，有許多的研究都給研究對象一個按鍵，如果他們準備好接受下一個資訊，就按下按鍵。他們可以讀一個句子，比方說是描述某故事中某人的特殊行為，他們想讀多久、想思考多久都沒關係，然後他們按下按鍵，接收下一個資訊。蘭格說，哇，這樣一定非常棒，可是在現實生活中，我們沒辦法按下一個神奇的按鍵就讓世界暫停一會兒，讓我們來分析發生的事以及發生的原因。在現實的生活裡，我們得在匆忙之中處理各種事情，而且我們隨時隨地都還有一大堆別的事要做，而不僅僅是對我們相處的人產生印象。我們的注意力必須在同一時間集中在各種不同的任務上，其中包含我們在眼下那一刻必須要完成的事，所以我們並沒有剩下多少的注意力去悠然思索世事。

紐約就讓我難以招架：人太多、車輛太多、需要注意的事情太多。我很懷疑我是否能用蘭格的觀點，把對紐約市的各種印象匯整起來，創造出一個研究來。有天早晨，我走出辦公室大樓，在街道上的人群中穿梭，在每一個十字路口都眼觀四面耳聽八方，卻突然在華盛頓廣場的人行道正中央停住了。「我的按鍵呢？」我自言自語。我想要一個按鍵來讓真實世界停止，好讓我搞懂它，並且安全地在其中航行，可是這種按鍵當然是不存在的。我緊接著問自己的問題是：沒有按鍵我們要怎麼辦？

在人類史上，我們從來就沒能讓四周暫停下來，讓我們想通怎麼做最正確、最安全、最妥當。我們需要把世界理出個頭緒來——尤其是危險的社群世界——而且是迅速且有效率地，比我們慢吞吞的意識思考所能做到的還要快。我們經常需要立即對危險的情況做出反應。在我表達想要一個停止鍵的希望之後不久，我在跨出人行道時就從無意識的諸多本領中受益了。有一輛腳踏車在這條單行道上逆向飛馳，我不假思索，立刻又跳回了人行道上。其實，我是先發現自己回到了人行道上，然後才察覺到飛馳而過的腳踏車。（我也在心裡默默記下了以後一定要左右兩邊都看，因為不是每個人都會遵守單行道標誌。）人身安全上的自動反射機制（或稱本能）保護了我，繞過了動作較慢的思考過程。我認為這種較快速、具有無意識形態的思想與行為，一定就是讓我們能夠即時地和忙碌的世界打交道的一個重要原因。

回到實驗室後，我們就著手測試這個想法，設計了研究計畫，前提是在相對較慢的意識思考過程之外，還有比較迅速的、自動的、非意識的一面，而我們就是依此來處理社群世界的。這個前提很大膽，因為在這個時候，大多數的心理學仍假設我們的一切決定和作為都是有意圖的、有意識的思想結果。我們也和蘭格一樣，想讓我們的實驗室研究忠於快速變動的世界。畢竟，我們研究的目的就是要了解真實生活的情況，而不是在安靜單純的實驗環境中的情況。在我們的首批實驗中，其中一個就是「按鍵」研究，讓受試者看我們給他們的一份資訊，作出對某個人的判斷，花多少時間都隨他們決定，完成之後再按按鍵接收下一份資料。可是我們稍微做了點變化。

我們的受試者坐在電腦前，讀一名虛構人物葛瑞哥的資料，葛瑞哥在一週前做了二十四件不同的事，一次只做一件。在「誠實的葛瑞哥」組，他做了十二件誠實的事，比方說「拾金不昧」；六件不誠實的事，比方說「不承認他闖了禍」；六件不好不壞的事，比方說「倒垃圾」。在「不誠實的葛瑞哥」組，他做了更多不老實的事。二十四種誠實與不誠實的行為以隨機的方式呈現在受試者前，我們請受試者在閱讀這些行為的時候，形成對葛瑞哥的印象。一半的受試者有按鍵，他們可以隨便思考多久，決定後再進入下一題。到目前為止，這只是一個標準的社會認知實驗，也就是蘭格批評的那種。我們加入的新構想是第二個條件，一切都相同，只不過受試者**沒有按鍵**，而且所有的行為都呈現得非常之快。受試者只有時間看一遍，下一個行為就又出現在螢幕上了，而他們必須盡全力即時判斷出葛瑞哥是個什麼樣的人。

你可能也猜到了，有沒有按鍵居然有顯著的不同。有了按鍵，有了讓世界暫停的神奇力量，受試者毫無困難就判定「誠實的葛瑞哥」比「不誠實的葛瑞哥」要誠實。因為「誠實的葛瑞哥」的誠實行為比不誠實行為多了一倍，而「不誠實的葛瑞哥」的不誠實行為比誠實行為多了一倍。可是沒有了按鍵，受試者居然分辨不出兩者有何不同！他們的印象評等完全依賴他們後來能記得的行為；葛瑞哥的種種行為像連珠砲似地朝他們射來，他們就無法形成某種印象。沒有了按鍵來讓世界在關鍵時刻暫停，連在我們的研究中「誠實的葛瑞哥」和「不誠實的葛瑞哥」之間這麼明顯的區別，他們都看不出來。**他們**看不出來，可是有一組受試者卻看得出來。這一組**能夠**在沒有暫停鍵的輔助下，在連珠砲狀況下看出「誠實的葛瑞哥」和「不誠實的葛瑞哥」的差異。這一組是我們為了研究事前挑選的人，因為我們預測出他們能夠適當處理超載的資訊。

那這些特殊的人是誰呢？就是你跟我。我的意思是這一組人其實並沒有什麼特殊的地方，只不過他們對誠實與不誠實特別敏感罷了。一個人誠不誠實對他們真的很重要，直接關係到他們喜不喜歡這個人。誠實當然對我們所有人都很重要，可是對這一組人而言，這是一個人最最重要的一點。在要求他們寫下第一個浮上心頭的喜歡的人格特質時（我們在幾個月前就請所有可能的受試者填寫一份問卷），他們寫的就是誠實；而請他們在白紙上寫出他們最不喜歡的人格特色時，不誠實就排在第一位。他們在決定是否喜歡一個人時，**按照慣例**會先考慮這個人誠不誠實。但是我們每個人特別敏感的部分都不一樣——對你來說可能是某個人大方不大方，而現在就站在你旁邊的人可能會視那個人聰明不聰明，或是害羞，或是有敵意，或是自大等等的。我們可以訓練這些自動天線去偵測的人格特質族繁不及備載，我們只是隨意挑了一個出來做代表。

這一組有誠實天線的受試者能夠把無按鍵情況處理得跟有按鍵一樣，由此可知我們都能夠發展出一部雷達來偵測在我們的社群世界中重要的意義光點，不需要暫停下來做有意識的分析。我們的心智在非常忙碌時仍能夠覺察到我們很看重的人格與行為特質。等我們到了青春期和剛成年的時候，我們就有這個能力了，不過年紀小的兒童卻沒辦法，因為他們對社群世界的經驗不足。這種能力就和別的本領一樣會隨時間而成熟，比方說我現在敲鍵盤或是開車，這些活動一開始往往都極其困難，令人卻步，可是經驗一豐富就會漸漸駕輕就熟。

我們的按鍵研究有個更宏觀的成果——和達爾文在他論情緒的那本極具影響力的

書裡說的一樣——就是同樣的心理歷程，往往可以在無意識模式以及有意識模式下運作。我們那些有能力自動處理誠實資訊的受試者對葛瑞哥的印象，跟那些沒有這種能力卻有按鍵的人差不多。也就是說，利用按鍵來讓世界放慢腳步、讓意識程序能夠啟動，他們也能夠跟那些運用更敏捷、更有效率的無意識歷程的人一樣，把同樣的資訊處理得好，而且處理得一樣。可是那些兩者都不行的受試者——既沒有無意識天線可以偵測出誠實的行為，又沒有按鍵可以來做意識處理的人——就看不出葛瑞哥的誠實版與不誠實版有什麼分別。

所以那天早晨在紐約市熙來攘往的街道、在華盛頓廣場上，我問自己的問題快要有答案了。多虧了我們有發展洞察力的本領，在真實世界的條件下可以快速、有效、無意識地運作，我們許多時候才不需要按鍵。

無意識的鱷魚

我們做的葛瑞哥與神奇按鍵的研究是第一批實驗中的其中一個，結果證明了以自動化、無意識地去應對我們的社群世界的方式確實存在，而有鑑於我們是在忙碌又危險的狀況下進化的，尤其又牽涉到其他的人類，我們心裡存在這種機制確實是有它的道理。話說在古時候（今天也是），我們並不是每次都有時間可以思考，所以我們得根據別人的行為來迅速衡量他，而且我們也需要快速反應、敏捷行動。套用一句老話，「遲疑者必有失」——失掉人生、失掉一隻手腳、失掉健康、失掉孩子。但是在我們可憐的奧茨故事裡（這一點我們稍後再談），為了生存及人身安全而演化的無意識動機，與我們在如連珠砲的真實世界情況下偵測得出誠實、害羞或聰明的無意識能力之間，有一個很重要的不同。

我們一出生就具備了那些為求生與安全而存在的基本動機，可是「看人雷達」這種本領卻需要經驗與實際練習才能培養出來。就拿呼吸和駕車當例子吧。呼吸你一出生就會，根本不需要學，可是開車卻得學，不過現在你可以操作兩件事而不需要太多的意識指導（我說的是在正常的情況下）。再仔細想一想，你會發現就連開車都需要一點演化的、「與生俱來」的機制。不然，讓你家的狗去練習開車好了（千萬不要在我附近練，拜託），牠再怎麼練也練不來（不過，牠大概可以練到我家附近一些駕駛的水平）。我的意思是我們駕車的能力只有在大量的經驗與練習之後，才能到達一個水準（抱歉），正如在按鍵研究中，我們得靠經驗和練習培養出「看人雷達」一樣。無論是駕車或是看人，都需要心智從我們個人的處世經驗中，創造出新的、有用的無意識「添加物」，放進我們與生俱來的能力裡。

一九八〇年代初，我們開始研究具有適應性的無意識機制時，這種「驅動力」，或是說以經驗為基礎的無意識歷程，是我們這些社會心理學家僅知的東西。演化心理學才剛萌芽，這都得感謝保羅・艾克曼（Paul Ekman）以及其他先鋒像戴維・巴斯（David Buss）和道格拉斯・肯瑞克（Douglas Kenrick）的努力。認知心理學剛剛推翻了以史金納（B. F. Skinner）為代表的行為學派主流理論。緒論中也提過，行為主義主張人類的心智沒有多重要，意識思考更是無足輕重。即使是複雜的人類行為，包括語言及說話，都是反射性的、針對當下環境刺激所做出的、受過訓練的反應。但是另一方面，認知心理學卻推崇意識思考的角色，並且設定幾乎所有人類的選擇和行為都需要它。根據這一派的觀點，除非是你有意識地、有意圖地要讓事情發生，否則就不會有事情發生。可是這種說法也不對。（極端的、非此即彼的立場往往都不正確。）

我的這個社會認知心理學就是從認知心理學這種「意識居先」的框架中誕生的，當時還只是新生兒。根據這個框架，無意識歷程唯有在先有意識（而且是蓄意的）之後，才能存在；之後，唯有在具備相當經驗之後，無意識才能變成流線型，變得夠有效率——我們的說法是**自動化**（automated）——不再需要太多的意識指導（就像開車）。威廉·詹姆斯在一八九〇年也說過類似的話，他說：「任何過程如果不需要意識了，意識就會退出。」一二十五年過去了，千禧年即將來臨，我跟我這個領域的人都假設無意識的心理歷程只能這樣子存在：我們的意識先動，而且要費盡心思，等到經驗多了，運用得夠頻繁了，就能夠在無意識中操作。可是我跟我同領域的人都錯了，至少我們拿著的是一張不完整的圖片，這是因為我們並沒有多加注意與我們齊頭並進的新領域，也就是演化心理學的理論與研究證據擴大增長。可能是我們在自己的沙坑裡玩太久了，沒去張望人來人往的遊樂場裡的其他動靜。

最後我終於把頭從沙子裡拔出來，看向更寬廣的四周，因為這個「意識居先」假設漸漸出現了裂縫。我們在我的研究室裡漸漸發現這個假設說不通，不過發展心理學同時也有一波令人興奮的新發現：研究嬰兒與學步幼兒，他們還沒有什麼處世的經驗或練習，結果在這些沒有多少意識練習或經驗的兒童身上，發現了自動化的、無意識的效果，他們做出了一些非常自然就做出的事情。這可是驚天動地的新證據，說明了從我們和人類同胞的相處能力來看，我們這些人一出生就有了內建的設備，而且研究成果直接挑戰了認知心理學的基礎假設，也就是只能存在於年紀較大的兒童及成人的無意識歷程，必須大量運用意識及經驗後才能產生。

這個新證據給我頭二十五年的研究提出了一個謎，一個我沒辦法不去想的謎語。而在思索了這個問題許多年之後，我的女兒出生了，我請了一學期的育兒假，想花時間在家裡觀察她，陪她玩。她在圍欄裡爬來爬去，開心地玩著玩具和填充動物，我就坐在一邊閱讀，接觸比我之前要廣泛的領域，像是演化生物學與哲學，想解開長年困擾著我的謎語。我暗自沉吟，為什麼心理過程——亦即較高階層的評價心理歷程、動機與實際行為——能無意識地操作，卻又明顯缺少先前的、廣泛的意識經驗以及運用機會，我們長久以來不都假設這是無意識運作的必需條件嗎？

在二〇〇六年一個美麗的秋日，離我在紐約市街道上的頓悟已有許多年，我坐在康乃狄克州紐哈芬市我的樹屋閣樓裡，所有的窗戶都開著，看著我的女兒在我面前的地板上亂爬。她正極盡全力要把周遭世界理出個頭緒來，跟我一樣。我身旁有一疊書，都是人類進化方面的經典之作，由理察・道金斯（Richard Dawkins）、恩斯特・梅爾

（Ernst Mayer）、唐諾．坎貝爾（Donald Campbell）等巨擘執筆的。溫暖的午後陽光從育嬰室的窗戶湧入，我覺得有點睏。那時我的睡眠量就跟大多數家裡有新生兒的父母一樣——差不多等於零。我好不容易把女兒哄睡了——她依舊是非常的心不甘情不願——我把所有的研究報告和筆記本都攤在我自己的床上。我知道我漏了些什麼，可是我覺得我還是找不出究竟是漏了什麼。我拿起一本書，讀了起來，能感覺到眼皮越來越重。我拚命睜大眼，但最後還是倒在筆記本和報告上，睡得很香。

我在佛羅里達州的沼澤地國家公園，站在能遠眺沼澤的木棧道上，四周色彩豐富，我能感覺到濕氣以及空氣的沉悶。柏樹和紅樹林圍繞著陰森、幾近全黑的沼澤水。我站在棧道上瞪著沼澤看，我看見了漣漪，黑暗的水裡浮出一隻大鱷魚。我向前走，鱷魚游在我旁邊。鱷魚看來很恐怖，但是在夢裡我並不害怕。走了大約五秒鐘或十秒鐘後，鱷魚稍微超前，然後停下來，幾乎是用慢動作打起了滾。牠翻了一百八十度，露出了長長的白肚皮，看起來出奇的柔軟。

我猝然驚醒，猛地坐了起來。**就是牠**。我兩眼圓睜，卻仍能看見那隻露出肚皮的鱷魚。我記得非常清楚，即使是十年後的現在，我像是被一道大浪罩住，鬆了好大一口氣，緊繃也隨著大浪沖走了，就好像我挑了十來年的重擔剛剛卸下了。**錯不了！**我自言自語，抓起了面前的紙筆就把在夢中看到的東西寫了下來，可是更重要的是寫下剛才的夢告訴我的事。在那個澄明的一刻，我終於了解了為什麼新的研究所回報的無意識效果不需要廣泛的先前意識經驗就能運作，甚至是毫無相關的經驗也可以。

是無意識居先，那隻鱷魚——那隻真的在翻滾的鱷魚——告訴我的。**你這個笨蛋**。

這麼多年來，我都想反了。鱷魚是在告訴我要我翻轉我的假設。是啊，廣泛的意識運用心理過程在先，然後才能夠在無意識中操作。這樣的假設看似無法動搖，使一切的新證據都講不通，可是問題不在證據，而是我的「意識居先」假設。鱷魚的白肚子就是無意識，它在跟我說如果我明白了是先有無意識，無論是在人類的進化上，或是在我們從嬰兒到童年到成人的個人發展上，那就說得通了。我原先以為一個人是先有意識地使用某個過程，而唯有重複使用這個過程才能夠再無意識地運作，但現在我必須把我根深柢固的假設翻轉過來。即使是在人類的演化史上，我們基本的心理與行為系統一開始就都是無意識的，而且早在語言及意識意圖使用這兩個系統之前便已經存在了。我說的「系統」指的是引導我們行為的自然機制，比方說是趨近我們喜歡的東西和人，迴避我們不喜歡的；自然而然地去注意世界上能夠滿足我們當下需求的東西（像是食物與水的來源）；更別說重要的求生本能了，比方說戰鬥或逃跑的反應，以及其他避免危險的天生機制（像是我們怕黑，或是附近爆出巨響我們會立刻提高警覺）。而我們在嬰兒時就具有已演化的基本動機與傾向，自動運作到四歲，那時我們開始發展針對心智與身體有意識的意圖控制。鱷魚在告訴我並非所有事一開始都是有意識、有意圖的，而且還得經過練習和經驗才具有無意識操作的能力。白肚皮先生在說無意識歷程在先，而不是反過來。

回顧起來，這場夢從另一個角度來看也一樣很重要，因為夢本身就是無意識——我被動地觀察它、體驗它，彷彿是在看電影。過去有許多科學家都說某個他們纏鬥許久的問題，最後竟然在夢中得到了象徵式的答案。可是我自己的科學問題卻是和無意識本身有關，所以，可能是人類史上頭一次，**無意識在告訴某人它自己的事情**。我長達十年探詢無意識歷程的基本問題，而答案最後就在我自己的無意識歷程中出現了。

多虧了達爾文，我們現在知道文化（以及認知）人類學、現代化生物學與心理學，是人腦隨時間的緩慢變革，起初是一種非常基本的無意識心智，沒有我們今天所擁有的具意識的推理與控制功能。幾百萬的有機體沒有像人類意識這樣的東西，或是不需要這種東西，完全靠適應就能夠生存，可是當意識與語言——在所有的地球生物中，我們獨有這種真正的超能力——終於在較晚的時候出現在演化史中，我們遠古頭腦裡的原始無意識機制並沒有突然消失無蹤。意識並不是一種不同的嶄新心智，有一天莫名其妙地冒了出來，它是一種奇妙的添加物，附加在早已存在的古老無意識機制上。原始的機制仍然存在於我們每個人的心裡，可是意識出現後給了我們新的方法來滿足我們的需求和欲望，給了我們有意圖地、有目標地使用心底舊機制的能力。

所以，無意識心智是意識心智的基礎，而不是反過來，這是什麼意思？先這麼說吧，它解決了行為學派與認知學派之間非彼即此的論戰。我們並不是沒有靈魂的機器人，完全依賴外來的刺激，像上緊了發條之後的玩偶一樣過日子，但我們也不是全知全能的主宰，能控制我們的每一個思想和行動。事實上，意識與無意識時時刻刻都在我們的大腦裡交互運作，外在世界與我們的腦袋瓜裡的世界（我們當下的掛念和目的，以及我們新近經驗的殘餘效果）也是在持續交互運作。認知科學家以及行為學派都說對了（也都說錯了，如果他們否認故事另一面的有效性）。在認知派科學家的賬本上，我們當下的目標和動機決定了我們在外在世界注意以及尋找的東西，無論我們喜不喜歡（根據我們當下想要的東西是對我們有益或對我們有害）。而在行為學派的賬本上，外在世界確實能夠誘發我們的情緒、行為、動機——有時候甚至是非常強烈的——而我們自己完全不知道，也控制不了（達爾文就是這麼認為的）。哲學家蘇珊・沃夫（Susan Wolf）曾寫道，如果有人覺得自己可以完全不受這些外在影響，他應該試試看見孩子在大海中溺水卻轉身離開。但願你辦不到。（如果你狠得下心，那只有上帝能幫你了。）沃夫認為有些自由我們就是寧可不要，而當中有許多的自由當然就跟在遠古時代打造了我們心智的頭號動機有關——讓我們的基因能延續下去。

瓶中精靈

人類的存續始終不是一個定論，其實反倒是有重重的阻礙，畢竟在地球上生存過的物種有百分之九十九以上現在都滅絕了。奧茨的故事就是個很好的例子，人類在非常危險的環境中演化，很容易就會忘記我們的「現代」頭腦是由進化砥礪出來的，早在現代生活的種種便利在我們的視覺處理皮質上連一丁點微光都還沒有閃爍之前。奧茨以及我們過去的奧茨們沒有法律、沒有抗生素、沒有冰箱；他們沒有救護車、沒有超市、沒有政府；他們沒有水管、沒有護欄、沒有服飾店。我們很幸運，沒活在奧茨的時代裡，但是我們的心智卻仍活在那時候。這一點千萬別忘了。

在人類漫長的發展中，最大的危險就是我們的人類同胞。奧茨在山上遇害完全沒有什麼特別，除了他的遺體能保存這麼久。慘死在別人手中在我們的先祖時代是家常便飯，從古老城市挖掘出的人骨可看出約莫三個人裡就有一個是死於謀殺。就拿最近的一九七〇年代來說吧，亞馬遜雨林中的亞諾馬米人長久以來孤立於現代文明之外，被殺害的男性數量仍是四個人中就有一個。相較之下，今天在歐洲以及北美洲的兇案發生率大約是十萬分之一。

現在我們極力降低生活中的危險。我們有司法、交通號誌，有效率的交換系統（也就是兌換錢幣）則把我們的工作換成所需的食物與居處，我們還有醫學和醫護人員。所以我們很容易就會忽略一個事實，就是我們的無意識傾向是由遠比這個現代來得危險的古老世界塑造出來的，那個世界充滿了對人命有威脅的自然因素，像是寒冷、炎熱、乾旱、饑餓，以及人類與非人類有機體，像野生動物、有害的細菌和有毒的植物。尋求人身安全的基本動力是我們演化的過去遺留下來的一個強大的傳統，而且對我們的心智有廣泛的影響，往往在許多令人驚詫的地方引領你對現代生活的回應——像是你投票給誰。

富蘭克林．羅斯福總統在一九三三年發表的第一次國情咨文演說中說：「讓我重申我堅定的信念，我們唯一需要恐懼的就是恐懼本身——無以名狀的、不能說之以理的、不公不義的恐怖癱瘓了把撤退轉化成前進的努力。」大約在八十多年之後，巴拉克．歐巴馬總統在二〇一六年一月最後一次的國情咨文演說中也反映了羅斯福的話：「美國以前就經歷過重大的變動……每一次都會有人要我們畏懼未來，他們說我們應該在面對變動時踩煞車；他們承諾要恢復過去的光榮，只要我們控制住某些危及美國的團體或想法。而每一次，我們都戰勝了那些恐懼。」

羅斯福和歐巴馬談的都是恐懼在**社會變革**（social change）上的影響。羅斯福擔心的是經濟大蕭條帶來的恐懼會阻撓修法以及經濟政策，而他強烈覺得這是經濟復甦的必要過程。歐巴馬談的是全國健保以及移民政策。兩位總統都是民主黨的，在政治光譜上屬於自由派。兩位都反對抗拒社會變革的保守政治傾向（所以才說他們**保守**嘛）。非常有趣的是，兩位都承認恐懼能夠使一個人想要迴避社會變革——也就是說在政治傾向上變得更加保守、更不開明。

為什麼保守派政客會想讓投票人更害怕，而自由派政客會想讓投票人較不害怕？我們早就知道在面臨威脅時，人會變得較保守，比較抗拒變革。政治心理學方面的研究指出，要讓自由派表現得像保守派，是遠比讓保守派表現得像自由派容易的。舉例而言，在一組研究中，請自由派大學生想像他們自己死亡的細節，然後請他們對社會議題，像是死刑、墮胎、同性婚姻表達意見，這時他們的看法（暫時）跟沒有感到威脅的保守派大學生是一樣的。不過，與這個迷人的實驗結果相反的是，迄今為止還沒有人能夠把保守派轉變成自由派。面對威脅或恐懼時，人們比較不願冒險，也抗拒改變，而這正是保守的定義。這項研究的結果讓我和其他科學家去思索，或許保守的政治傾向是聽命於人身安全與生存的無意識動機的。可是實驗該怎麼做？我們先檢視過去已經做過的研究。

加州大學在某個傑出的研究中，追蹤了一群四歲的學齡前兒童二十年，看他們在邁入成年之後有什麼政治傾向。研究員測量了這些人四歲時的恐懼與抑制程度，二十年後再評估他們的政治傾向。在四歲時恐懼與抑制程度較高的人，在二十三歲時更可能擁有較保守的政治傾向。

社會上保守的成人（傾向於反對社會變革，像是同性婚姻或是大麻合法化）在參加心理實驗時，對突如其來的巨響會表現出較強的恐懼或是震驚的反應，而且讓他們看圖像時，他們對「嚇人的」會有較強烈的激發程度（arousal），可是對愉快的則否。其他的研究也顯示保守的成人對危險或噁心的東西比較敏感，也對實驗室中潛在的危險與有威脅的事情較警覺。更新的研究告訴我們這樣的差異也出現在與管理情緒相關的腦部區塊大小上，尤其是恐懼。自認為在政治上屬保守派的人，他們的右杏仁核——恐懼的神經中樞——比起自認是自由派的人要大。在一些需要冒險的研究中，自稱共和黨員的受試者相較於自稱民主黨的受試者，這個大腦恐懼中樞變得更加高度活化。

所以無意識的人身安全的強度，似乎真的跟一個人的政治傾向有關係。而且研究也證實了你可以讓自由派的人變得更保守，只要威脅他們，讓他們有點害怕。可是如果你讓別人覺得更安全呢？要是政治傾向這口灶可以由潛藏的人身安全需求來調整火勢，轉旺（保守）或變弱（自由），那麼讓大家（暫時）覺得人身安全應該就能讓保守派的社會態度變得較自由開放。

我們做了兩個實驗，利用了強大的想像力來讓受試者感覺百分之百的安全。我們要他們想像被瓶中精靈賦予了超能力。有一組的超能力絕對不會讓你受到傷害，無論你做了什麼，或發生了何事，想像子彈打在超人身上都會彈開。而在控制組，受試者想像他能夠飛。我們的預測是想像自己的人身絕對安全，能夠暫時滿足個人的人身安全需求，從而減低了這方面的顧慮，而且完全是在不知不覺之間，因此能——如果我們的推論正確的話——把保守派變為自由派。起碼是暫時的。

你自己運用點想像力，假裝也參加了這次的研究。我們會請你想像發生下列的事情：

> 你去逛街，晃進了一家奇怪的商店，外面沒有招牌。店裡燈光昏暗，店主一見你就叫出你的名字，雖然你壓根就沒見過他。他叫你靠近一點，然後用詭異的口吻跟你說：「我決定送你一個禮物。明天，你一醒來就會發現你有了超能力。那是個非常了不起的能力，可是你絕對不能讓別人知道。要是你故意告訴了別人，或是炫耀你的能力，你就會永遠失去這個超能力。」那晚，你睡得不好，可是等你醒來後，你發現你居然眞的有超能力了。

接下來故事改變了，全看你被隨機指派到哪個實驗情境。假如你是在**安全**組，文章會這麼繼續下去：

> 一只玻璃杯跌在地上，你不巧踩到了碎玻璃。不過你一點事也沒有，於是你突然

領悟到你百分之百不會受到人身傷害。你刀槍不入，火燒不著你，從峭壁摔下去也毫髮無傷。

可是如果你是在**飛行**組，你將會讀到：

你下樓梯時漏了一階，可是你並沒有從樓梯上滾下去，反而輕輕飄到了樓梯底。你又一次從樓梯口往下跳，忽然發現你會飛。你能像小鳥一樣在空中前進，你可以腳不沾地就到你想去的地方。

受試者在想像出擁有一種超能力之後，我們便以一套在過去研究中曾經清楚地區分出保守派與自由派的標準評估方法，去測量所有受試者的政治傾向。最後，我們只是請問他們在最近的一次總統大選中（二〇一二年）投給誰，或是想投給誰，為的是測量出他們在整體上是偏於保守（共和黨）或自由（民主黨）。

在那些擁有能夠飛行的超能力的人裡，也就是我們的控制組，在社會態度評估上的差異一如我們預料的一樣大：自由派在這個評估中比保守派要開明得多，而能不能飛行完全沒有差別。「人身安全」超能力組就不一樣了，即使自由派仍一樣，他們的態度和「能飛」條件下的態度一致，但保守派受試者所表達的社會態度就變得開明很多。讓保守派受試者感到人身是安全的，確實顯著地使他們的社會態度變得更像那些自由派。那些在過去演化中被他們所遺忘的、為了人身安全的無意識需求，多少被精靈想像練習滿足了，並且進一步重塑了他們對當前的社會議題看似有意識、理性的信念。

在我們的第二個實驗中，一切條件都與第一個相同，只不過我們請教受試者的問題是關於他們對社會變革的態度：開放或抗拒（保守派和自由派的政治意識形態就是由此判定的）。在飛行超能力組，差異仍和先前一樣，保守派比自由派更保守。可是在人身安全組，想像自己百分之百安全後，保守派對變革的抗拒降低到和自由派的受試者一樣。我們的精靈真的是太神奇了，他做到了從沒有人做到的事：把保守派轉變成自由派！

不過這樣的結果早在我們的預測之中，我們的根據是現代的社會動機和態度都奠基於，而且最終也聽命於我們無意識的演化目標：在這個實驗裡是我們至高無上的強大動機——人身安全。藉由精靈想像練習，這一個基本需求得到了滿足，結果也就關閉了需要持有保守社會政治傾向的需要，或至少降低了這種需求的強度，這就跟關掉爐子讓一鍋水不再沸騰一樣。

細菌與總統

我們做完了自由派和保守派的精靈實驗之後，又有一次美國總統大選，在二〇一六年。唉，可真是風風雨雨的選舉年啊！二月九日，唐納．川普在新罕普夏贏得了共和黨內的初選，頂著他那頭像草莓鋼盔的頭髮，挾著電視實境秀的億萬富翁狂潮，他朝贏得黨提名的方向挺進，攫取了一連串的勝利，幾乎橫掃了所有的民調，儘管到處都遇上了許多——**真的粉多**——抵抗，甚至是在他自己的政黨內。可是接著他又害一大堆人的眼鏡落地，戰勝了希拉蕊．柯林頓，成為第四十五任美國總統。川普用他那種煽風點火、不經大腦的言論引起了一個又一個的爭論，二十四小時不打烊的新聞圈如饑似渴地吞下他餵給他們的東西。他侮辱貶低女性，嘲笑一位身障人士，吹噓自己老二的尺寸和他的財富。而且他對細菌似乎非常的神經質，一名追蹤報導他的競選過程、在臺下也和他頻繁接觸的記者描述川普：「是個細菌恐懼症患者，不喜歡握手，只喝罐裝或瓶裝汽水。他跟參加造勢會的支持者保持距離。」

在競選時，川普經常罵他的政治對手「噁心」——最出名的一次是電視轉播民主黨競選人辯論，希拉蕊．柯林頓對伯尼．桑德斯，她遲了幾秒才回到講臺上，因為她得上洗手間。隔天川普在密西根州大急流城的造勢會上對支持者說：「我知道她去了哪裡——噁心死了。我連提都不想提。」還皺鼻子，露出苦瓜臉，逗得支持者大樂。「對，太噁心了。別說，太噁心了。」幾個月後，就在他自己和希拉蕊辯論之後，他也說前環球小姐愛莉西亞．麥卡多「噁心」。算了，不必再重翻這次怪誕的選舉了，就這麼說吧，這次可是許久許久以來最讓人難忘的一次總統大選，依照大多數觀察家的說法，這也是美國公共對話的一個新低點。

我們的人身安全並不僅於迴避生理傷害。也跟閃避細菌和疾病有關。我們盡量不吃有異味或腐壞的食物——為了偵測出來，我們的感官演化了——而且我們極不願意碰觸骯髒或受感染的東西。根據達爾文的論點，我們也對別人的嫌惡表情非常敏感，而且反應直接強烈，會自動根據他們的表情避開他們剛吃的、剛喝的、剛碰的東西，而且有很好的理由：人類史上的細菌和病毒不時會造成人口銳減。

感染在我們先祖的世界裡是真真切切的死因。身上有傷口，細菌和病毒就能侵入人體，這是非常嚴重而且有致命威脅的情況。甚至在一八六〇年代的美國內戰還是這樣，每一千名士兵就有六十二人死於感染，而不是遭射殺或刺死。一直到發明了顯微鏡，路易・巴斯德（Louis Pasteur）發現了微生物之後，我們才慢慢了解疾病是如何散布的。現代衛生的進步尤其減低了瘟疫的威脅、感染擴散、疾病傳布。多虧了這些進步，以及我們自身對衛生的知識增加，懂得保護傷口，我們現在比以前要安全多了。可是病毒和細菌也跟人類一樣會進化。比方說，幾乎每一季都會有一種新的流感病毒。

我們的心智在浩瀚的人類史一路演化成今天的樣子，迴避任何聞起來或看起來像是充滿了細菌的東西，在求生上確實是個非常大的優勢。畢竟，遠古的世界並沒有冷藏技術，也沒有健康單位為掉在地上的食物是否能吃做分級。什麼東西聞起來「臭」是有道理的（我們聞起來臭得要命的東西，對糞金龜來說可能香得要命），我們聞到臭味就退避三舍，就可以避開布滿細菌的物質，感染的機率也降低，生病的機率就少了。所以覺得噁心跟避開細菌是我們的基本動機中維持人身安全的高度適應元素，保護我們以及我們的家人免於生病。

清楚了這一點之後，再來思索對移民議題的兩種態度：保守派堅決反對移民，而自由派卻比較包容。這是美國二〇一六大選年以及世界各地在政治上的核心議題，而且因為敘利亞難民潮而變得更加棘手。保守派討厭移民的一個理由是自己的國家與文化會產生變化。移民帶進了他們自己的文化價值、習俗、宗教、信念以及政治，進而帶動了社會變革。但是從保守派對人身安全以及求生上的關切來看，又可以從他們經常使用的類比上看出另一個原因。過去（以及現在）的保守派政客經常把移民比擬為入侵一個國家（政治體），比擬為細菌或病毒入侵了一個人的身體。以前的死硬派保守主義領袖，諸如阿道夫·希特勒，明確地、重複地把被當成代罪羔羊的他群說成「細菌」，一心一意想侵犯並且從內部摧毀國家（所以必須要徹底根除）。如果移民在無意識中跟細菌和疾病劃上等號，那麼反移民的政治信念在實際上就會聽命於那個強大的演化動機——迴避疾病。

為了測試這個可能性，我們在二〇〇九年秋天當H1N1流感病毒爆發，民眾受鼓勵接受流感預防注射時，設計了兩套研究。那一年，病毒格外強悍，有史以來第一次，耶魯大學在校園內廣設消毒站。我們就在午餐時間，在交誼餐廳外面進行第一次實驗。餐廳是很有霍格華茲風格的大房間，暗色木鑲板、彩色玻璃窗、長木桌，鑄鐵大吊燈從拱頂天花板上垂下來。為了激發出受試者閃避疾病的動機，我們先發送一張傳單以及施測人員寫的個人通報，上頭說到預防注射的重要，提醒他們目前流感病毒肆虐。接著讓受試者填寫問卷，有關他們對移民的態度。做完問卷後，我們再問受試者是否已接受過預防注射。

正如我們的預測，在實驗開始前收到流感威脅提醒卻沒注射預防針的人——因此多少受到流感病毒的威脅——對移民的態度顯然更加負面。已經打過預防針的人對移民的態度就較正面。因為他們已經注射過預防針，對於流感病毒的提醒讓他們感到自己安全無虞。

接著我們在校園裡同一個地點再做後續研究。我們照前一個實驗的方法提醒所有的研究對象目前正是流感季節，但這一次我們還強調多洗手或是使用Purell乾洗手或其他抗菌清潔劑也能有效預防流感。之後，我們把受試者隨機分成兩組，一組提供他們手部清潔劑，一組沒有。接著，我們給他們同一份政治傾向問卷，其中有幾條與移民有關。這次也一樣，在疾病威脅的操弄之後，清潔了雙手的人對移民有較正面的態度，而沒有機會洗手的人則有較負面的態度。

儘管乍看之下怪異，甚至令人不安，但是我們的政治傾向確實深受我們演化的過去影響。深刻的、原始的需求隱藏在我們的信念之下，雖然我們極少，甚至從未意識到我們抱持這些信念的理由是什麼。反之，我們——包括我本人——說服自己，說我們的想法來自於理性原則與意識形態，也許事關什麼粗線條的個人主義和榮譽，也許是講求對別人公正大方。我們沒有覺察到演化的過去這股風吹過了我們的態度與行為，但這並不表示這股影響不存在。

但噁心的感覺影響的卻不僅僅是我們抽象的政治傾向。維吉尼亞大學的席夢・舒諾（Simone Schnall）與她的同事就驗證過噁心的感覺，比方說因為非常汙穢的房間而引起的感覺，如何影響我們在**道德上**的噁心，就以各種行為在我們的道德觀念中有多錯為標準。他們請受試者完成各種行為的道德評等，像是為了挽救配偶的性命而偷竊你買不起的藥品。一組受試者在骯髒的房間做評等，另一組在乾淨房間做評等，兩相比較，骯髒房間中的受試者認為這類行為比較不道德。

我們主要的、終極的、最深沉的演化動機，是我們許多人的態度與信念的根柢。求生與人身安全的需求在不知不覺中大量影響我們，而且我們通常都不知道是怎麼回事。這當然不是壞事，而是一種脈絡。我們對人身安全與避開疾病的深刻關切毫無疑問是極富適應力的。它成了我們基因組成的一部分，因為它幫助我們，不但幫助我們個人，也幫助人類這個物種，生存下去。它是我們生命中基本又強大的影響，它的觸角延伸到保持活命與迴避生理傷害這種具體的、相對簡單的任務之外。即便是我們的道德判斷，以及我們對政治與社會議題的抽象、有意識的推理，都可能聽命於這個至高無上的動機，而我們卻渾然不覺。

分享等於關懷

另一個幫助我們生存並且保持人身安全的演化特色是社會天性——我們自動發生並且現之於外的情緒。達爾文的第三本重要著作《人及動物之表情》（*The Expression of Emotions in Man and Animals*）就以此為主題，這是《物種起源》及《人類的由來》（*The Descent of Man*）的續集，談的都是人類的群居生活，因為達爾文相信我們的情緒演化是為了幫助我們與別人溝通有關安全以及疾病的重要資訊，而這種合作與分享就是我們較恢宏的人性的一部分。

在介於一八六〇年代晚期，一八七〇年代早期之間，達爾文請二十位朋友到他英國肯特郡的家中，看一系列的幻燈片。達爾文一直和一位法國醫生通信，他叫吉雍－班哲明－阿孟・杜獻（Guillaume-Benjamin-Amand Duchenne）。這位醫生深信人類有六十種不同的情緒狀態，與特定的肌肉連結，透過表情傳達。杜獻用了稍微特殊的方法來支持他的論點，他給受試者輕微的電擊，刺激特定肌肉，然後拍下他們的臉部照片。深褐色的影像奇異又有點嘉年華的味道，但是極為不同的各種表情確實類似日常生活中的各種情緒。

達爾文是高雅乾淨的思想家，他不同意杜獻的理論。他檢視幻燈片，最後斷定人類的臉部肌肉與情緒結合，呈現出僅僅六種基本的狀態，而且是由面部肌肉一起拼製出來的，而不是六十種連結特定肌肉群組的獨立情緒狀態。彼得・施耐德（Peter J. Snyder）與他的研究團隊重新做了這個為人遺忘的實驗，並且在二〇一〇年出版了檔案中的證據。施耐德寫道：「達爾文對於杜獻的雛型是否正確感到懷疑，於是主持了可能是有史以來頭一遭，針對人類面部表情的單盲再認研究。這一次的研究鮮為人知，卻是整個現代研究領域中具有當代臨床意義的先驅。」

達爾文把十一張杜獻的幻燈片拿給他邀請到家裡的客人看，問他們每一張幻燈片呈現何種情緒。他們都沒有先入為主的看法，結果都和達爾文的看法一致，把幻燈片歸類成一小撮普世的情緒狀態，比如恐懼和快樂。這一點似乎證實了他的主張，就是某些情緒是內建於人類的心靈與身體的。

說起來也真是教人摸不著頭緒（也很不幸），在達爾文出版了他論情緒的第三本書之後，將近整整一個世紀的時間，他的真知灼見在心理學卻激不起什麼漣漪。一直到一九六九年，保羅．艾克曼和他的同事才發表了一篇驚天動地的論文，追認也拓展了達爾文的理論。艾克曼和華利斯．弗里森（Wallace V. Friesen）從世界的每一個角落蒐集了巨量的資料，證明了非但普世的人類情緒只有基本的幾種，而且表現的方式也一樣。在遍布全球的文化中——甚至是幾千年來遺世獨立的原始文化——我們都**以同樣的面部肌肉以及表情來表達同樣的情緒**。這些研究員無論走到哪裡，都發現研究對象以齜牙咧嘴和眉頭緊鎖來表達憤怒，而研究對象也知道別人露出的這種表情是憤怒。快樂以及其他基本的情緒也一樣。達爾文說對了。

達爾文在書裡闡釋析理，他說人類這個物種演化出能夠自動且非自主地去感受和表達情緒，因為這兩種行為幫助我們生存。達爾文極要緊地了解到我們並沒有選擇要某種特殊的情緒，而是情緒在無意識中發生了。（我們絕不會選擇焦慮和擔憂，然而二者卻是有用處的，它們讓我們動起來，解決問題，在還來得及之前。）達爾文也承認人能自主且有意識地用幾種方式表達情緒，甚至還能假裝。我們收到了噁心的禮物（比方說是馬桶形狀的整人咖啡杯吧），可以裝出開心的樣子，而且在辦公室的對手做簡報出了大紕漏時，我們大多數也能壓得住心中的幸災樂禍。但即使如此，達爾文仍認為我們的情緒最好是以無意識的方式表達出來，而雖然我們努力要管制情緒，情緒還是會外洩。就跟老鷹合唱團的歌一樣：「說謊的眼睛藏不住。」

最重要的是，達爾文觀察到我們非自主的情緒表達提供了四周眾人一個重要的溝通管道——比如說，喝這個水或吃這種莓果是該恐懼的——若要讓那個資訊是有效的，情緒的表達就應該要有更多的自動化及非自主性。如此解釋面部表情又點出了人類求生與繁殖的動力另一個基本的、天生的元素。我們在無意識中擁有這一元素，即使是在幼年，在我們建立社會聯繫時：與他人的**合作**。

我們的情緒表達是人類與彼此分享世界狀態的原始方式。靈長類動物學家麥可・托莫塞羅（Michael Tomasello）致力於研究、比較人類與我們最接近的基因鄰居——其他靈長類，例如人猿與黑猩猩。托莫塞羅認為「人類有跟別人分享情緒、經驗與活動的內在欲望」。他從數十載的研究歸納出結論：我們與他人合作並且協調活動的演化動機，無異是我們和其他靈長類最重大的差別。快速環視人類文明一遍（再稍微比較其他物種的集體成就），你就會知道我們與其他動物僅有的差異是多麼的重要。

如果合作是一種演化的動機趨向——終極的目標是幫助我們生存，像是吃飯和呼吸——那就該出現在幼小的孩子身上，在他們還沒有足夠的生活經驗來自行發展之前。為了要測試我們的合作傾向是否是與生俱來的，德國來比錫市馬克斯・普朗克進化人類學研究所的海莉葉・歐佛（Harriet Over）與瑪琳妲・卡本特（Malinda Carpenter）集合了六十名一歲半的幼兒，叫助理給他們看八張一組的日常用品彩色圖片，例如鮮紅色的塑膠玩具茶壺、一隻鞋、一本書。每張圖片的右上角都有另一個較小的物品，不是照片的重點，而是偏居一隅，但整個實驗的設計就是要用圖片的這一小角來誘發幼兒的無意識合作目標。有一組兒童看的圖片右上角都有兩個玩偶，面對面、挨得很近，表示兩者之間有友誼。另外幾組兒童看到的圖片右上角圖案各不相同，有的也是兩個玩偶，卻各自看別的地方，有的則是彩色積木。研究人員的預測是看到兩個友善玩偶的孩子會比看見其他圖片的孩子更容易與施測人員合作，因為玩偶間的友情誘發了人類援助與合作的、內建的、演化的動機，而其他實驗組都缺乏友善玩偶這個關鍵的要素。

在助理給兒童看了八張彩色圖片之後，一名女性施測人員進來陪一個孩子玩。她帶來了一些木棍，假裝失手掉了幾根，她等候十秒鐘，看孩子會不會自發地幫她撿起來，而不需要她開口求助。結果顯而易見：友善玩偶促發組的孩子有六十%會自動站起來，幫忙施測人員把棍子撿起來，而其他實驗組的孩子只有二十%會。

這項研究證實了很重要的幾點。首先，即使是一歲半的孩子也會自動幫忙，無須他人求助或命令，符合了達爾文以及托莫塞羅的主張。我們確實天生就懂得合作。其次，這些孩子並不是誰都會幫，而是在心裡產生了個人的信任關係時（誘因是看見了兩個友善的玩偶）。在研究室之外的一般生活中，只要兒童是和他們愛也信賴的人在一起，像家人，這種信賴與友情的想法就會在心裡活化。第三，友誼暗示以及合作目標都在無意識中運作。友善玩偶只出現在背景的一角，並不在圖片最大、最重要的位置上，然而這樣就足以無意識地誘發出幼兒的社會聯繫概念，而信賴與友誼的暗示也就引出了他們自發合作的行為。

話說回來，有時天生的或演化的傾向無論如何也不會表現在我們的生活中。我們是會合作，但只與我們能信任的人合作。從適應的角度來看，這種現象是很有道理的，因為我們如果盲目地信任別人，跟他合作，我們很可能會吃虧（而且很多人吃過虧）。學習誰可信誰不可信是我們的人生功課中很重要的一課，而從歐佛與卡本特對一歲半幼兒的研究可看出，我們在出生後不久就在做這樣的選擇了。而這就帶我們進入下一章的基本概念——有些天生的傾向是從我們隱藏的演化過去蒐集而來的，而且也來自我們自己非常早期（也同樣隱藏）的經驗，像是我們在嬰兒時期與我們的父母、手足以及社群團體的關係。我們會在第二章接著討論後天教養如何與天性互動，並無意識地影響了我們信賴誰、協助誰，又不信任誰。目前還是讓我們回到潛伏在我們心中那份被遺忘的演化遺產的另一個面向，我們的基因當然關心我們的安全與生存，但卻有一個主要的潛藏目標——生存得夠久，以便養育下一代。我們的求生能力的基因隨機演化，增加了我們交配並且把這些改良之處傳給子孫的機會。這個最後的目標當然是我們另一個基本的驅動力：**繁殖**。

自私的基因

二〇一三年，科學家對奧茨有了新的發現——他有孩子。

到頭來，在阿爾卑斯山遇害的木乃伊仍然活了下來——藉由他的基因。研究人員在奧茨最後的安息地附近的奧地利地區為將近四千人採集血液樣本，加以分析，而且找到了配對。一共十九人。這些人都有同一種基因突變，銜接上他們死後才聲名大噪的祖先。奧茨在世上還有**這麼些**遠親，為他的故事翻開了新的一頁。沒錯，在他的頭號動力上，無論是有意識的或無意識的——求生——他無疑是失敗了，但是他成就了另一個人腦演化以便達成的至高目標：把我們的基因傳給下一代。說得好聽一點，就是生孩子。

演化心理學領域許多早期、原始的研究只聚焦於這個：「交配」。理察・道金斯在他指標性的書《自私的基因》（*The Selfish Gene*）中說，我們的基因只為了把自己傳給下一代而忙。想想看：你們每一位直系的祖先都有孩子，絕無例外。這是一件他們全都做到了的事情，否則的話，今天你就不會坐在這裡讀這本書了。

看我們對人身安全的無意識需求就知道了，我們需要繁殖的生理命令在今日的世界可以有驚人的表現。最好的例子是一項義大利的研究。研究在二〇一一年八月到二〇一二年九月進行，這些研究人員執行了一個有趣的實驗，調查身體的吸引力在求才上的影響，但是受試者並不需要進入實驗室。他們送出了一萬一千份履歷去應徵一千五百個工作，數量不成比例是因為他們每一個工作都送出了多份履歷。每一份履歷都寫上相同的工作經歷，因此都具備了錄取的相同資格。有些履歷表附上了相片，有些則否。（當然，姓名也不同。）應徵者被描述成義大利人或外國人，也有男有女。附上相片的履歷則平均分配為一名有魅力的男性與一名長相平庸的男性，以及一名吸引人的女性與一名長相平凡的女性。（魅力評等由另一組人負責在施測人員準備研究資料期間評估。）因為履歷都是一模一樣的，不同的反應就必定和這一個變項——相片——有關。所以研究人員提出的問題是：履歷上貼了一張賞心悅目的相片是否會增加你被找去面試的機會？

答案是很響亮的一聲「是」。整體而言，義大利籍求職者勝過外國籍求職者。這並不讓人意外。而在義大利籍求職者中，長相迷人占盡了優勢，尤其是女性：同樣資歷，但長得漂亮的女性比平凡的女性更有可能得到面試的機會，比例高達五十四%：七%。迷人的男性和平凡的男性得到面試的機會的比例雖沒那麼驚人，也有四十七%：二十六%。根據這項研究發現，最好是寄一份不貼相片的履歷，無相片組得到面試機會的比率高於平凡相片組。這個研究成果從平等主義的角度來看，就算稱不上震撼，也夠叫人洩氣了。這種現象有個名字：「美貌紅利」（the beauty premium）。

不管你喜不喜歡，身體的吸引力都是事業發展及升遷的一個重要預測因子。中上之姿的員工比中等姿色以下的員工多出十%至十五%的收入，與薪資方面的種族和性別差距相當。問題是為什麼？畢竟，歧視是法律明文禁止的，更何況許多公司在雇用員工上都有嚴格的基準，再說還有數不清的好心老闆和人事主管強烈相信機會均等，並且盡力雇用資格最符合的人，無論他們的長相如何。但說真的，即便是些立意良善的人都很容易在無意之中去迎合了「美貌紅利」。依照這篇報告的說法，部分原因是他們的無意識交配動力。

你不需要是一個青少年，就知道我們成人的意識心智往往都被與性有關的思想和情感占滿了，而且我們都寧可看迷人的人，而不願看比較不漂亮的人。（腦部照影研究顯示異性戀者看到漂亮的異性面孔，腦部的獎賞中心就會活化。）較不明顯的一點是，這些感覺如何在不知不覺間影響了我們的行為，尤其是這些影響是「不應該的」，因為它們和我們大多數人真心贊成的、平等的、以價值為主的想法背道而馳。最有可能的是，許多義大利雇主（他們並不知道自己是受試者）會宣稱相片並不能左右他們的決定，或是說他們願意重新考慮他們的選擇，只要能證明他們是在無意識間受了「美貌紅利」的擺布。

我們對美醜有偏頗是因為我們的自私基因史：無意識命令我們要繁殖、繁殖，再繁殖，以免我們這個物種滅絕。這種牢不可破的衝動強烈到研究發現單單是有漂亮女子在場，就能誘發男人的交配動機，即使男人當時正專心在別的事物上。舉例而言，有個研究證實了男性受試者在實驗室中從事某種需要全神貫注的困難工作時，在工作中與女性互動，會更容易分心，而且表現更差（與男性互動則不會）；不止如此，女性越迷人，男性受試者的表現就越差。聽起來也許像是科學在為醜化男性精蟲衝腦的說法背書，但是這種隱藏的「行為」確實發生在我們每一個人身上。從某個意義上看，我們的身體時時刻刻都在做鬼鬼祟祟的無意識溝通。

身體的吸引力並不是觸動交配動機的唯一誘因。我們用鼻子來偵查繁殖力的荷爾蒙信號。在一系列精采的荷爾蒙影響研究中，佛羅里達州立大學的研究人員證實，異性戀男大學生受同樣參與研究的女性的吸引，會因為女性的排卵期而有所差異。在排卵期高峰的女性比低期的女性更吸引他們，但是他們壓根就不知道有這種影響。相較非受孕期，他們也比較可能在女性受孕高峰期時無意識地模仿、擬態她們。我們會在第七章看到，這種巧妙的擬態是一種天生的、無意識的策略，讓我們用來和新朋友建立關係。同樣的，參與這些研究的男性絲毫沒覺察到這些細微的受孕線索是如何影響了他們對女性的興趣與行為。當然，這一切都引導我們這個物種走向最普世的經驗——成家。

我住在鄉間，對面是湖，沿著馬路往下走有個小農場。春天順著這條馬路走，你到處都能看到演化目標在無意識地運作，無論四面八方。每年春天，小野雁都緊跟著牠們的爸爸媽媽，我們經常得耐心地在車裡等牠們排成一列過馬路——一隻大雁帶頭，一隻大雁押後；小牛犢在乾草田裡的牛群中穿梭；小鹿緊緊尾隨母鹿，牠們直覺地挨近父母以及同類的動物。你不會看見各式各樣的幼獸——小牛、小鹿、小雁——在農場上玩成一片，像在上什麼小動物崽子幼稚園。牠們和父母貼得非常近，不然就是跟牠們的手足在一起。新生兒，無論是小鴨子或人類，必須仰賴父母及照顧者來讓他們保暖、吃飽、不受掠食者傷害。這是牠們，以及我們，與生俱來的本性，而且攸關生死。

小農場的動物與牠們的父母是黏合在一起的。牠們不會盲目信任別種動物，甚至不會信任自己的小社會圈外的同種動物。信任是可以被濫用的，你會上當受騙，肥了對方卻傷害了你自己。這種早期的經驗對生存很是重要。以人類而論，我們的早期經驗為將來定調，不但決定了我們在嬰幼兒期能信任誰，也決定了我們的後半生能否信任他人。就如同我們久遠過去演化而來的求生與繁殖使我們渴望人身安全一樣，無須停下來思索就能處理步調飛快的世界，能避免感染與疾病，能透過情緒來分享資訊，能幫助我們的親人朋友。早期經驗中的個人過去在我們身上留下了名為無意識的印記，不可磨滅卻影響深遠，但是我們對生命早期卻不復記憶，就算有記憶也是寥寥可數，所以我們大體上不曉得這些過去是如何強大地塑造了我們的感情與行為。我們在早年的經驗組成了隱藏的過去的另一種影響形態，而這就是下一章的重點。

第二章 某種必需的裝配

一三〇二年三月十日，一位四十六歲的政治人物在他的家鄉義大利佛羅倫斯被判火刑。他曾是軍人，有個浪漫的靈魂，寫詩，又是個兼差的藥劑師，卻陷入了當地激烈的權力鬥爭之中。這在十四世紀的佛羅倫斯並不是什麼稀罕事。三個世紀之前，教宗與神聖羅馬皇帝就展開了一場權力競逐。一群稱為「吉伯萊」的人，即白黨，支持皇帝；而「貴爾夫」，即黑黨，卻效忠教宗。中古世紀的義大利並不是一個統一的國家，而是一個一個的采邑，因此教宗與皇帝的權力大戰往往都是在較小的城市中上演。那個時代充滿了人性最醜陋的一面：爾虞我詐、出賣欺騙、冤冤相報。

佛羅倫斯上來了一位整肅異己的大行政官，他是黑派，沒多久就被以貪汙罪起訴，被判死刑。而這名剛被判死刑的人在審判時並不在佛羅倫斯，所以為了不讓自己燒死在火刑柱上，他流亡到托斯卡尼和別處，終身不能再返回故土。他出於自己的選擇，綁錯了黨派，改變了他的一生。這位政治人物叫但丁（Dante），今天卻是因為他的作品《神曲》（*The Divine Comedy*）而名滿天下。

約在一三〇八年，但丁執筆寫作會讓他名留青史的長詩。他利用流亡期間探索人性的高度與深度，在一三二〇年完成了《神曲》。他在一萬四千多行詩中，藉一趟到來生的旅行，沉思我們的行為導致的性靈後果。他把書根據基督教神學分成了三部分：「煉獄」、「淨界」、「天堂」。他由詩人維吉爾陪同，走入地獄，親眼目睹了罪人死後等待著他們的因果報應，亦即「詩的正義」。其實「詩的正義」就是但丁的創見，但是和舊約中的「以眼還眼」不同，他想像出了更深奧、更令人滿意的報復，可以讓罪與罰的天平更有效地平衡。他的想像力陰森黑暗、遼闊無垠，而且他對地獄的想像也描寫得細膩入微，像一本惡夢似的指南，既像地圖也像電影。他的煉獄有九「圈」，每一圈的罪惡都不同，律師在第五圈，殺人犯在第七圈。（不，第六圈 Level Six 不是男裝品牌名。）地獄的最底層是第九圈，叫科西多，也就是路西法居住的地方，十惡不赦的罪人都在這裡受懲罰。依照但丁的分類，最不可赦的罪——不是殺人，殺人還在上兩圈——是背叛了和你親近的人，正如但丁本身就嚐到了被出賣的苦果。

科西多也分成四區，反映了變節與背信在人生的競技場上會發生的地方：該隱圈，裡面是對自己家人不忠的罪人——以該隱為名，他是這一區的明星囚犯，他殺害了哥哥亞伯。昂得諾圈，這裡的罪人反叛了國家或家鄉——以一名特洛伊將軍為名，他和希臘人密謀摧毀了特洛伊。多祿謀圈，此處的罪人出賣了知心好友。在這一區，但丁表現出他個人對出賣朋友的憎惡，他為這種人設計的懲罰是在他們做出了背叛的行為後，靈魂立刻打入地獄，他們的肉體仍活著，不過活著的肉體也被惡魔盤據了。科西多最裡圈叫猶大，以圈內最著名的罪人猶大・斯加略多為名，他出賣了耶穌。在這裡的靈魂都是遭到天譴的，他們因為恩將仇報，犯下的罪在歷史上產生了嚴重的後果。而在第九圈的中心則是路西法本人，他在開天闢地之時背叛了上帝，地獄就是為他而創的。但丁把路西法描述為「苦惱的地獄之帝，身軀極大（巨人與他相比都成了侏儒），權力極小：他的翅膀鼓動，拍起的風使湖水冰凍，他的三張嘴裡咬著三個叛徒中的叛徒，血塊混合眼淚，從路西法的六隻眼睛裡流出來。」這段描述著實精采，然而在我讀的時候，我特別留意的細節是**那個湖**。

但丁的第九圈地獄是為最懦弱的罪人保留的，並不像標題一樣，是一處充滿了熾熱火焰的煉獄。恰恰相反，那兒是一處冰凍的大湖。遭天譴的靈魂在這裡被冰覆蓋——像是「玻璃裡的稻草」，極像可憐奧茨的地獄版——你還記得吧，他們的殘骸會在冷冽的地獄裡封存幾千年。可是為什麼在《神曲》這片恐怖的想像國度裡，但丁會選擇把叛徒冰封在「最冰冷的雪殼裡」，而不是把他們綁在火刑柱上燒，像他的政敵想要對付他的手段？

但丁就和一切真正偉大的詩人一樣，敏於人性，能夠訴諸筆墨，不像我們只能靠直覺的層次來體會。可是和其他偉大的散文與詩歌一樣，只要有天賦的作家寫出了這些看法，我們立刻就會心有戚戚焉。但丁對背叛罪的**理想懲罰**是讓這些冷血的人的靈魂永世冰凍起來，因為他們竟然能夠為了個人利益而出賣朋友。他的「詩的正義」回應了一千多年之前聖彼得的思想。聖彼得在公元第一個世紀寫了《啟示錄》，他說：「地獄有火河，也有為冷血的人預備的冰河。」當然，今天我們隨心使用這類語言，什麼溫暖的朋友，或是冰冷疏遠的父親，彼此都能了解是什麼意思。我們為什麼會使用這些結合了情緒與身體感官的隱喻，而且為什麼還延用了一千年？

但丁無法預知——但說來也奇怪，沒有現代科學幫忙，他還真的懂——七百年後，神經科學會證實一個人在面對人際冰冷（social coldness）時（像是遭到背叛），跟一個人摸到冰冷的東西，或是感覺全身寒冷，比如冬天出門忘了穿大衣，大腦中同樣的神經結構都會活動起來。同樣的，體驗到人際溫暖（social warmth），像是傳簡訊給親朋好友，大腦活化的區域與手裡拿著暖烘烘的東西時是一樣的。我們的大腦天生就會產生這些聯想，所以但丁才會選擇讓背叛人際關係的叛徒永遠冰封，以此表達罪與罰的理想平衡。

我們一出生就會和父母家人產生連結，要是一切順利，這樣的連結對我們的社會關係會有非常正面的影響。但是演化並不能保證我們本能的信任就會放對地方，我們對親近父母的天生欲望就能得到回報。所以，在我們生命的極早期，從一歲起，就決定了是否有這種連結——我們會與父母或是照顧我們的人產生或安全或不安全的依附關係。這麼早的生命經驗會為我們的後來定調，決定我們的友情和愛情會有多親密穩定。可是我們卻不曉得自己受到早期經驗的影響，因為我們對那段時間的記憶非常之少。我們的過去產生的隱藏影響來自於我們演化的過去，而且我們同樣不知道受到的影響有多大。

但丁在這方面也說對了：信任，以及它見不得光的手足「背叛」，都是人類生活的核心。他把賣友叛國、違背理念列為萬惡之首。把這樣的罪人打入地獄的最低層，甚至比不上殺人犯，可不是沒有理由的。信任是我們生活中所有親密關係的基本，再往深一層說，我們的親密關係就是每個人一生中最重要的東西。我們信任別人，比方說可以推心置腹的朋友，向他們坦誠自己的內心世界會讓自己變得脆弱，但我們願意冒這個風險，只為了讓關係更緊密。透露私人的資料，和別人坦誠相待是一開始能夠創造親密關係的貨幣，是能夠在兩人之間建立信任的交易籌碼。而親密關係會出現裂縫的首要原因，就是這份信任瓦解了，因為朋友在背後鬼鬼祟祟，我們就覺得他們不再支持我們。

可是我們出生時是個無助的小不點，我們別無選擇，只能把我們的信任、我們的生命交到父母的手上。我們必須絕對信任他們會照顧我們——餵飽我們、遮護我們、讓我們溫暖安全——因為我們沒辦法靠自己辦到。可是自然之母奉行的是物競天擇，非常能體會但丁在背叛上的教訓——把我們的信任放在別人身上，很不幸的，並不是十拿九穩的事情，也不是絕對安全的籌碼。理察．道金斯描述了許多動物的種類，其中一種叫「騙子」，專門利用「傻子」的信任與合作而輕鬆過活。所以我們在嬰兒時期當然準備也願意要信任我們的父母、手足、鄰居，他們卻可能是不可靠的。這一點我們在非常早期就學到了。

我們在嬰兒期和父母建立的連結天性反映了我們演化的過去。我們的物種經過長久以來的演化所進化出對於世界的傾向與假設，現在要放到真實經驗之火中試煉了，是否會被驗證或是說不是基於我們的個人現實？我們能夠信任別人，或是不能夠信任別人？這個問題又讓我想起了我的鱷魚夢。

把我深深相信的假設翻轉過來，那隻牙齒尖利、仰天游泳的爬蟲讓我看見我們心靈的無意識層面是我們生活中的根本；首先，我們與生俱來的強制性動機；其次，我們從嬰幼兒期的經驗中所形成關於人的早期知識。驚人的是，大約過了五歲之後，我們沒有保留任何具外顯意識的回憶或是任何覺察我們曾經形成過這些重要的印象。但它們都是我們未來的思想與行動的根基，由我們隱藏的過去創造的，在背景中操控了我們的餘生，不知不覺中驅動我們的日常行為，塑造了我們大部分的想法、我們說的話、我們做的事。有時有好結果，有時卻是壞結果。

暖猴子和冷猴子

大多數的成人都能作證，我們的父母以及他們養育孩子的方式，對今天的我們有很大的影響。會有這種現象是因為他們有意識地給予我們的東西：愛、指導、懲罰。也因為他們無意識中給予我們的東西：愛、指導、懲罰。當然，他們給我們這些東西是有意識且有意圖的，可是他們沒有發覺的是，我們也在觀察並學習他們，甚至是在他們不留意的時候。換句話說，我們的父母在有意與無意之間形塑了我們，尤其是在我們年紀很小，容易調教的時候。他們會小心地作出教養方面的決策，但是每天的生活那麼匆忙，大多數時間裡他們也只能展露自己真實的一面，他們還有很多許多的事情待完成。我們小時候當然會吸收模仿他們的行為。（我們兩歲大的外孫詹森來看我們，回印第安那一週之後，仍然反覆地把兩手拋向天，大喊「噢！」，因為有一天他在我們的陽臺上，碰巧看到我光腳踩到從烤肉架掉出來的熱煤炭。)

我們的父母給我們的影響中最強大的、會持續我們一生的，就是我們對別人是否會形成基本的信任。我們跟父母和照顧者的經驗，我們跟他們的關係，在他們身邊是否覺得安全，這些是最舉足輕重的。研究兒童發展的學者把它稱作是我們對父母的**依附關係**(attachment)，依附關係可以是安全依附型的，也可以是不安全依附型的。我們知道，或是直覺地認為我們可以依靠他們，因為他們會在我們需要他們時過來(在你還是嬰兒時，這種事常常出現)，或是不常過來。驚人的是，這種依附的感覺(或是缺乏這個感覺)在我們才一歲大時差不多就定型了。

當前的研究在檢視這種結果在我們的一生中會有何影響。傑夫・辛普森(Jeff Simpson)以及他在明尼蘇達大學的同事為了深入探究人類生活的軌道，持續追蹤一組兒童長達二十年。嬰兒受試者在一歲大時，和他們的母親接受了稱之為「陌生情境測試」(Strange Test)的測試，雖然名稱恐怖，卻是一套檢視兒童與其父母親安全依附程度的標準化測量方法。比方說，當母親離開房間，孩子有何反應?當奇怪的生物(一個打扮成龍的男人)走入房間時，孩子是否緊挨著母親?或者當母親把孩子和實驗人員單獨留在房間裡，雖然實驗人員很好(但仍舊是個陌生人)，孩子是否變得沮喪?相較一個不安全依附型的孩子，一個安全依附型的孩子比較不會在這些情境下表現出驚慌或是難過，原因很簡單，因為安全依附型的孩子有信心母親很快就會回來，而且永遠不會把她留在危險的環境中。也就是說，安全依附型的孩子信任他們的母親。另一方面，那些不安全依附型的孩子會哭，變得沮喪，甚至在陌生情境中感到驚慌，因為在他們的經驗中，母親可能不會很快回來，而且也不見得會對他們的沮喪有所回應。他們無法信任且沒有信心，當自己需要母親時，母親會為了自己而「在」。

透過追蹤同一組兒童從童年到青春期，再到成年，辛普森團隊可以從檢視這些孩子早期與母親有多少依附關係，來預測他們往後的社會生活有多成功。以及，透過陌生情境測試中的測量結果，這些孩子在一歲時有多相信他們的母親，能夠預測他們與小學同學、高中朋友甚至是伴侶的關係品質與狀況。一歲時具有安全依附型的小孩與較少安全依附型的小孩相比，他們長大後會有何不同？在他們上小學時（六歲），據老師的評估，具有安全依附型的孩子在社交上更有能力。上高中（十六歲），他們與朋友有較多的密切關係。而在二十出頭時，他們在談戀愛時有比較多正向日常情緒經驗，對伴侶更加忠誠，而且能夠在親密關係的日常衝突中，恢復得比較好。而這些行為以及大致的生活型態，都在他們一歲時和母親的安全依附程度就能預見了。

我當上新手爸爸的時候，從同事那兒得到了一些建議，她是親密關係以及依附關係的專家。她叫我儘量多多擁抱我的女兒。我很感激，可是就跟大多數的父母一樣，我不覺得這方面我需要別人的建議，因為我當然會把我的女兒當作天底下最可愛的寶貝——再說，我本來就是個愛擁抱的人。後來，她兩歲了，我把她帶到辦公室，那裡有張沙發，和一張邊緣尖銳的硬木咖啡桌。沙發和咖啡桌之間有點間隔。我的同事過來看我女兒，觀察到她從沙發爬過間隔到咖啡桌上，再爬回去，一點也不害怕。「哇，她真是一個安全依附的孩子！」她大聲說。我知道安全依附關係對我女兒的一生都會有正面的影響，我同事的這句評語真讓我飄飄然。

辛普森團隊證實了我們的早期經驗在形塑我們信任別人的能力上、在經營友情以及愛情上，具有的影響力強大到甚至有些嚇人。**然而我們對這些早期經驗卻沒有一絲記憶**。這個對早期童年失憶的迷霧濃得撥不開，而且我們人人都不例外。我們對生命中頭幾年所有的有意識回憶，就跟我們對長遠的演化過去的回憶差不多，幾近於零。你的一生中最具影響力的階段竟是你的有意識回憶最少的階段，這對於一個想要了解自己的人實在是個雙重的打擊。

每個當父母的都知道失去了跟他們的小不點共有的那幾年記憶有多麼的殘忍。那段記憶在你的腦海中是那麼的清晰，有時等孩子大了點，你會提醒他們那些珍貴的過去，得到的反應是茫然的瞪視。我女兒小時候，幾乎每天都堅持要看她最愛的電影《汽車總動員》，她最崇拜閃電麥坤。她在家裡玩紅色的閃電車玩具（當然是No. 95），坐的是閃電麥坤椅，揪著一張閃電麥坤毯子，坐車出去只要看見了紅色雪佛蘭柯維特（Corvette）就會尖叫，開心地指指點點，以為看到了閃電麥坤。（也許該怪我不好吧。她有好多年都以為閃電麥坤住在康乃狄克州的德倫市。）幾年之後，她五歲了，想在睡覺前看電影，我推薦《汽車總動員》。我們有一陣子沒看了，我提醒她她有多愛這部片子，她卻茫然以對，並且還相當堅定地跟我說她根本就沒看過那部電影。你大概能想像得到我有多麼震驚！（諷刺的是，她說這話時，就坐在電視機前面的那張閃電麥坤椅子上。）不過她在看電影時，從頭到尾都沒有露出看過的樣子。她真的被劇情牽著走，而且不知道接下來會發生什麼。對她而言，她似乎是第一次看這部電影。

長大成人後，不安全依附的人在友情或愛情上容易有困難，對父母也不信任，但是他們卻極少想到部分該歸咎於留駐在他們個人史中的秘密檔案，反而常聚焦在現在，在他的意識覺察可以取得的東西上，畢竟總是我們心智中的意識層面在嘗試釐清狀況，它也只能利用它所覺察的資料。所以我們認為是朋友的行為、同事的反應，或是其他跟關係建立毫無關係的事物，才會造成問題。我們並不了解我們對別人的感覺可能源生於我們早期與父母的依附關係。當然，這些遺忘的過去可以是詛咒，也可以是一種福氣。對我們之中快樂的人來說，他們信任朋友，允許別人親近他們，而容易有較長久、較快樂的親密關係。他們相信朋友與情人是可靠的人，可是他們同樣也沒有意識覺察到他們之所以有這樣的感覺，很大一個原因是來自於他們在嬰兒期的經驗。

說到底，我們在這裡討論的就是**後天養成**，與**天性**相反。前一章我們探討的是天性，了解我們是如何帶著內建的雙重動力——人身安全與繁殖——來到世界上的。可是演化這間工廠仍然留下了一些標度盤是可以微調的，雖然一開始是有內定值的，可是我們可以透過後天養成的早期經驗來調整，以便更準確地反映我們的家庭以及當地環境的特殊面貌，不受演化年代久遠以及緩慢移動的勢能左右。

物競天擇的過程是非常緩慢的。我們內在的基因調適也發生在非常非常久之前。演化絕不可能追得上健步如飛的變動，比方說今天科技上的進步以及各種科技在社會上的應用。人類文化和社會行為規範以非常快的速度在改變，遠快於像是蝸牛在爬的生物演化過程。這就是為什麼我們有**表觀遺傳學**（epigenetic）層面的適應階段，當後天養成和天性匯聚在一起，經驗或啟動或沒有啟動那些鑲嵌在我們基因中的行為和生理開關。我們還是嬰兒時，快速地自我微調，先是適應我們的照顧者，再來適應較大的社群以及文化，這個形成期對我們是否能夠發展成獨立的個體有著舉足輕重的地位。新的表觀遺傳學科學就是研究這個過程如何在我們的大腦與身體中運作的先鋒，而要了解他們的研究，有一個最簡單的方法：我們會是今天的我們，並不完全靠我們的DNA或是只靠我們的環境，而是兩者的**互動**。基因與經驗之間的交互作用，以及被我們遺忘的演化過去與早期生活之間的交互作用，就是我們的個人命運。

用動物王國來闡釋這個過程好了。有一種靛青鳥，是美洲原生種小型候鳥，天生就會使用夜空，或稱「星圖」，來長途導航。但是問題來了。演化不可能在這些鳥的大腦中畫出一份完整精確的星圖，因為夜空中的星斗是變換不定的，隨著宇宙擴大而慢慢改變。今天的夜空跟一千年前或是五百年前的夜空是不同的，所以大自然提供的解答就是讓靛青鳥有種天生的能力，能夠快速地判讀對**牠們**而言正確的夜空星圖，終其一生。

一九六〇年代密西根州弗林特市的一所天文館做了一個經典的實驗。史蒂芬·恩姆林（Stephen Emlen）和羅伯·隆威（Robert T. Longway）把靛青鳥放進了某個新發明裡，底部鋪了片墨水板，鳥一走路鳥爪就會印上墨汁。他們用一個紙做的圓錐罩住底部，尖頂朝下，就像是個底部窄而杯口寬的杯子。圓錐口有網子遮蓋，以免鳥飛走，不過鳥可以從網子看到外面。靛青鳥無論走到哪裡，或是跳到圓錐的哪個部位去看外面，都會從印上墨水的爪印看得出來。使用這種別出心裁的鳥籠，恩姆林和隆威讓鳥可以看見天花板上不同的星星位置，隔天再把圓錐取出，看鳥移動的方向。研究員可以隨意改變星斗的圖案，比方說他們可以改變北極星的位置，或是星星相對的位置。恩姆林和威隆改變了天文館裡的星星位置，靛青鳥的定位也跟著變化，從牠們踩在圓錐的爪印上可知，靛青鳥觀察星辰旋轉，自己畫出了一張「天空圖」。這種驚人的彈性運作是如何在牠們的小鳥腦袋裡發生的？牠們天生就有這種導航硬體，再透過經驗，牠們「下載」了真正的地圖，無論牠們在哪裡，都能供牠們參考。

從人的依附關係動態可以看出，我們在出生後也需要額外的裝配以及微調。我們來到世上，有天生的傾向、動機與目標，這些組合是天性的作用，在某個程度上預知了我們一生的大致情況，可是接著就由後天養成接手，讓我們適應實際的狀況。天性的各種可能因後天的現實面而調整，尤其是在我們非常年幼、不復記憶的歲月。

許多人都熟悉一九五〇年代哈利．哈洛（Harry Harlow）做的猴子實驗。他的研究探討的是單獨扶養嬰兒猴的社交問題，你可能會記得每隻猴子都有個替身母親——一個布媽媽和一個鐵絲媽媽。哈洛透過觀察猴子的行為，發覺幼年時期柔軟性與舒適性是遠超過食物的主要需求。嬰兒猴寧可選擇跟覆著柔軟毯子的假母親在一起，即使餵飽牠們的是鐵絲媽媽身上的奶瓶。但是大家比較不知道的是，這個實驗裡的布媽媽也是個**暖**媽媽。在摸起來很舒服的布下有一個一百瓦的電燈泡。鐵絲媽媽的四周也有熱源來保持環境溫暖，但不像布媽媽有一個直接的熱源。孤獨的嬰兒猴被剝奪了真正母親的溫暖，會尋找替代品，所以寧可待在身體溫暖的布媽媽身邊。所有的小猴之中最哀傷的就是那些連身體溫暖的來源（以及舒服的布）都被剝奪的猴子。直到今天，我仍忘不了在大學心理課看到的影片，影片中那些可憐的生物縮在角落裡，孤伶伶的一個，身體前後搖擺，而其他的猴子則彼此追逐嬉鬧。猴子擁有布媽媽或鐵絲媽媽所帶來的衝擊持續到嬰兒期之後，甚至影響了牠們整個成年期的社交生活。

在某種程度上，哈洛做的這個類人猿研究是把傑夫・辛普森團隊追蹤「陌生情境測試」兒童長達二十多年的研究給縮短了。即使只是一個布做的軀體，裡頭裝了燈泡，但如果單獨扶養的猴子有個讓身體溫暖的東西能夠依偎並依附，往後會表現得比較——不算多好，但可以有社交功能。

哈洛的研究證實了當猴子依偎著假的布媽媽，透過感覺到它的溫暖與自己的皮膚接觸，猴子能與這個毫無反應但卻舒適的母親建立起某程度的信任與依附關係。我們和小猴子都把被父母親緊緊抱住的身體溫暖跟他們很可靠、很關懷我們的人際溫暖聯繫在一起，所以回頭再想想但丁把地獄第九圈身體上的冰冷和被打入其中、永世不得翻身、叛徒的人際冰冷聯想在一起，實在是既聰明又公道。那些擁有布媽媽的嬰兒猴的救贖是那個燈泡熱源，它啟動了牠們腦子裡的潛在開關，把身體溫暖（被抱得緊緊的）和人際溫暖（我可以信任它，它喜歡我而且會保證我平安）結合起來。所以，跟牠們擁有鐵絲媽媽的手足相比，這些小猴子在後來的社群生活中也調適得比較好。身為靈長類，我們有內在的潛力和傾向來發展人際溫暖以及對他人的信任，只要我們在嬰兒期有人際溫暖的來源。（有趣的是，哈洛的研究顯示，身體溫暖可以是儘管不完美卻差強人意的替代品。）

約翰・鮑比（John Bowlby）是英國研究依附關係的先驅，也和其他的前鋒一樣注意到身體的溫暖感覺在嬰兒時期就會和安全感聯繫在一起，而冰冷的感覺則和不安全感聯繫在一起。尤其是在哺乳類餵食嬰兒母乳時，那種被餵養、被緊摟著、被保護著的感覺，與身體對溫暖與親近的經驗不謀而合。因為這兩種感覺總是同時發生，自然而然就會在心智裡產生聯想。這種簡單的連結讓我們能夠預測我們人生中的事件——黃燈閃了就表示馬上會變紅燈，閃電破空就表示馬上會聽見雷鳴，如果艾德叔叔在門口迎接我們，他就會說：「唉喲，這是誰啊？」因為他每次都這麼說。我們和父母的早期經驗，被我們最信任的人緊緊抱著，會讓我們把他們的體溫跟信任與關懷的「人際溫暖」連結在一起。鮑比認為這種連結，這個身體溫暖與人際溫暖的共同經驗，在我們這個物種上持續了好長好長的一段時間，所以最後被演化安裝到我們的大腦裡了。

我跟羅倫斯・威廉斯（Lawrence Williams）在一個自然的日常情況裡測試了這個觀點——握著一杯熱咖啡或冰咖啡。如果我們的無意識有把身體溫暖（像是握著一杯熱咖啡）和人際溫暖（信任別人，對別人寬大）連結在一起的本能，那麼握著像一杯熱咖啡這樣的溫暖的東西應該也能增加我們的**人際**溫暖，還有提升我們和他人的親密程度。握著冰冷的東西（或是感覺寒冷）也一樣，像握著一杯冰咖啡——應該會增加我們的人際冰冷的感覺，也增加我們與他人之間的距離。但是這種連結的強度，身為成人的我們受到溫暖與冰冷經驗的影響多寡，應該要視乎我們的早期經驗中，與父母的**依附關係**而定。這些溫暖和冰冷的效果不僅要看我們遠古的、隱藏的演化過去而定，還要看我們自己隱藏的嬰兒期過去而定。

可是首先我們要測試是否握著溫暖的東西或冰冷的東西會影響我們的社交感覺。在我們的第一個研究裡，我們複製了由索羅門・艾許（Solomon Asch）所做的印象形成的經典實驗。他是社會心理學的一隻領頭羊。艾許做了一個很簡單的實驗，他只用六種人格特徵來描述一個人，然後要受試者評定他們有多喜歡這個人。其中五個人格特徵是一樣的，只有一個不同。一半的受試者看到除了其他五種人格特徵之外，這個人**溫暖**；另一半看到除了其他五種人格特徵之外，這個人**冷酷**。你可能也猜到了，受試者喜歡這個被描述成**溫暖**、獨立、敏感等等的人，而不是被描述成**冷酷**、獨立、敏感等等的人。

我跟羅倫斯做的實驗很簡單：我們重複艾許的步驟，但受試者只看到同樣的五個形容詞，沒有人會讀到**溫暖**或**冷酷**等字眼。不過我們在受試者讀到這個人的描述之前，我們會讓他們有實際的冷熱體驗。這樣對受試者的影響會和看見**溫暖**或**冷酷**兩個字眼時一樣嗎？這個結果唯有當受試者把身體上的溫暖或冰冷的效果，與他腦中人際關係的溫暖或冰冷連結起來了才會發生，一如鮑比的預測，也如聖彼得、但丁、哈洛的直觀認知。

在我們的實驗中，我們在耶魯大學的心理實驗大樓大廳迎接受試者，然後在搭電梯上四樓到我們的實驗室途中，施測人員——是我們研究團隊的一員，但並不知道實驗的預期結果——隨口請受試者幫他拿著他手上的咖啡，讓他能彎腰從公事包裡取出表格。

接著他再把咖啡拿回來，把夾在寫字板上的表格交給受試者。一切過程只花了十秒鐘。但握著咖啡杯這短短的時間卻是我們研究的關鍵。咖啡是從附近的店家買來的，不是冰的就是熱的。

進了實驗室後，受試者會讀一份對某人的描述，和艾許的原始實驗一樣。每位受試者讀的東西都一樣，但正如我們的預測，根據鮑比的主張，暫時拿過熱咖啡的人比暫時拿著冰咖啡的人喜歡這個人。短暫的身體冷熱體驗啟動了人際冷暖的類比感覺，從而左右了受試者對所描述的這個人的好惡，而且完全是在無意識間發生的：實驗結束後，我們謹慎地詢問受試者，發現他們絲毫不知道在電梯裡握著咖啡竟然能影響他們對這個人的看法。

他們當然不知道——難道你曾經知道手裡握的東西是冷是熱，還能左右當下你對遇見或讀到的人的感覺？我就知道自己沒有，因為就在我們發表了這個研究的效果**之後**，我在費城的飯店房間裡就有過一次親身體驗！那時大約早晨九點，我正準備去參加會議，在房間裡穿衣服，正要出發，我的手機響了，是一名跑科學新聞的女記者，想問我咖啡實驗的事，那在幾個月前剛發表。她尤其想打聽羅倫斯．威廉斯，因為她的報導主題是心理學的研究生。我記得我對他讚譽有加，說他有多棒多棒。我停下來歇口氣，記者一個簡單的問題讓我愣住了：

「你不會剛好手裡拿著杯熱咖啡吧？」

我低頭看右手，幾乎不敢相信，她猜對了。我左手拿電話，右手拿著紙杯裝的熱咖啡。「我的天啊。」我說。「還真的是欸，哇塞。」

她哈哈笑。「糗了吧！」接著她解釋說她確定我對羅倫斯的評價很高，只是她覺得我的最高級形容詞用得有點太過，所以她直覺認為可能是熱咖啡效應——即使是我自己，對冷熱效應瞭如指掌，也在當下壓根就沒有察覺。我在費城飯店房間的經驗非常類似荷蘭研究者漢斯・艾哲曼（Hans IJzerman）與古恩・西敏（Gun Semin）所做的實驗中的受試者。跟拿著冷飲的受試者相比，暫時拿著一杯熱飲的受試者說他們對於當下受到提示而想起來的人有較親近的感覺。

十年後，其他心理學與神經科學實驗也證實了這種身體與人際溫度間的原始聯想，感覺溫暖就會表現出溫暖的、利社會的行為。事實上，腦部照影實驗證明了人腦中的同一個小區塊，叫作腦島（insula），在兩種的溫暖上都會起反應——摸到熱的東西，像是加熱墊，以及傳簡訊給家人朋友時。耶魯神經科學專家姜潤娥（Yoona Kang）和傑若米・葛雷（Jeremy Gray），還有社會心理學家瑪格麗特・克拉克（Margaret Clark）跟我本人，也證明了腦島有另一塊小區域會對握著冰冷的東西以及在一場經濟遊戲中被另一名受試者出賣同樣起反應。背叛信任是最終極的人際冰冷——我能看見但丁和聖彼得立在雲端，點著頭（也許約翰・鮑比也在）。今天，在但丁寫作〈煉獄〉七百年之後，在聖彼得寫作《天啟錄》兩千年之後，我們知道了他們的直覺是從哪兒來的了，也知道了他們兩人又為什麼會認為把叛徒冰封起來是理想的懲罰，以及今天我們為什麼會那麼容易說某個朋友溫暖，或是某人的父親冰冷。我們以後還是會。因為身體溫暖與人際溫暖的關聯，以及身體冰冷與人際冰冷的關聯，是內建在人腦中的。

可是同時我們從傑夫．辛普森（以及其他人）的依附關係研究知道，演化並沒有把能夠信任我們的父母與照顧者這件事視為理所當然；在出生之後，有一段關鍵的後成期會根據我們實際的經驗，決定這種聯繫是否存在。我們能信任他們嗎？哈洛實驗中的嬰兒猴沒有身體溫暖的來源，長大之後並不信任同伴，也無法和牠們互動。牠們躲在角落裡，而不跟其他猴子一起打鬧。似乎是只要缺少了溫暖的來源，即使那只是身體上的溫暖，也會讓牠們交友玩鬧的能力萎縮，在心中死去。

從這一點可以知道不是每個人都會把身體溫暖和人際溫暖連結在一起，即便會產生連結，程度也不同。我們可以預期有安全依附型的孩子相較沒有安全依附型的孩子更能夠產生更強的連結。為了測試這個預測是否正確，漢斯．艾哲曼和他的同事到了一家荷蘭的托兒所去研究六十名年紀從四歲到六歲的兒童。研究員先問孩子們十五個問題，確定他們是安全或不安全依附關係。然後再把孩子送進一間冰涼的房間（約攝氏十六度）或是溫暖的房間（約攝氏二十四度），誰進哪個房間都是被隨機指派的。然後再給他們一疊彩色貼紙。（孩子喜歡貼紙。想想海綿寶寶和迪士尼公主。）接著給他們機會跟另一個孩子——他的朋友——分享貼紙。

在暖房間的孩子給其他孩子的貼紙比冷房間的孩子來得多，而冷房間的孩子有較低的意願去分享自己的貼紙。這次的結果也一樣，身體上的溫暖會啟動人際溫暖及慷慨大方，但也只有安全依附型的孩子在暖房間的情境下分享更多。研究人員發現，大方或小器與否，只有那些在一開始回答問題後評估為安全依附型的孩子，才會因室溫而改變。暖房間並不會影響不安全依附型的孩子願意分享的程度。就和哈洛的猴子一樣，要讓兒童的大腦把溫暖與慷慨、溫暖與信任、溫暖與友善牢牢地結合起來，似乎得看他們在關鍵的頭幾年裡家中的真實情況而定。

我們已經看到了我們深刻基本的人身安全與求生動機，沿自遙遠的演化過去，是如何浮出表面來影響我們的社會與政治態度的。我們每個人在小嬰兒時期的遙遠過去也一樣，會浮出表面來操縱我們的親密關係以及和其他人的基本應對。因為我們對兩者都沒有記憶，這兩種隱藏的過去就在無意識之中影響了我們的後半生。

好的、壞的、文化的

天性給了我們另一組線索，讓我們知道能信任誰、跟誰合作，也就是我們繼承的遠古的部族過去。在這段過去裡，其他的人類是我們四周最危險的生物，這一點奧茨最清楚不過了。這些線索說的是其他人是否與我們類似。他們的長相語言跟我們周遭的人，像父母、手足、最近的鄰居一樣嗎？這種**我群／他群區別**的研究在我自己的社會心理學領域五十多年來不計其數，而且成果頗豐。這個研究讓我們知道我們都從年紀非常小的時候就開始了這種我群／他群的區分，也就是說這是一種天生的傾向。即使是用太天真而不會有邪念的嬰兒來做眼球運動實驗，也很微妙地顯示出嬰兒偏愛他們自己的族群。

這種偏愛跟約翰・鮑比所注意到的一切幼獸都有的現象有關：牠們有一種演化的普遍傾向，跟那些與牠們類似的動物接近。牠們不會跑開去跟別的幼獸在農場上或是森林裡玩，而是跟自己的同類在一起，最像牠們的動物會照顧牠們、給牠們食物、提供溫暖與遮蔽，還有最重要的，不會想吃掉牠們。鮑比發覺人類的行為多少都差不多。比方說，發展心理學家大衛・凱利（David Kelly）和同事發現讓三個月大的嬰兒看臉孔，跟他們同種的（高加索種）以及不同種族的（非洲人、中東人、亞洲人），他們偏愛看自己種族的臉孔。這種結果也和依附關係以及信任一樣，端視嬰兒的早期經驗而定，因為凱利在新生兒的身上並沒有發現這種偏好。類似的研究也發現相較其他語言，嬰兒更偏好自己的母語，雖然他們連一個字也聽不懂！

從演化的過去這個角度來看，我們偏愛長相跟我們近似的人是有道理的。在古代還過著打獵、採集食物的部落生活時，我們極少會遇見陌生人，如果遇到了，也很可能是威脅。（城門來了個騎馬的陌生人通常都不是好消息。）所以不難理解人類演化的遺風中有一個就是我們跟熟悉的人在一起會覺得比較安全，跟不熟悉的人在一起會覺得比較不安全。可是科技進步卻凌駕了進化的龜速，這裡就有一個活生生的例子。

我們現在可以輕輕鬆鬆就到遙遠的地方去，而住在遠地的人也可以過來我們這邊。我們幾乎是在事件發生的同時就看見、聽見地球上每個角落發生的事情，首先是拜無線電與電視之賜，再來是衛星，現在是網路。許多現代城市都是多元族群，每天都有來自世界各地的人擦肩而過。換句話說，我們的社會環境一點也不像中世紀或之前的城鎮與鄉村。可是在我們的內心深處，我們仍舊擺脫不了那些對自己族群的演化偏愛，而且在某個程度上會抗拒那些長相、說話、行為都不像我們的人。這一個得自漫長的演化過去的傳承是很不幸的，因為儘管看起來不同，我們的共通點絕對是多得多——那些對安全的基本需求，對溫暖與信任的渴望，生活得好並且照顧我們所愛之人的欲望。

可是我們顯然無法不把我們的群居世界分割成**我們與他們**，儘管分割的因素往往是武斷的，是我們無力控制的，像是我們的皮膚或祖籍。英國社會心理學家亨利．泰斐爾（Henri Tajfel）團隊率先研究我群／他群偏見。他們發現這種「我們／他們」的暗示微小得有多可笑。他們要受試者畫下一個甕上的球，有的人畫紅球，有的人畫藍球。（每個選擇都是隨機的。）但是在實驗後部分，當受試者被要求分配金錢，受試者卻給跟他們畫同一個顏色的球的人較多的錢，另一個顏色的人較少。我們根本就不需要多少理由就會用「我群」和「他群」來思考，而且以正面的態度對待自己的族群，對他群則不喜歡，採負面態度。其實，即使是**我們**這個字眼都在無意識中是正面的，而**他們**則在無意識中是負面的——在第五章的「自動化評估」（automatic evaluation）實驗中，**我們**對人有同樣的自動（即時的、不由自主的）正面效果，類似字詞還有**蛋糕**、**生日**、**星期五**，而**他們**則和**毒藥**、**颶風**、**星期一**一樣，有相同的自動負面效果。

要是隨機選擇的紅球或藍球就足以觸動這種「我們／他們」感覺，那麼更顯著、更具體的族群差異，比如說不同的語言或口音、不同的膚色、不同的宗教和風俗習慣，能夠產生刻板的定型與偏見就實在是不足為奇了。地球上的每種文化對於自己的社會中較弱勢，或是長相不同，或是行為不同的族群都有這類跳不出窠臼的看法。我這個領域的研究者有很長一段時間相信這類看法是在童年的晚期或是青春期發展出來的，最早的起始點可能是十歲。所以我們有許多人對於教育懷抱著莫大的期望，以為藉由教育能夠修正這些族群偏見。然而兒童社會心理學近來的進步，像是大衛．凱利對小嬰兒的臉孔偏好的先驅研究，卻開始畫出悲觀許多的一幅畫：這種我群／他群的偏好可能是在人生的極早期形成的，早在入學年齡之前。

耶魯大學的一位發展心理學家亞若．鄧罕（Yarrow Dunham）研究了年幼的兒童對自己族群以及其他種族或社會族群的內隱好惡。他把測量成人無意識偏見的標準方法稍加修正，用來測試年幼的兒童。這個方法叫內隱聯結測驗（Implicit Association Test），有兩個按鍵，分別貼上「好」與「壞」。只要電腦上出現了好的圖片，譬如好吃的派，受試者就立刻按下「好」按鍵；如果是出現了嚇人的蜘蛛，就立刻按下「壞」按鍵。進行得很順利。接著要受試兒童做一個不相關的活動。之後，（白人）兒童使用同樣的按鍵，卻標上了「白」與「黑」，他們的任務是盡快區別出白人和黑人的臉孔。

接著上場的就是這項研究的關鍵了。現在再要求受試兒童同時做兩件事。兩個按鍵現在有了兩個作用，例如左邊的按鍵可能是用來表示「白」或「好」的，右邊則是「黑」或「壞」，端視螢幕上出現的是臉孔或物品。然後實驗重複，只是這次一個按鍵代表了「黑」與「好」，另一個按鍵代表「白」與「壞」。如果螢幕出現了臉孔，就使用「白」或「黑」按鍵，按下正確的按鍵（左鍵或右鍵），全看螢幕出現的是一張白人或黑人的臉，可是如果螢幕出現了別的東西，那就使用有「好」或「壞」標籤的（跟剛才的左右鍵一樣），按下正確的按鍵。關鍵在這個孩子是否用同一個按鍵（假定是左邊的）來表示「好」與「白」，用另一個（假定是右邊的）來表示「壞」與「黑」，或是反過來，一邊表示「好」與「黑」，一邊表示「壞」與「白」。

如果孩子——換成大人也可——在心裡把「白」與「好」聯結在一起，「黑」與「壞」聯結在一起，即使他們自己沒有察覺，那麼「白」與「好」是同一個按鍵，另一個按鍵是「黑」與「壞」，他就會覺得比較得心應手。他們「黑＝壞」、「白＝好」的聯結強度越高，分類時就越輕鬆。可是在按鍵標籤變了之後，「白」和「壞」是同一個鍵，「黑」和「好」是同一個鍵，他們分類的速度就會越慢。鄧罕用白人兒童來測量他們愛白人、討厭黑人的程度，他的方法是測量兩種情況下他們的反應時間差異——「白」與「好」同鍵（「黑」與「壞」同鍵）時能有多快，對比之下，「白」與「壞」同鍵（「黑」與「好」同鍵）時會有多慢。如此就能測量出他們自動的，或稱為內隱的種族偏好。

請注意這個實驗如何辨識內隱與無意識偏見的感覺，因為施測人員根本就沒有問這些孩子他們對白人和黑人的感覺。他們的感覺完全是間接透露的，是看他們心中把「好」和某一族群連結，把「壞」和另一族群連結到什麼程度。利用這個測試，鄧罕團隊發現了六歲大的白人兒童表現出和白人成人一模一樣的無意識愛白人偏見。事實上，這個程度的種族偏見在各年齡層的受試群組中都一樣——六歲大、十歲大，以及成人。相對來說，若使用一個外顯的測量方式，以問卷來直率詢問喜歡白人討厭黑人的程度，卻會發現這種偏見會隨年齡而消失。顯然我們在社會中學習到不應該對某某族群偏心，所以在接受問卷調查時，我們會做出有意識的反應，於是也這樣回答（但願我們也是這樣相信的）。但是對族群的內隱及無意識偏好在人的一生中卻絲毫不會改變。我們六歲時存在心中的內隱或自動的種族偏見似乎會一輩子跟著我們。

在年幼兒童身上發現我群偏好的類似研究成果也出現在美國、日本、英國的主流族群人口中。這種非常早期的偏愛形成了偏向自己的族群而犧牲其他族群的一生傾向。如果從嬰兒期你就比較喜歡某個族群，你也會比較想跟他們在一起，也就是說你跟其他族群的人互動會較少，使得原有的偏見會更深入骨髓。易言之，社會經濟因素原本就會讓我們跟不同的族群較少接觸，而你還會再不由自主地使你的生存更少多樣化。

這些發現確實讓人洩氣，可並不是就沒有挽回的餘地了。三個月大的嬰兒喜歡跟他的父母手足類似的臉孔，六歲大的孩子對他們自己族群的人表現出較高程度的無意識偏好，這兩者在經驗上是有很大的不同的。父母常常回首過去，感嘆孩子長得好快：他們才剛進幼稚園不久，一眨眼的工夫就上大學了。可是如果我們這些做父母的稍微想一想，我們都太清楚每一天都是漫長的、奇妙的，也是讓人筋疲力盡的折磨，尤其是家裡有非常年幼的孩子時。而在三個月到六歲的期間，這種漫長累人的日子大概有兩千多天。而每一天對這些孩子來說都包含了一大堆的經驗，他們就像海綿一樣吸收這個群居世界的知識。兩千個這樣的日子讓他們來熟悉他們的家鄉、他們的國家、他們的地區文化——透過電視和其他媒介，以及遊戲場上的鄰家小孩。他們學習價值觀、重要的觀念、文化偏好、誰是好人誰是壞人、如何在各式各樣的情況中表現。

不過這種像海綿的過程卻附帶著一個內建的風險。孩子在汲取文化時，他們會把所有缺點也吸收進去，包括我們的社會對不同族群的看法。他們盲目地相信，他們不知道哪個部分是正確的，哪個又是無知的偏見。他們無力分辨。而更要緊的是，這種文化知識不僅影響他們期望別人如何表現，也左右了他們對自己的期望，端視他們屬於哪個族群而定：男性女性、黑人白人、穆斯林基督徒等等。從他們投身其中的寬廣文化中，我們的孩子在不知不覺中吸收了許多觀念，像是他們自己該是什麼樣子，以及他們本身應該能夠做或是不能夠做的事情。

我們或許記不得出生頭幾年的事，但並不見得就沒有什麼重要的事情發生在我們身上。恰恰相反，發生了很多事情，而且塑造了我們對世界的假設，對別人的感覺，對自己的信心。生命就像一朵花，先是緊緊含苞，隨即綻放，向外在世界放得更開更大。我們先是躲在父母的懷抱中，然後我們在自己的家裡亂爬，再後來我們探索自己的社區、家鄉以及四周的文化。可在我們進入更寬廣的世界時，在我們從童年向前進時，我們繼續吸收我們自己的見聞和別人說的話——來自其他的孩子，來自電視及大眾傳播——以純然無知、易騙、信任的方式。我們的文化代表了第三條管道，而我們隱藏的過去就透過它來持續影響我們到今天。

第三章 黃金時段

等我們長到五、六歲左右，我們的世界就漸漸變得沒那麼讓人困惑、讓人害怕了。我們慢慢地有了了解，知道對錯，能夠預測接下來的情況。我們對自己的家鄉、州郡、國家感到自豪。我們知道該尊敬珍視什麼重要的東西；什麼只是為了好玩而整朋友的惡作劇，什麼卻不是；什麼樣的事情我們能卸責，什麼卻卸不掉。這些事情我們並沒有想太多，因為事情本來就是這樣的。在這個年紀我們不知道的是我們不見得只能這樣子思考、感覺和行動，我們完全不知道這一切其實可以輕而易舉就改變。要是我們出生在別的國家，有不同的價值觀和信仰，那我們就會成為一個截然不同的人。

你可以把一個剛出生的嬰兒帶到世界上任何一個偏遠的角落，這個孩子就會學會那個國家的語言文化以及意識形態，就彷彿他本來就是在那裡出生的。這個事實雖然明顯，卻無損於它的重要。要是你生在別處，置身於別種語言文化之中，你在許多方面都會是一個非常不同的人。今天的世界是個高度全球化、亂七八糟的世界，一個亞裔追溯到幾千年前竟發現他的母語是西班牙語，這種事也並非沒聽說過。就以秘魯為例吧，這個國家裡有很大的族群來自日本。還有個奇怪的例子，兩兄弟的父親是美國人，可是他們出生的地方卻不是美國。這對兄弟自然會精熟這個國家的語言，而且他們也學到了許多其他的東西。他們從周遭環境吸收養分，這說明了隱藏的心智受到我們廁身其中的文化滋養，小自我們家庭本身的文化，大至整個民族的文化。

這兩個美國父親生的兄弟是在北韓出生長大的。

共產黨與新教徒

一九六二年，詹姆斯・德瑞斯諾克（James Dresnok）這位美國軍人派駐在南北韓交界的非武裝區。韓戰結束九年，戰爭的遺緒就是用這塊無人區把共產北韓和資本社會的南韓分割開來。德瑞斯諾克留在美國的妻子最近離開他了。他的生活分崩離析。

有天晚上，可能是寂寞難耐，也可能只是無聊，德瑞斯諾克偽造了假條，偷溜出基地，卻被捕了。他沒有等待即將到來的軍事審判，反而走極端，改寫了他的人生軌道：他穿越了非武裝區，叛逃到共產北韓。幾十年後，德瑞斯諾克向兩名英國電影製片人說：「八月十五那天，我就在大中午，人人都在吃午餐的時候跑了。對，我很害怕。我是會死還是會活？我走進了地雷區，我用自己的兩隻眼睛留意地雷，我開始流汗。我走了過去，尋找我的新生活。」

德瑞斯諾克在他的新家娶了一名住在北韓的羅馬尼亞女人，跟她生了兩個孩子，泰德和詹姆斯。雖然德瑞斯諾克一家人的生活大體上是個謎，不過他們在北韓似乎活得不錯，部分是因為他們是美國人。德瑞斯諾克家的兩個男孩跟他們的父親在北韓電影中演出，經常扮演美國壞蛋。二〇一六年五月，他們獨特的家庭傳奇出現了新的轉折。已經三十幾歲、身形瘦長的泰德和詹姆斯出現在網路的政治宣傳短片上，攻擊美國。為什麼？因為美國就像是電影中的惡棍國家。

「美國想要征服世界，推行反北韓的政策，試圖占領亞洲。」泰德說。他是個有大志的外交家，衣裝筆挺。而在會議桌上坐在泰德旁邊的是他的兄弟詹姆斯，他是上尉，一身橄欖綠加茶褐色軍裝，戴著北韓軍章。詹姆斯也重複同樣的話，並且讚美北韓領袖金正恩。這支影片一時間吹皺了外交界的一池春水，大家紛紛臆測它的用意，有幾天搞得繪聲繪影的。

許多美國人覺得德瑞斯諾克兄弟被北韓政府洗腦了，其實不需要——你跟我也不需要被洗腦就會抱持我們自己相當不同的信念。試想，他們的父親當初沒有叛逃到北韓，而是回到美國，最後娶了一位美國女性，他的兩個兒子就會說英語，而不是朝鮮話（除非他娶的是韓國人），那他們就會有跟今天迥然不同的價值觀與意識形態。所以既然是在北韓長大的孩子，他們也跟我們一樣——吸收了他們出生長大之地的語言及文化。

北韓意識形態之所以突出是因為跟我們的極其不同，可是和世界的其他地方比較起來，美國意識形態也和別的國家或文化不同。可是因為我們身在美國，小時候就毫不遲疑地吸收了美國的文化，所以我們的信念來得很自然、很正確，就跟北韓意識形態對泰德和詹姆斯來說既自然又正確一樣。但是對世界的大部分地方來說，美國的主流傳統和道德倫理在許多方面都很，嗯，古怪。我可不是在談政治或是民主與社會主義的優劣。我說的是清教徒的傳統。這批在將近四百年前率先移民新大陸的清教徒，對於今日的美國文化仍然有著極大的影響。

文化之於我們就如水之於魚：包圍了我們，無所不在，平常到我們甚至不會去注意。長久研究文化對個人的影響的學者，比如伊利諾大學的達夫．柯恩（Dov Cohen），就概述過文化滲透日常生活的許多方式，在背景中潛移默化，全方位地、暗中左右了我們的價值觀、選擇、看法與行為。每一個國家的文化都是從共同的歷史過去中產生的，就是我們在學校和書本裡學到的，不過並不是我們直接記得的。可是我們在上學之前就在吸收我們的文化了，在我們很小的時候。研究者有一種令人注目的說法，他們認為美國著名的新教徒倫理並不僅僅是一種大家愛用的文化比喻，而是大多數美國人不知不覺中奉行的一套價值觀。即使是在歐洲人登上普利茅斯岩的四百年之後，我們的清教徒起源仍然在形塑美國人對性、金錢與工作的行為。

故事得追溯到十六世紀，新教徒為表抗議羅馬天主教廷的腐敗，悖離了聖經的價值觀與禁制，而脫離了教廷。在英國出現了英國國教，是全新的新教徒教會。不過，英國新教徒中的一支次要團體——清教徒——覺得英國新教和教廷決裂得不夠徹底，改革的程度不符合清教徒的期望，所以他們決定移民到新大陸，根據他們相信的嚴格教義建立自己的新教會。宗教熱忱帶領他們遠渡重洋，來到了原始的、不見人跡的大陸，在信仰上邁開了一大步。他們來到美國是為了建立一個宗教烏托邦，也就是後來的美國，而他們也就成了十七世紀早期來到美國數量最多的移民之一。而且因為他們先到，他們對後來到美國定居的所有人在文化價值上產生了不成比例的影響。

清教徒給了我們兩種核心的價值觀，或者說「道德規範」。第一個，也就是大家熟知的「新教徒倫理」，教我們辛勤的工作會為我們賺來永恆的救贖。只要工作努力，你就是好人，就可以上天堂。反過來說，工作不努力，就不是好人，你的「閒著的雙手」就會是「惡魔的遊樂場」。另一個核心價值我們稱之為「清教徒倫理」，或直接稱「清教教義」，它把淫亂和過度的性行為視為邪惡。清教徒奉這個原則為穿衣說話的指導原則，並且譴責不負責任的性行為。而且當然清教傳統有很大的一部分奠基在基督教對上帝與聖經的信仰上。

驚人的是，這些與工作和性有關的宗教價值觀和基本倫理仍然深深埋在美國文化中，與其他現代西方工業化國家相違背。財富與民主產生出世俗與較不傳統的社會，這是放諸四海皆準的規則。在歷史上，新教的、民主的、工業的、富有的國家都是第一個世俗化的，並且從政治與文化中移除了宗教的影響，而今天它們是世界上最不傳統的社會。**只有美國例外**。雖然是一個主要是新教徒的、民主的、非常富裕的國家，美國卻是世界上最傳統的國家之一。在稱之為「世界價值觀調查」（World Values Survey）的標準調查中，在傳統價值上，美國遠高於平均值——比方說傳統的家庭結構、國家主義、性壓抑、道德絕對論、善惡的清楚分野——以及拒絕離婚、同性戀、墮胎、安樂死、自殺的傾向。

七十多年來，其他的工業化清教徒國家急遽變化，宗教和傳統的影響越來越淡薄，但今天的美國仍像以前一樣虔誠。二〇〇〇年，讓美國人用一到十的量表來評定上帝在他們生活中的重要性，五十％的人評為十，六十％的人說他們一個月至少上一次教堂。二〇〇三年，六十％的人一週上一次教堂，次數和一九三九年三月一樣——那是在二次大戰之前。一九四七年，幾乎全體——九十四％——的美國人說他們相信上帝，到二〇〇一年仍保持同樣的數字。從一九四七到二〇〇一年，除了巴西之外，幾乎所有國家的這個百分比都下降。最後，十個美國人裡有七個說他們相信有惡魔，而十個英國人中只有三個相信，十個德國人、法國人，而瑞典人中只有兩個或不到兩個人相信。

話說回來，美國在宗教性以及傳統價值上會這麼突出倒不是因為這些價值觀本身，而是因為它在經濟蓬勃發展的同時還能保住這些價值觀。要是單單從經濟財富以及發展的水平來看，根據世界上的其他國家，應該只有百分之五的美國人會認為宗教是生活的重心。美國文化遺產強大到在世界潮流中逆流而行。這個遺產來自於為躲避宗教迫害而逃出英國的清教新教徒——**在四百年之前**。

艾瑞克・烏勒曼（Eric Uhlmann）以及安迪・博勒曼（Andy Poehlman）仍是耶魯的研究生時，跟我一起做過幾次實驗，研究這個新教徒文化與意識形態傳承的無意識及隱性的影響。我們著手測試這個清教新教徒文化意識形態是否在無意識中決定了現代美國人的判斷與行為。另外，由於這種意識形態是美國獨有的，我們需要證明它並不影響非美國人的判斷與行為。我們是用什麼樣的手法來證實呢？在我們的幾個研究中，我們跟隨文化心理學領域的研究者，他們慣常使用一種叫作**促發**（priming）的方法來展示文化意識形態與價值觀是如何在不知不覺中影響一個人的判斷和行為的。這些方法現在已經有五十多年的歷史了。一般來說，重要的資訊會加以偽裝，或有時甚至會以閾下的形式來呈現，這麼一來，如果有受試者如預期般受到影響，他自己也不會知道。所以影響就是在無意識間發生的，而不是在有意識間。

舉個例子：一九五〇年代認知心理學做的原始促發研究中，受試者在第一個實驗中拿到了一張清單，列出了必須背下來的詞彙；接著在第二個實驗，而且是不相干的實驗中，他們給了受試者另一張詞彙表，請他們說出看到這個詞彙表中的每一個詞彙時第一個浮現在腦中的詞彙。我們叫這個「自由聯想測驗」（Free Association Test）。當時施測人員驚訝地發現第一個實驗中的詞彙——比如說**停**、**蝴蝶**、**粗糙**——比較容易出現在受試者的第二個自由聯想實驗裡被提及，當他們聽到**高速公路**、**動物**、**木頭**，說出第一個浮現上心頭的詞彙時。即使受試者已經遺忘了第一個實驗中的詞彙，這個促發效應也會發生。這些詞彙在記憶中的位置被促發了，或是說暫時性地變得更加活化。第一個實驗中使用這些詞彙，讓這些詞彙變得較**容易取得**，較容易出口，或是寫下來，如第二個自由聯想實驗的結果。而且受試者並不知道有這種效應，當然就更談不上是受試者有意讓它發生的。畢竟，有些人根本就不記得這些詞彙曾經出現在第一個實驗中需要背下的詞彙表裡。

社會心理學家開始利用這個「兩個不相干的實驗」技巧來驗證對別人的印象或批評

是如何受到一個人新近經驗的影響的。比方說，要是你剛看到消防隊員衝進起火的建築裡，或是剛讀過某一段大戰史，你對勇敢和英雄主義的概念就可能會被促發。就像原始的促發研究裡的詞彙，勇敢這種更大的概念會比平常活化。所以如果新聞報導某個人想獨自橫渡大西洋，你就會比較可能認為這個人非常勇敢，甚至也算得上是英雄——而不是魯莽的瘋子，甚至覺得他是想自殺。

促發效應是自然而且自動的。我們的日常經驗點燃了各種想法與欲望，甚至是對世界的看法。促發物就像是信號，無論我們知不知道受到了提醒。我們走過機場要到登機門去，忽然一股香噴噴的肉桂捲味道飄過來，我們就會因而想到肉桂捲的滋味有多美，我們有多餓，有多需要吃一個。我們的意識心智那時完全聚焦在另一件事情上，就是準時趕到登機門，壓根就沒有想到肉桂捲。所以是那種味道起了「促發」的作用。再比方說吧，幾天之後，我們在早上趕去上班的路上，被不只一個駕駛超了車，好不容易趕到了公司，我們發現自己在想我們的同事有多混蛋，因為他偏偏在我們需要用印表機的時候，印個沒完沒了。我們在下一章會看到，這些日常經驗在事後我們都已經換了一個徹底不同的環境了，仍然會影響我們。不過在實驗室中，研究人員卻善加利用了促發以及可取得性（某個心理概念隨時都可以使用）的基本原理來研究某種經驗如何在無意識中形塑並且影響一個人接下來的行動或想法，而他卻絲毫不曉得這種效應。許多科學家都用這種促發方法來研究文化對一個人的無意識效果，即使是在年幼的時候。

現在回到我們在新教徒倫理方面做的實驗，我們也用了促發方法。我們的受試者不僅是美國人（我們預計會在他們身上看見效應），還有來自富裕的西方工業國家的人——加拿大、義大利與德國——我們不認為會在這些人身上看見效應。因為新教徒倫理主張天堂與來生是一個人在現世生活努力工作的獎賞，所以我們就測試美國人是否真的把**天堂**和**努力工作**強烈地聯結在一起。我們使用的是標準的「不相干的實驗」方法。我們對受試者說第一個實驗是語言測驗，要他們從隨便湊成的詞彙裡挑出字來寫出一些四個詞的短句。有一組的受試者必須使用與來生有關的詞彙，比如**旅行**、**宿舍**、**天堂**、**是**（可能的造句是「旅行是天堂」（The trip was heaven），還有大學生可能不認同，不過文法正確，「宿舍是天堂」（The dormitory was heaven））。在對照組中，促發物也是同樣正向的詞彙，但是和宗教一點關係也沒有（例如，**旅行**、**宿舍**、**奇妙的**、**是**）。如此一來，我們在一些受試者沒有察覺的情況下，促發了或是活化了他們的天堂與來生的概念，而另一些受試者（對照組）則沒有。

我們的預測是對美國人而言，當宗教與來生的概念被促發，清教徒的工作理論也會被促發，因為這兩者在美國的文化中緊緊糾纏，因此在美國人的心裡也是同樣情況。這些「天堂的」詞彙，據我們的假設，應該會促使美國受試者在接下來的任務上更拚命——我們讓他們做的是破解反綴字。但是同樣的促發方式應該不會讓德國人、義大利人或加拿大人更努力，因為救贖和努力工作的連結並不是他們文化中的一環。唯有天堂與來生的觀念在暗地裡牢牢地和努力工作連結，被促發的前者才會影響到後者。

而結果不出我們所料。比起沒有促發情境的對照組中的美國受試者（他們的詞彙裡沒有與天堂相關的），受宗教概念促發的美國受試者確實更努力，在解字作業上的分數也更高。而且一如我們的預料，促發天堂只影響了美國人的工作表現，並不影響其他國家的受試者在解字上的表現。最後，在實驗結束後我們仔細詢問了受試者，沒有一個人覺察到第一項實驗中的宗教促發，也不知道他們在解字任務上有多努力或做得有多好。他們的行為完全是受到了無意識的文化影響。

我們在第二個實驗中更推斷這些文化影響都是潛移默化的。我們請美國受試者讀一篇故事，內容是兩個削馬鈴薯皮的年輕工人合購了一張彩券。中獎之後，第一個工人退休了，第二個仍繼續削馬鈴薯皮，即使他已經是百萬富翁了。我們請受試者描述他們對這兩個工人的直覺感覺，以及他們較有意識、較審慎的評斷。受試者對於中獎後繼續削馬鈴薯皮的工人的直覺感覺遠遠正面於中獎後就退休、從此無憂無慮的工人。但是經過審慎的、更多的思考後，他們認為這兩個工人在道德上不分高下。新教徒的工作倫理是在不需要工作之後繼續工作，從經濟層面上來說，你是個更好的人。

好，接著看清教徒倫理。我們的第三個實驗測試美國人是否把新教徒倫理和清教徒倫理聯想在一起，因為這些觀念就是建立美國意識形態的擎天柱。我們的預測是如果兩者有密切的關聯，美國人在想到工作之後，應該對性有更保守的態度！為了要證明這是美國文化特有的影響，我們挑選了一組二元文化的亞裔美國人來當受試對象。這麼一來我們便能選擇要促發他們的亞洲或美國認同——與工作相關的促發效果可能在同一個人中有所不同，端視他們的兩種文化認同中哪一個目前較活躍。換句話說，我們開啟了塑造他們的文化身分的不同面向，意即早發並且現在已經遺忘的過去。

對某些受試者，我們先誘發了他們的亞裔身分，使用的是問卷調查，列出的問題有「你最愛吃的亞洲食物是什麼？」而其他的受試者則先誘發他們的美籍身分，問他們「你最愛吃的美國食物是什麼？」以及相關的問題，像是最愛的電影、書籍、音樂團體等等。接下來，所有的受試者都要完成一個造句測試，不過有一名受試者的詞彙會有和工作相關的字，像是**辦公室**、**工作**、**職業**。對照組在第一次的「語言測驗」上不會看到和工作相關的字。然後我們讓每個人都讀一篇文章，內容是某所高中提議要更加嚴格規定學生的服裝，不准穿暴露的衣服到校；之後我們讓他們回答問題。我們的預測是只有先促發了亞裔美籍的美國身分，激發了獨特的美國文化價值觀，會受**工作**這個字眼而促發進而導致在回答與**性**有關的問題時，有更保守、清教徒式的回應。受試者會更能接受較嚴格的服裝規定。果不其然，結果就是這樣。分配到亞裔身分促發組的人在服裝規定上完全沒有受到工作的促發效果。新教徒（工作）與清教徒（性）倫理在亞洲文化中並不起關聯。所以我們的道德觀，對各種社會行為的對錯判斷都是受到我們的文化意識形態的影響，而我們在年紀很小的時候就毫無異議地吸收了這種意識形態，所以它就變成了我們隱藏的、無意識的過去的一部分。

因此工作與性——新教徒和清教徒倫理的兩個雙胞胎——似乎是獨特的美國文化價值觀裡的一個強烈連結，都根植於這個國家遙遠的過去。今天，四百年之後，我們仍然在二十一世紀美國人的道德判斷上看見深刻的清教徒新教徒的開國意識形態。但大多數時候，我們對這些影響渾然不覺。它們是（許多，並不是所有）美國「魚」悠游其中的水，而且衍生出的感覺以及道德觀跟十七世紀我們極虔誠的清教徒祖先驚人地一致。

成本與利益

從我們對亞裔美籍受試者做的美國價值觀實驗可以看出我們的個人認同中的哪一面較活化，就會讓我們的感覺和行為不一樣。我們的身分有多重的面貌——母親、音樂家、教師、瑜伽推行者、納斯卡賽車的粉絲。而在每一個層面裡都保存著根深柢固的、內隱的知識，像合適的價值觀與行為、好惡。存在的各種樣態。兒童從他們的文化中學習到什麼是男孩什麼是女孩，什麼是亞裔美人什麼是非裔美人，什麼是兒童什麼是長者——你該有什麼行為，你能夠做什麼，你不應該做什麼。而年幼的孩子能夠牢牢吸收這些文化上的信念，在非常幼小的時候就能夠表現出不同的行為，全看他們的身分中是哪一個層面被誘發了。

二〇〇〇年，我參加了人格與社會心理學協會的第一次年會，從那年開始該協會的年會就是我這領域規模最大的會議，出席人士有幾千名研究人員、學生、教授。這個一年一度的會議大致分成座談會、討論小組和演講，熱心的科學家發表看法以及最新的發現，大家稍加討論，然後就是晚宴和飲料吧了。第一屆在納許維爾舉辦的年會盛況空前，我認識了幾十位新同事，可是最讓我難以忘懷的是一場演說，在飯店的大舞廳裡，主講人是已故的娜黎妮・安伯帝（Nalini Ambady）。

安伯帝是來自印度喀拉拉邦的優秀社會心理學家，在哈佛念研究所，受教於史金納等學者。她在二〇一三年因為白血病而英年早逝。她是我極為尊敬的同事，而且尊敬她的人不只我一個人。納許維爾的大舞廳裡擠滿了人，都是來聽她發表她最新的研究的。她與同事施華維（Margaret Shih）研究年輕的亞裔美籍男女。她們證實了文化影響是從多麼早就開始左右一個人的動機與行為。而在大約二十年之後，她們的發現仍是最有力的論證。

因為克勞德・斯蒂爾（Claude Steele）的開創研究，我們才知道了暗示或促發一個人的社會身分就能夠影響他們的考試成績，而且通常是以負面的形式。只需要在標準測試的一開始先勾選個人的種族，就能夠讓非裔美人在考試時比不需勾選種族欄時的成績更糟。社會教導了我們，在整個生活領域中，我們的族群是好的或是不太好的。舉例而言，黑人念不好書，女性的數學或科學成績比不上男性，長者都很遲緩而且記性不好。還記得電影《白人跳不高》（*White Men Can't Jump*，臺譯《黑白遊龍》）嗎？斯蒂爾稱這個現象為「**刻板印象威脅**」（stereotype threat）。如果在進行考試或作業前先提醒你的族群地位，而且文化刻板印象說你的族群並不擅長此道，你的表現就會受到影響。你會，有意識地或無意識地，「買進」那種刻板印象。通常在事情不順利時這種現象就會出現，因為事情變得棘手（比方說女生上進階數學課），這個有刻板印象族群的成員就開始把他們面臨的困難歸咎於這個族群的無能（「我學不好是因為我是女生」），然後就不去努力了。而其他人卻在遭遇瓶頸時更努力，於是也表現得更好。

不過還是有好消息的。同樣的效應也可以有助於你的表現，如果你的族群據說是擅長此道的。這叫作「**刻板印象收益**」（stereotype gain）。譬如，一般認為亞裔美籍青少年在數學方面都是書呆子，成就超前，數理很強。這個廣為人知的文化印象最佳的說明可能就是一九八七年的《時代》雜誌封面故事，六個一臉聰明相的亞洲孩子聚在一起，而頭條寫著「那些亞裔美籍**神童**」。

好，如果你是個亞裔美籍女生，你該怎麼看自己？根據美國文化，你的社會身分（亞裔）說你應該數學很強，可是另一個身分（女性）卻說你的數學應該很弱。安伯帝和施看出亞裔美籍女生提供了一個獨特的研究機會，讓她們可以評估一個人的社會身分對於她們真正的行為與表現有多少自動的、無意識的影響。所以在她們第一組的研究中，她們證明了若先促發了亞裔身分，高中年紀與十歲大的女生分別在在標準化及符合年齡的數學測驗上都有較好的表現，亞裔身分是她們在進行測驗時最活躍的面向。但若她們在進行測驗前被促發了女性的身分，她們的數學表現較差。叫人擔心的是，這種效應在四年級的時候就出現了，可是研究人員懷疑小學老師，從一年級開始，在教室中對待男女的方式不同，就已經把女生的數學不會比男生好的這種看法散布出去了。於是很不幸的，到了四年級，這種想法顯然就在女生的腦袋裡生根了。

安伯帝在人滿為患的納許維爾大舞廳報告的研究成果是下一組的實驗。她和施選用了更年輕的一群孩子：五歲大的亞裔美籍女生，連小學都還沒上。可以說是更乾淨的一張紙。不過她們仍然像上一個實驗一樣同時有四年級組以及高中組學生。她們的推論是刻板印象效應直到四年級才會出現，因為那是從小學老師以及有文化偏見的學習環境傳給學生的。若幼稚園的女孩在數學上的表現並不受亞裔或女性身分促發影響，而年紀較大的女生卻會受影響，她們的推論便能獲得驗證。

安伯帝和施帶領她們的團隊，把八十一名亞裔美籍女生帶進了哈佛的實驗室——七十一%在美國出生——然後把她們隨機分成三組：亞裔認同促發組、女性認同促發組，以及沒有認同促發的對照組。活化五歲小女生的亞裔認同的方式是要她們給一張圖上色，圖上有兩個亞洲兒童用碗筷吃飯；而活化另一組小女生的女性認同，是給她們一張女孩抱著玩偶的圖畫上色；對照組則是給一幅風景畫上色。年紀較大的女生則使用安伯帝和施原先的實驗中的方式來促發他們的身分認同。接著全體女生做符合年紀的標準化數學測驗。五歲小女生的認同促發會失敗，對吧？

我這輩子也忘不了那天下午安伯帝發表她的研究成果時，聽眾在擁擠的大舞廳裡發出的驚呼聲。我們在場的人大多數都對教育體系抱持著莫大的期望，以為可以扭轉這些有害的觀念——不但對女生有害，對我們的社會也有害，因為會浪費珍貴的人力資產，也會埋沒才華。我們從沒想到，安伯帝或施也沒想到，這種女孩子的數學不好的文化觀念早已在五歲孩子的腦子裡深掘固守了，而她們甚至**還沒**上學呢。這種觀念是那麼牢固，只需要一點點微妙的操縱，就能暗示那種認同，在不知不覺中決定了她們在數學測驗上的表現。

但事實就是如此。五歲小女生僅僅透過為亞洲兒童和女孩的圖畫填色，就有了促發效果，就像對四年級和八年級的女生一樣。「女生數學不好」的觀念都埋在她們的腦子裡，甚至連學齡前的孩子都逃不了。安伯帝把研究成果用頭頂的放映機放出來，房間裡的空氣似乎一下子抽光了。身為聽眾的我們面面相覷，匪夷所思地搖著頭。A計畫居然是這樣，魔掌立刻就伸向了小一生，在花蕾剛形成時就植入了錯誤的觀念。

我們現在知道了，無論好壞——通常是壞，剛才大家都看到了——文化刻板印象在孩子上學之前就有可能生根。但未必就代表老師在教室裡不會繼續施肥灌溉，一九六〇年代由羅伯特．羅森索（Robert Rosenthal）所做的「教室裡的畢馬龍」（Pygmalion in the Classroom）研究就證實了這一點。在他的研究中，學校教師拿到了一組學生的標準測驗成績，但這成績是假的，高低分隨意指派，和學生實際的能力完全無關（學生與家長都不知道有這個成績），但是到學期末，學生的學業成績卻和這些不實的分數相應。由於只有老師知道那些分數，而且那些分數與學生的實際能力無關，會發生這樣的結果完全是因為老師根據他們自己對學生的期望不同，而在對待學生方面產生了差異。

但在五歲亞裔美籍兒童的身上，甚至在她們進小學**之前**，她們就表現出了文化刻板印象的負面作用，就是「女生數學不好」。那麼這類深植在小孩心中的早期刻板印象又是如何進入她們的無意識心智的呢？有一個可能是家長告訴孩子女生的數學不好，可是我最近和施談過，她卻強烈排斥這種解釋。「這些都是望女成鳳的父母。」她說。「他們對女兒有極高的期望。有的家長甚至認為參加哈佛的這個研究能幫他們的女兒以後進哈佛念書！」

所以原因當然是至少美國文化在對待女孩和男孩上是不一樣的。其中一個顯著的差異就是對女生會更強調身體吸引力與外貌。從很小開始，一大清早在家裡準備上學，家長就比較注意女生梳頭髮或是弄什麼髮型，穿什麼衣服。等年紀大一點，對外貌的強調又更明顯地聚焦在吸引異性的魅力上。研究者曾詳述過女孩以及年輕的女性是如何被「社會化到一個物化女性身體的文化中」，而且「文化對女性更嚴格要求必須迎合理想的身體吸引力」。所以我們文化中的女性就好像是必須發展——從年紀很小開始——兩種截然不同的自我認同：她們的身體，以及她們的頭腦。社會似乎在說：「漂亮比聰明重要。」彷彿這兩種性質是互相排斥的。

這種在微妙之中吸收的無意識過去告訴我們，女性的身體認同被突顯出來——就舉海灘為例吧——她的「頭腦」認同，也就是她的聰明才智就該犧牲。海灘上以軀體與吸引力為王道，這就促發了文化刻板印象，認為女人的價值在於她的身材外貌，而不是她的知識以及智慧。密西根大學的芭芭拉．弗瑞德利森（Barbara Fredrickson）以及同事主持的研究就在具有對照條件的實驗室中證實了這一點，而這項研究已成了經典。男女大學生進入心理實驗室，一次一個，來參加「情緒以及消費行為」研究。他們知道要評估三種消費產品：一瓶男女通用的香水、一件衣服、一樣食品。在受試者給香水評等之後，他們進入更衣室，裡面有一面全身鏡。他們拿到的衣服可能是泳裝或毛衣。女生試穿一件式泳裝，尺寸從四號到十四號，或是毛衣，尺寸分大、中、小。男生試穿泳褲

（四種尺寸，從小號到特大號），或是毛衣（尺寸分特大、大、中號）。他們從耳機接收指令，要他們換完衣服後照鏡子，然後填寫問卷，問卷內容和他們對自己身體的感覺有關。

再換回自己的衣服之後，受試者走出更衣間，接受下一階段的測試，完成摘自GMAT的二十題具有挑戰性的數學題目（你在申請商學院申請工商管理碩士時需要的考的測驗）。他們有十五分鐘作答。施測人員坦白說明這是為了測量他們的數學能力。實驗的最後階段是「特趣」巧克力棒的試吃測試。包裝紙已經拆掉了，兩條巧克力棒放在受試者面前的盤子上，旁邊還有一杯水和餐巾。施測人員告訴受試者他們想吃多少就吃多少。

你可能也猜到了，實驗結果證實了穿泳裝比穿毛衣更容易讓受試者的認同落在他們的身體上，而且無論男女都一樣。至於吃糖，女生普遍比男生吃得少，而如果試穿泳裝讓她們對自己的身體不滿意，她們吃的糖就比其他受試者更少。但是最值得注意的是數學測驗。別忘了，受試者穿泳裝或是毛衣都是隨機指派的。而研究人員控制了重要的因素，像是整體受試者的數學能力。但是相較於試穿毛衣的女生，試穿泳裝的女生在數學測驗的成績上顯著地較差（平均答對二．五題，另一組是四題）。聚焦在身體上害她們表現出較低的智力。讓人意想不到的地方是男生在數學測驗上的表現完全不受試穿的是泳裝或毛衣而影響。促發他們的身體認同並不會在任何方面「傷害」他們。

正如我們在新教徒與清教徒倫理的研究，這些成果證實了我們不同的文化觀念是盤根交錯的，彼此之間都有關聯。畢竟，強調身體吸引力或是增加身體意識在邏輯上完全沒有理由會導致更差的數學測驗成績，**除非**這兩種對女性的觀念組成了（美國）文化上對女性的刻板印象。因此在突出這個刻板印象之後，這兩種觀念——亦即女性應該要把自己弄得有吸引力，而且在數學上的表現遜於男性——就會在女性的心裡冒出來。讓女性試穿泳裝，促發了這個文化認同的一面，從而活化了另一面。別忘記，這些人是大學生，在排名前十大的大學求知，與其他那些成就較差的人相比，她們是在學業成績上有高度認同的成功學生，可就連她們都在不知不覺間屈從於這種關於女性和數學的有害文化觀。

如果這些無意識的影響早就出現在學齡前兒童的心裡，我們就不能完全把責任都推到教育體制的頭上了。外貌偏見也不能說是我們的教育體系的錯了。（就算是的話，也只是最低的限度。）那麼這股神秘的風是打哪兒吹來的？是什麼樣的力量在組建我們心智的隱藏過去？施說她和安伯帝懷疑女生的這種刻板印象是來自於大眾傳播以及她們在很小的時候就接觸到的一般文化。關於兒童對種族與性別的了解有數不清的發展上的問題。在性別方面，某些影響是從哪兒來的似乎很清楚。「洋娃娃和公主。」施說，指出了女生在非常幼小時得到的玩具與典範。「而不是太空船。」

只要瀏覽一下電視，再細讀書報亭裡鎖定我們文化（以及其他許多文化）中的女生與女人所傳達的訊息。在卡通或是專為兒童的頻道中，女生的玩具廣告往往是漂亮的洋娃娃，有頭髮可以梳，不同的衣服可以換。手鐲項鍊以及其他的裝飾都是向女生大力推銷的商品。所以在安伯帝團隊的下一個研究計畫裡，她們著重的是美國的大眾傳播業散布的種族偏見。她們仔細研究了黃金時段最受歡迎的美國電視節目。研究是在二〇〇六年進行的，囊括了十一個節目，比如《識骨尋蹤》、《CSI犯罪現場》、《勝利之光》、《實習醫生》，在美國的平均收視率都在九百萬人之多。不過她們挑選的受試者連一部也沒看過。所有的影集都有一黑一白的角色——也就是說兩個角色戲份一樣多，而且工作職稱也相同（例如兩位都是刑警）。她們從這些影集中挑出了十五名白人與十五名黑人角色，受試者會看到主打每一個角色的九支無聲剪輯影片。

好，精采的來了：對戲的白人或黑人角色會從螢幕修掉，所有受試者看到的都只剩下主角，比方說馬克．漢蒙（Mark Harmon）或是大衛．卡羅素（David Caruso），對那個角色的反應。僅觀看剪輯影片，你不知道主角當時是在跟誰互動。由於每一支剪輯影片的聲音都被移除了，受試者唯一可獲得的資訊來源只有主角對該角色（不在螢幕中）的非語言行為——他們的面部表情、手勢、肢體語言。研究人員想知道影集的主角在和黑人或白人角色互動時是否會被判斷為不同的行為。兩百六十五支剪輯影片就這樣隨機播放給受試者看。看過每支剪輯片之後，施測人員都會問受試者主角對於那名隱形的角色有多喜歡或多討厭；他們也會評估者影片中的兩個角色間在整體上的互動正向程度。受試者在這兩個問題的作答有極高的一致性。

結果顯示主角的非語言行為在影集中對白人角色較正向，而對於黑人角色則是較負向。雖然受試者在進行評估時並不知道主角正在和誰對話，但他們仍然可以偵測到主角在對黑人角色時有較負向的面部表情和身體姿態。把白人及黑人角色的細微對待差異乘上他們與主角每集的互動次數，再乘上該影集的集數，再乘以電視上有多少熱門影集——再乘以數百萬名在看這些影集的觀眾，你就能知道這種文化力量對於觀眾的影響、對於我們對黑人白人的正向負面態度的影響，有多麼的龐大。態度差異雖小，卻沒有小到受試者看不出來——同理可知，幾百萬在家裡觀賞他們最愛的影集的觀眾也看得出來，其中還包括兒童。

當然，真正的問題是這些對於影集中的黑人角色較負面的態度是否會對觀眾造成影響。我們雖然在某個程度上注意到了，卻不等於就必定會左右我們的種族態度。比方說，這些影集你看得越多，你對黑人的無意識態度就會變得越負面嗎？答案呢，哎，不太妙。

安伯帝團隊在下一個實驗中檢視了看這些影集對觀眾的種族態度有何影響。她們透過計算主角對螢幕外的黑人或白人角色的喜好和正向程度差異，測量了每個影集中對黑人的相對（細微的、無聲的）負向程度。（有些影集的負面態度比較重。）然後他們另外再找了五十三名受試者，問他們十一部影集中他們固定會看哪幾部，然後也給他們做了成人版的內隱聯結測驗，利用好／壞、黑／白按鍵來看這個人在無意識中的白即好、黑即壞的觀念有多深。如此一來，研究人員就能看出一個人看這些黃金時段影集看得越多，是否在種族偏見上就相對較深，而他們本身是否就會變得更有種族偏見。沒錯，答案就是這樣。他們從影集中看到越多的無聲偏見，他們對黑人的內隱態度就越負面。演員隱藏的偏見也就在不知不覺中由他們的觀眾吸收了。

所以大眾傳播散布文化刻板印象以及觀念就有了可信的證據了：在黃金時段影集中所接觸的種族偏見越多和更高程度的個人種族偏見是具關聯性的。這類的偏見會在我們發覺之前形塑我們的思考及行動，我們根本沒有覺察有這類偏見，也不知道是打哪兒來的。大眾傳播也在播報新聞上向我們傳達了文化刻板印象，而這一個方式可能更防不勝防，因為我們認為新聞是在正確報導真實世界的情況，所以，要是它不正確地呈現了我們社會中不同族群的負向偏頗「新聞」，我們很容易相信那是真的——就和兒童聽見什麼都相信的情況一模一樣。

在有線電視以及網路通訊革命之前，大多數的人不是看老三臺——CBS、NBC、ABC——的晚間新聞，就是看報紙以及幾家大新聞週刊——《時代雜誌》、《新聞週刊》、《美國新聞與世界報導》。即便是今天，也有幾千萬人在看這些節目，看這些雜誌，或是有同樣廣泛閱聽大眾的新媒體。一九九六年這些新聞媒體仍在鼎盛期，耶魯政治學家馬丁·吉倫斯（Martin Gilens）主持了一個具有指標性的研究，是同類研究中的第一個。他檢驗了三家電視臺的晚間新聞以及幾家大新聞週刊的內容。他關注的是在主播或記者談及美國的貧窮問題時，這些主流媒體所呈現的視覺內容——選用了哪些照片或影片來當雜誌正文或新聞報導的背景？

一九九〇年美國人口普查中顯示美國的貧窮人口中有二十九%是非裔，所以粗略來說美國的窮苦人相片應該有三十%是非裔，對嗎？在吉倫斯研究的一百八十二份與貧窮有關的新聞雜誌報導中，在一九八八年至一九九二年間，這些新聞雜誌報導的相關相片中有**六十二%是黑人**——比應有的數字多了一倍。而這自然會給讀者一種強烈卻錯誤的印象，以為美國大部分的窮人是非裔。吉倫斯發現同樣的情況也發生在三家電視網的晚間新聞上——出現在電視新聞中的美國窮人有六十五%是黑人。這樣不成比例的呈現非但影響了一般人對貧窮的態度——也就是說，「大多數的窮人是黑人」——也影響了黑人對自己以及對自己的社群的無意識信念。

馬丁．吉倫斯在他的報告中提醒我們記者華特．利普曼（Water Lippmann）在一九二〇年代首次提出**刻板印象**這個具心理學意涵的名詞，他指出「我們心中的圖像」比實際情況還要能左右我們的態度與行為。而因為我們都極依靠新聞媒體來獲取世界之於自身的「我們心中的圖像」，所以一般人會漸漸發展出刻板印象以及錯誤的觀念，以為大多數的美國窮人是黑人，你還會覺得奇怪嗎？好，再把這個觀念跟在美國文化意識形態中仍占重要一環的新教徒倫理結合起來：吉倫斯提到了在同一時期做的全國普查，有七十%的受訪民眾相信「美國是充滿了機會之地，只要肯努力就能跑在前面。」要是你也抱持相同的看法，那你就會認定窮人不是不肯努力工作，就是不想跟別人一樣努力工作。也就是說窮人很懶，而因為大多數的窮人是黑人（根據你每次在新聞上獲得的資訊），所以呢，黑人一定很懶。文化中以及個人意識中的這種潛在的、不公平的偏見大雜燴有它的源頭，就是那些控制了我們的新聞來源的人在非刻意及無意識間灌輸給我們的。

大眾傳媒，無論是娛樂圈或新聞界，在形塑文化觀念與態度上都施展了莫大的影響力。安伯帝對於高收視率影集的負面種族態度研究，以及吉倫斯對於新聞媒體報導「美國窮人」的種族偏見研究，都相當清楚地證實了這一點。可是這下子問題就來了：美國的傳媒為什麼要這樣子呈現黑人？是不是負責的編輯與製作人都有種族歧視？以新聞報導貧窮的例子來看，吉倫斯的證據否定了這種解釋，反倒是挑選這種照片的編輯和選用這種新聞資料片的電視新聞編輯在種族態度上比大多數的美國人要**開明**；而在高收視率影集的例子上，馬克．漢蒙以及其他演員似乎不太可能是在影集中有意傳遞他們對黑人角色相對的厭惡。畢竟，安伯帝研究所挑選的影集都刻意安排了同等地位的黑白演員（比方說都是刑警，都是主管），特意呈現出一個種族平等的世界。

那，既然不是那些負責人有意識且蓄意造成的，那就只能是無意識且不是有意的了。吉倫斯為他的主流新聞媒體研究做結論時說：「一致的種族層面錯誤表徵（當然還有編輯們對於種族不公平的意識信念上一致性地自由開放）強烈指出黑人的無意識負向印象正在運作。」在新聞雜誌以及電視新聞界工作的人和閱聽大眾都屬於同一個文化，他們吸收的文化跟我們都是一樣的。在高收視率影集中扮演主角的演員也一樣。文化施展了無意識的影響力量，左右了他們選擇的照片與資料，也決定了他們在影集中對黑人角色無聲的面部表情與身體姿勢。儘管這些行為與選擇很可能違背了媒體人有意識的看法與價值觀，卻阻止不了他們的無意識信念對我們這些人產生強烈的影響。

負責決定我們吸收什麼內容的編輯和製作人可能在一方面跟我們大家一樣——也

吸收了同樣的文化偏見——可是他們跟我們在另一方面卻很不像。他們有一個有能力的角色，去決定我們從普遍上（而且也應該如此）信任的媒體中無意識地學習到什麼樣的「真相」。他們在我們渾然不覺時左右了我們，而且他們幫著塑造了童年早期的隱藏心智。他們必須比過去更加負責任地使用手中的力量，而像吉倫斯的研究能讓他們更加理解自己的責任也是非常正向的發展。

出隧道

我們現在已經知道文化觀念與價值觀是深嵌在隱藏的心智中的了，我們可以把我們的幼年生活想像成是一條隧道。一開始在嬰兒期，你只看見進入你狹窄的視線範圍的東西：你的家人、你家、其他掠過的刺激物。這是你全部的世界。接著，你學走路了，你跟別的物品和人有了互動，隧道變寬了，比較像一條鄉間小路了。你順著小路走，感官大都聚焦在前方的道路以及其他旅者上，可是你注意到了倒退的風景、偶爾看到的建築，以及與你的路交會的其他道路。這個風景包括了更多細微的刺激：一層層的文化、媒體、其他人的態度，而你在不知不覺中吸收，完全沒有起疑。當你從小孩長大到青春期，再變成青少年，這種空間的拓展仍持續下去。你的經驗變得更像是在繁忙的高速公路上，你會每間隔一段時間下匝道，停留在不同的城鎮裡，遇見居民，看看風景：學校、朋友、旅行、更多媒體，你觀察注意到更多事。原始的那條隧道你已不復記憶，對那條鄉村小路的早期記憶也大多消失了。你把更多的周遭環境收入眼底，你坐進了發育完成的大人的駕駛座上。那時你以一個羽翼已豐、擁有一張張代表你的文化的卡片的樣子抵達了目的地——你帶著它的優點，同時也帶著它所有的短處。

我們的日常經驗，像是端著一杯熱咖啡，都不斷地促發我們根深柢固的文化觀念與價值。美國人看見了與天堂和來生有關的詞彙就會工作得更努力，對於暴露的衣服以及性行為就會更批判。有多重身分認同的人，即使是學齡前的兒童，也可能會有非常不同的態度，甚至表現也會不同，端視當下是哪一種身分認同浮現在腦海中，卻對這些文化認同給他的影響毫無所察。我們像孩子一樣瘋狂地吸收這些文化影響，而且我們也被這些文化影響包圍了，在我們每天花那麼多時間觀看的電視和其他媒體中，以及我們的父母和兄姊在對待其他社群時的細微面部表情與無言的行為上。這些刻板印象以及其他的觀念變成了我們的第二天性，牢不可破，即便是在種族態度上最開明的人、在大眾傳媒占有重要位置的人，都會傳播，也因此助長了那種刻板印象。我們在入學前天真地攝入的文化背景等我們長大成人之後仍時時刻刻跟著我們，在我們的心中運作，就像在我們四歲生日派對上躲起來的操縱木偶大師。以德瑞斯諾克兄弟為例，文化力量強大到足以把美國軍人的兒子轉變為美國的死敵。

「別管那個躲在幕後的人！」奧茲的巫師這麼說，可是就像桃樂絲和她的夥伴，也許現在就是我們該注意的黃金時段了。

第四章──生活會殘留

殭屍！

已經是四十年前的事了，可是我仍然記得那年十月那個又黑又濕的夜晚，因為那是我這輩子最害怕的一天。我當時在念大學，晚上十點左右吧，我走路回家，從校園一頭的大禮堂走到另一頭的公寓。我在人行道上經過了許多人，都是往相反方向前進的──只不過他們並不是人。他們是**殭屍**。一群一群，一個又一個的殭屍搖搖晃晃朝我走來，想要生吞我的肉，活嚥我的腦！我千方百計迴避他們，走小路，躲在陰影中，可還是甩不掉他們，他們還是筆直朝我過來！我好不容易才回到家，渾身冷汗，抖個不停。

這件事發生在殭屍電影盛行之前，也沒有像「殭屍之夜」的那種玩意，比如二〇一六年的邁阿密馬林魚棒球賽。（「幫我們票選出最佳裝扮殭屍！」球隊在比賽中如此推文。）不，我說的是一九七〇年代中，就在喬治．羅米羅（George A. Romero）的經典恐怖片《惡夜殭屍》（*Night of the Living Dead*）上映之後幾年，而我才剛在校園的某個大禮堂裡看過這部片。回家的路上，我深信在我四周起碼有一些外表正常的人其實是殭屍，就像電影演的一樣，所以搞得我風聲鶴唳、神經兮兮的。

我是怎麼回事？我的身體離開了戲院，正步行回家，我的心智卻仍留在戲院裡，仍沉浸在《惡夜殭屍》的恐怖劇情、邏輯及內臟裡。很顯然，我的無意識被什麼占據了，讓我充滿了恐懼，害我的腎上腺素飆升，雖然我知道這種恐懼既不理性又幼稚。

在日常生活中，我們從一種脈絡與經驗變換到另一種脈絡與經驗，我們的感官立刻啟動，吸收新情境、新現在的資訊，然而我們的心智卻得花點時間才能夠擺脫前一刻的影響。我們的心智逗留在新近過去，只能慢慢地挪向新情境。這說明了新近過去的殘留可以影響一個人如何詮釋新情境、如何表現、如何作出選擇和情緒感受。我並不真的相信有殭屍這種東西，可是那晚，我深信不疑。

再回頭說我念大學的時候，我說過，我在學生電臺當ＤＪ。那時正是「前衛搖滾」的年代，調頻廣播還相當新。我們不像商業的調幅電臺，我們可以播放較長的音樂——多音樂，少打岔。我在緒論裡提過，這時候調頻電臺的技術就是把一首歌或一曲演奏接上另一首，而且要儘可能無縫接軌，很像現在的夜店ＤＪ。我把羅賓・特羅爾（Robin Trower）的〈嘆息橋〉（*Bridge of Sighs*）拖長的結尾接上「美味棕色」〈地獄列車〉（*Hellbound Train*）的漫長開頭（如果你聽過其中一首，就給你加分），讓前一首銜接下一首。第一首歌的旋律仍低迴盤桓，音符融入了下一首。

我們的心智也一樣不間斷地在一個又一個的情境中連續。這一點務必要了解：無論何時，心智中正在激發和發揮影響的事物遠比當下正在發生的事情來得多。新近經驗留下的痕跡只會隨著時間而慢慢消散。我們**認為**那些在新情境中影響我們的事物就是我們當下眼前的事物，可以讓意識覺察透過我們的感官提取的事物。事實上，幕後正在發生的事情遠比我們所認為的還要多。

這一章要討論的就是這個：從上個經驗到下個經驗——非常非常新的過去——的**牽連效應**（carryover effect），以及它是如何流入正在發生的現在的。

兩個連續的經驗往往涇渭分明，而且互不關屬。你母親在上班時間打電話給你，你剛掛上電話，老闆就進來吩咐你一件很趕時間的新任務。或是在你進入速食店時有人幫你扶著門，等你出來後又回到了熙來攘往的假日交通中。為什麼你母親的電話會影響你對老闆的態度，為什麼在你進麥當勞時遇上一個有禮貌的人會影響你在九十五號州道上開車，這些事都沒有一個合理的解釋，但就是會。情境一裡面的思想、感覺、欲望、目標、希望、動機並不會像某種開關一樣，可以在我們退出情境一進入情境二時迅速消退。它們留下的殘影，影響了我們接下來的經驗，看似微不足道，卻影響深遠。

重型機車與錯誤歸因

《惡夜殭屍》在一九六八年上映，可是同一年也有一部相當不同的電影上映——說來也奇，這部片子最後會影響心理學，從而讓科學家發現了「生命會殘留」。其實，你還是能在YouTube上看到這部電影的預告片。

「你現在知道用兩條腿纏住一個砰砰直響的活塞旋風有多刺激了！」一個瀟灑的男

人大聲吼叫，而一個穿著皮衣的女人騎著怒吼的機車的影像一個接一個掠過，接著是一個男人用牙齒咬開她的拉鍊。「她想走多遠就走多遠，想走多快就走多快，跨上這輛一百匹野馬的力量！」

一九六八年的這部英法電影《重機女郎》（*Girl On A Motorcycle*，臺譯《愛你、想你、恨你》）的預告片是這麼寫的，這部片也叫《皮衣下的裸體》（*Naked Under Leather*），由傑克·卡帝夫（Jack Cardiff）導演，由金髮女神瑪麗安·菲絲佛（Marianne Faithfull）主演。有位作家後來這樣描述她：「很簡單，一九六〇年代地球上沒有一個女人比她更酷更性感。老天給了她一張有史以來最經典的美麗臉孔，而她就是有體現了那個世代的**那個模樣**，別的女人都比不上。」菲絲佛在電影中扮演蕾貝卡，剛新婚就逃離了老公——她認為跟他一起生活會害她變得窒息遲鈍——騎著她的重機跑了，去找她的情人（由典型的英俊小生亞蘭·德倫（Alain Delon）飾演），展開了一系列情色的、如夢似幻的冒險（包括了皮衣、裸露，當然還有砰砰直響的活塞）。電影在英國大賣，並且還被標上了那個時代等於醜聞的限制級。

接下來的五年，在一九七五年，心理學家多爾夫·紀爾曼（Dolf Zillmann）、簡寧斯·布萊恩（Jennings Bryant）以及喬安·康特（Joanne Cantor）用《重機女郎》做了個經典的實驗，以便證實身體活動如何影響有意識的、理性的想法。受試者全都看了這部電影，但都在運動過後——騎自己的腳踏車，只不過是一輛健身腳踏車，就算會有砰砰直響的活塞，大概也不夠看。這個實驗的關鍵是受試者會在運動後的三個不同生理激發階段中的其中一個階段內觀看瑪麗安．菲絲佛的表演。第一階段緊接在身體活動結束之後，我們知道我們的高程度激發——心跳加速，也許還呼吸急促——是因為剛剛運動過。第二也是最關鍵的階段，我們相信我們已恢復了平靜，回到了正常的激發狀態，但其實我們在生理上還是激發的。即使我們自己覺得已經結束了，但我們的激發狀態仍然殘留了一段時間。在第三也是最後階段，激發其實已恢復到正常的水平，我們可以放心地相信自己在生理上已經不再處於激發狀態了。

紀爾曼團隊提出的問題是受試者在運動之後的激發狀態如何影響他在看了《重機女郎》片段之後的性激發狀態。第一階段受試者仍然因為運動而有較高的生理狀態，百分之百覺察到運動的效果，看過電影跟沒有運動的對照組相比，性激發程度並沒有比較高。而第三階段的受試者，已經沒有因運動而提升的激發狀態，對電影的性激發也一樣不高。事實上，第一與第三組大致上對該電影有較負面的印象。很重要的是，這兩組的受試者都正確地解讀自己的激發程度。可第二組就不一樣了，好玩的地方來了。

這些受試者確實在看電影時感覺到自己在生理上受到激發，即使真正的原因是運動的殘留效果，他們卻認為運動的效果已經消退了，進而誤以為他們對於性的激發程度完全是因為瑪麗安．菲絲佛以及她穿著皮衣的冒險。他們也比其他兩組更喜歡《重機女郎》。運動的殘留效果已經不在他們的意識經驗中了，即使它仍然殘留在他們的身體裡，所以他們把無意識間的感受接上了他們當下正在覺察的事物——那部電影。

康特、紀爾曼、布萊恩的實驗建立了重要的概念：**興奮轉移**（excitation transfer）。

他們證明了一種經由經驗引起的生理激發（運動，不過驚嚇或是暴力的偶然事件也會）可能會被誤認是後續經驗的結果。所以在一個激發經驗之後會有一個時間窗口，這時候的我們更容易誤解，相信導致激發感受的真正原因是來自於此刻正在發生的現在，而不是新近過去的殘留、牽連效應。

在另一個著名的實驗中，受試男性需要通過一條架在深谷上方顫巍巍的危橋，他們認為自己在過橋時所遇見的女人是非常具吸引力的。我們是怎麼知道的？因為跟那些在通過一條比較安全的橋時遇見同一個女人的男性相比，他們比較可能在事後打電話給這位女性（她是施測人員之一，在這些男人填問卷時給了他們她的電話號碼）。參加實驗的男性說他們決定要打電話給這名女性，跟他們通過危橋的經驗一點關係也沒有，可是實驗清楚地證明他們錯了，因為危橋組比那些剛通過安全橋的人更有可能打電話。你可能記得在《捍衛戰警》（*Speed*）一片中，在共度了創傷又漫長的一天後，基努．李維（Keanu Charles Reeves）最後對珊卓．布拉克（Sandra Annette Bullock）說的話。

「我得警告妳，」他扮演的角色說，「我聽說建立在激烈經驗上的感情一定都短命。」

「那好吧，」布拉克扮演的角色說。「我們就把它建立在性上好了。」

嗯，你覺得青少年為什麼會這麼喜歡恐怖電影？因為觀看揮舞斧頭的瘋子或是惡毒的鬼魂而起的生理激發會轉化成——而且會被誤解成是因為——一起看電影的異性所引起的性感覺和吸引力（尤其是在離開電影院後）。也許這就是當年我自己的那夥青少年朋友喜歡坐在密西根湖畔，圍著營火講鬼故事講到三更半夜的緣故。

殘留的激發除了會造成對性感覺及吸引力錯誤詮釋，還有別的形式。紀爾曼團隊在一九七四年又做了另一個實驗，這次的重點是憤怒以及攻擊性。他們想知道運動的激發效果會不會讓一個人認為他對某人更生氣。強烈的情緒確實是含有活躍的身體激發成分的，而過去一個非常具影響力的早期情緒理論主張，我們經常在感覺到激發之後才依據當下的脈絡來判斷我們有著什麼樣的情緒。羅傑・費德勒（Roger Federer）在贏得溫布登網球賽後飆淚，我們明白他是喜極而泣，而不是感覺悲慘哀愁；在葬禮上同樣的涕泗縱橫，我們也明白不是喜極而泣（希望啦），而是在表達一種非常不一樣的情緒。

這次也一樣，男性受試者騎健身腳踏車，騎九十秒。接著，研究人員複製了著名的米爾格倫服從研究（Milgram study on obedience），騎完車的受試者有的是立刻就扮演「老師」的角色，有的是延遲了一會兒。他們的任務是在「學生」每一次錯誤回答之後給予電擊，受試者以為他們參加的實驗是要探究懲罰對學習的影響。可是首先，研究員稍微改變了一下原始的米爾格倫程序，他們讓「學生」有機會來電擊「老師」。學生要問老師對於當時十二個富爭議性的議題的看法，而只要他不贊同，他就可以給老師電擊。我們在事先安排了讓老師得到九次電擊，那你就能想像得到了，在經過了九次電擊之後，老師受試者對學生已經滿火大了。喔喔，完了，輪到老師來施展電擊教育了。老師有調整電擊強度的自由，從一（溫和的）到十（滿痛苦的）——「只要他覺得那是最適合的。」

就跟色情電影研究一樣，研究人員發現對照沒有運動的人，如果老師在運動之後立刻開始電擊教育，運動對於老師所給予的電擊強度並沒有影響。可是如果在運動後延遲幾分鐘，這時的老師就比平常要更氣學生，為學生的每一個錯誤答案而給予他更強烈的電擊強度。運動所引起的激發在延遲之後仍然存在，但是老師受試者誤以為這是學生給了他九次電擊所引起的憤怒，結果就給予學生更高強度的電擊作為懲罰。和上一個實驗一樣，受試者也不覺得騎腳踏車跟他們電擊學生的強度有關。他們一點也沒有察覺運動的殘留效果讓他們後來變得有多憤怒。

這種**錯誤歸因**（misattribution）的效果之所以可能發生是因為新近經驗的殘留仍然在無意識層面持續影響著我們。這不是人類古遠的演化過去，也不是我們嬰幼兒期遺忘的過去，也不是在我們長大成人時在特定的文化中吸收到的集體偏誤的過去。而是我們五個小時前、五分鐘前、五秒鐘前的經驗。我們記得，沒錯，如果有人要求我們去記的話，可是我們不知道在之後的一段時間後還會受到它影響。就跟看《重機女郎》，或是通過搖晃舊橋的男人一樣，我們可能會因為在我們覺察之外的原因而產生性亢奮，就像「學習實驗」中給學生較強電擊的人，我們可能會把我們憤怒的感覺歸因於當下。這樣有意識的混淆與誤解**無時無刻**不發生。

我們在高速公路上感到憤怒是非常普遍的情況。我們對其他駕駛的自私、魯莽行為感到憤怒。而在我這輩子所有的駕車經驗中，我注意到這種對他人的惡劣駕駛的惱怒是會累積的，而且比起第一或是第二個人，我會對超我車的第五和第六個人，或是在一條彎彎曲曲的雙線鄉道上以時速四十公里的龜速前進的人更生氣。好，為什麼比起第一、二個人，我會對第五、六個人更生氣？他們每一個都只做了一次「壞事」，可是我卻覺得後面的那些駕駛，**好像都是同一個一而再，再而三地惹惱我的人**。如果有個人超了你的車一兩次，你會生氣，可是同一個人超了你的車五、六次，你理所當然會更生氣。不過，許多不同的人都只惹惱你一次；理性上你非常清楚這一點。可是每一次，這些憤怒都在你的心裡慢慢累積，而且越來越多，久而久之你心裡就會覺得這都是一個人所造成的了。其實，威廉．詹姆斯早在汽車和高速公路出現之前就了解這個原理了，他把它稱為「刺激總和」（summation of stimuli），意思是起初的幾次惱怒並不足以刺激反應，卻會導致「增加的惱恨」，最後只要另一個類似的（很小的）惱怒就足以「壓斷駱駝的背」。我們都知道，儘管不合邏輯又沒有理性，我們卻會把更大的怒氣發洩在最後出現的罪魁禍首頭上。

對人生的樂觀展望

性激發與憤怒都是強烈的情緒經驗，但是不需要這麼大強度的經驗就能夠殘留並且在不知不覺間影響我們。即便是較溫和的情緒狀態，我們稱之為**心情**的，也能從事件中延續，牽連至我們最意想不到的時間地點影響我們。

「天氣是純粹的私事。」哥倫比亞詩人阿爾瓦羅．穆蒂絲（Álvaro Mutis）如此寫道。我覺得他說的沒錯。我在伊利諾州中部長大，那裡的天氣可不是值得人人欣羨的。

我們還真走運，冬天時，我們的位置夠北，能感受到北極的風從加拿大橫掃而來（「亞伯塔大剪刀」）；一到夏天，我們的位置又夠南，也躲不了墨西哥灣吹過來的潮濕熱風。我一直到十歲我們家才裝了冷氣，所以在超過攝氏三十七度的夏日，我們（以及所有的鎮民）就乾脆住在某個公共游泳池裡。你大概也想像得到，這種氣候打造了我日復一日的生活。

當前的天氣在我們的生活中是一個隨時存在的促發線索，在背景裡隨時調節我們的情緒狀態。我們都從經驗得知這一點，我們注意到通常在明媚晴朗的天氣我們有什麼心情，而在濕答答又灰沉沉的天氣又有什麼感覺。可是天氣連我們的注意力不在它那兒的時候都會牽動我們的心情，而我們的心情又左右了我們的行為，我們非常清楚不應該如此，所以若我們發覺受影響的時候就會嘗試防止。社會心理學家諾伯特．舒瓦茨（Norbert Schwarz）與傑若德．柯羅爾（Gerald Clore）就在我的家鄉香檳市展開了一項後來被大量引述的研究，揭開了心智與天氣之間的複雜互動。

一九八三年的暮春，一名女性施測人員打電話給受試者，有時在晴天，有時在雨天。她從鎮上打，從伊利諾大學校園裡打，而且她從學生的電話簿裡隨機抽樣，撥打當地的電話。那時還沒有來電顯示或智慧手機，看不出來電的實際位置，所以她就能說是從芝加哥校區打來的，那是在北邊兩百四十一公里之外。透過跟受試者說是在遙遠的地方，她就能夠沒聊幾句就隨口問：「對了，那邊的天氣怎麼樣？」（她當然知道天氣怎麼樣，因為她就在這裡。）可是她只問了一半的受試者，引起他們的注意，另一半卻不問。接下來，所有的受試者都被問了四個問題，有關他們對目前的整體生活有多滿意。最後一個問題必須是關於他們此刻有多快樂。

我們先談那些在開始就因為施測人員隨口一句「那邊的天氣怎麼樣？」而注意到天氣的學生。這些學生就跟紀爾曼的激發研究中剛從健身腳踏車上下來的騎士一樣。他們看見了外面是晴天或雨天，知道可能會影響他們的心情。對這些受試學生而言，天氣與天氣驅使的心情在他們為整體生活的評等上沒有什麼影響。如果他們因為天氣而感覺快樂或難過，他們自己都知道，所以不會誤會那些感覺是由電話那頭的施測人員的提問而引起的。這使牽連效應無效。

可是注意力沒有被帶到天氣上的學生，與十年前騎完腳踏車後延遲一段時間後再觀看《重機女郎》的受試者非常類似。跟雨天接到電話的學生相比，如果接電話那天碰巧是晴天，這些學生就說**他們對目前的整體生活比較滿意**。他們聽到了問題，跟內在的感覺商量，把那些感覺當成是對問題的回應——有關他們當前的情況——並不知道那些感覺也來自於當天的天氣。而這一點由最後一個問題的答案證實了，因為你可能也猜到了，晴天接到電話的學生比雨天接到的學生心情要好。我們都知道無論現在是晴天或雨天，都不應該影響我們對整體生活的感覺，可是就是影響了——來自天氣的牽連效應產生了、殘留了，並在學生身上創造一個無意識影響。

你可能會想那些伊利諾大學生只不過是在電話中回答了幾個問題，正確與否他們未必有多在乎。如果我們要做的決定更重要，我們就會更謹慎，不會受這些外來的蠢心情擺布。你這麼想也對，不過讓我們來仔細研究一下。就說經濟上的決定吧，買賣股票，這可是涉及了幾百萬又幾百萬的金錢，財富可能在每一秒鐘增加或縮水。

二〇〇三年，密西根大學的行為經濟學家大衛・賀許萊佛（David Hirshleifer）以及泰勒・向姆維（Tyler Shumway）出版了一份全面的研究成果，有關某特定城市的股市如何受到天氣的影響。他們的分析中包括了二十六個全球主要股市的天氣與股價資料，研究時間長達十五年。他們評估某國家主要股票交易所所在城市的早晨陽光與那天股市表現的關係。

他們首先剔除了每季的股票報酬對股價的影響。例如，也許股票在夏天的月分裡（那時晴天剛好也比較多）比在冬天的月分（那時陰天較多）表現較佳，因為與天氣無關的因素，像是每年的景氣循環。然而研究者仍發現證券交易員在上班途中看到早晨的陽光，和當天股價上揚有著顯著的關係，而早上是陰天就和當天的股票收益低有關——橫跨二十六個股票交易所，長達十五年。「我們發現的結果很難和完全理性的限定價格一致。」他們寫道。「沒有一個有趣的理性解釋能說明為什麼一個國家的股票交易所附近的晨曦會和高股價指數有關，不過這個證據卻與陽光影響心情，而心情影響價格是一致的。」

換言之，股市在晴天的表現較好，即使沒有確切的經濟相關原因。全球各地每天成千上萬的人負責買賣市值數百萬的股票，這些人在無意識中跟伊利諾大學學生一樣，難以抗拒天氣對心情的影響。天氣也能牽動輿論，從而影響在重要的社會與環境議題上的公共政策——比方說氣候議題。二〇一四年，在一項刊登在國際科學期刊《自然》（*Nature*）上的研究中，哥倫比亞大學決策科學家愛爾珂·韋伯（Elke Weber）和同事檢驗了天氣——熱或冷——如何左右公眾對全球暖化的關切。長遠來看，全球暖化可能是人類拯救自己，讓地球可居的最大挑戰。情況已經太壞了，連天體物理學家史蒂芬·霍金（Stephen Hawking）都說人類現在大約只有一千年的時間去尋找一個新的星球定居。然而氣候變遷仍然是最人言言殊的一個議題，上自決策者，下至你我這樣的小老百姓，各執一詞，就連今天由於北極融冰導致海平面上升，使得喬治亞州沿岸以及整個太平洋島嶼都淹水，還是有人否認有氣候變遷這一回事。有趣的是（而且說來也很諷刺），我們吵個不休的氣候連輿論在這個議題上的起起伏伏都產生了影響。

普遍上來說，韋伯團隊發現如果當下的天氣很熱，輿論就認為全球暖化正在發生，如果當下的天氣冷，輿輪就比較不認為全球暖化是一個普遍的威脅。我們似乎是使用「區域暖化」來代替「全球暖化」。這又是一個例子，證明我們有多願意相信我們此時此刻正在經歷的事就是事情一向的樣子，而且在未來也不會變。我們對當下的專注主宰了我們的判斷與推理，而且我們完全不曉得我們長期的、短期的過去對我們當下的感覺與想法是有影響的。

我們已經看到了「區域暖化」——身體上的冷熱經驗——如何影響我們對信任與合作／懷疑與對立的感覺。這兩種類型的「溫度」，身體上的及人際上的，盤根交錯，而相應的腦部區塊也慢慢銜接了起來，只要我們在嬰兒期與學步期能夠相信我們的父母會為了我們而隨時在身邊。

不過這種心理聯結創造的是另一個通道，我們的新近經驗可以透過這個通道產生牽連效應進而影響我們的現在，在我們渾然不覺的時候。我們身體上的冷熱經驗能夠導致我們感覺社會冷暖，而我們在人際上所感覺到的冷暖也可以導致我們身體上感覺到冷暖，我們卻絲毫不知道一種的冷熱會影響另外一種。

比如說，我們都記得有時候一群朋友不讓我們參加他們的活動，而如果我們受邀加入了，那些時光就會比較美好。為了在實驗室中研究人際拒絕或接納的效果，心理學家齊普·威廉斯（Kip Williams）設計了一套叫「電子球」的電腦模擬。在這個遊戲中，三個火柴人丟球給彼此。每名受試者都由一個火柴人代表，遊戲玩到一半時，在拒絕組中，另外兩個人不再丟球給你，只一次又一次丟球給彼此。（在接納組中，他們就跟之前一樣一直丟球給你。）雖然是個不起眼的電腦遊戲，你甚至不認識另外兩個玩家，但被排斥在外的你仍然感到難過。被接納是一種人際溫暖，被拒絕是一種人際冰冷

接著是關鍵的測量：實驗之後，除了問所有受試者對實驗室的一些無關痛癢的問題之外，也請他們估計實驗室的室溫。相較感受到人際溫暖、被接納的受試者而言，感受到人際冰冷、被拒絕的受試者認為實驗室的室溫更低（更冷）。人際冰冷的經驗活化了與之聯結的身體冰冷的感覺，被排斥的受試者認為房間較冷，但其實所有受試者的室溫都是一樣的。

是他們的身體真的比較冷，抑或是他們把室溫估計得較低（比方說因為寒冷這個想

法在他們心裡被促發了）？為了探究，漢斯．艾哲曼團隊主持了進一步的研究，在受試者玩過「電子球」之後，測量他們實際的體溫，使用的是極敏感的溫度計，專供工業冰箱之用，精準到百分之三攝氏度。他們把溫度計接在受試者的指尖上，研究結果顯示，在「電子球」遊戲中被拒絕（體驗到人際冰冷）確實導致受試者的皮膚溫度下降，平均下降〇．三八℃，亦即〇．六八℉。（看似變化不大，對於身體而言卻是很顯著的起伏。）也就難怪前一個實驗的受試者會認為室溫較低——他們是真的覺得比較冷，在領受過**人際**上的冰冷之後。

洛杉磯加州大學的娜歐蜜．艾森柏格（Naomi Eisenberger）率領的神經科學家團隊在一家洛杉磯的大醫院複製了艾哲曼的實驗。他們請護士幫病人在六個小時內每小時以口腔溫度計測量一次體溫。醫院受控制的環境讓其他能夠影響口腔溫度計的因素，像是食物、飲料、運動，以及室溫，都能夠一致。除了量體溫之外，受試者每小時還會評估他們覺得在那一刻和親戚朋友的關係如何，他們有多認同類似「**我覺得很多人陪伴著我、我覺得我是外向友善的、我覺得我和別人有連結**」之類的說法。結果還是一樣，體溫越高（當然是在正常範圍內），社交連結也越高——身體溫暖和社會溫暖同上同下。值得注意的是，你覺得和親戚朋友的親密程度會影響你的體溫——反之亦然。

這個意思是，至少在某個程度上，身體溫暖也許能夠**代替**一個人的生命中缺少的人際溫暖。還記得哈洛研究中可憐的小猴子吧。和那些沒有生理溫暖可以依偎的可憐小猴子相比，有個溫暖的布媽媽的小猴子即使是在隔離中被養大，在長大後仍能夠表現出差強人意的社會功能。因為身體溫暖在腦中是和人際溫暖的感覺連結在一起的，身體溫暖經驗在一定程度上代替了小猴在嬰兒時期缺少的母親。那麼當我們因為排斥或孤獨而感到人際冰冷呢？我們會尋找什麼身體溫暖經驗來當作缺少人際溫暖的替代品嗎？至少有一個替代解決方法吧？

在「電子球」研究中，在丟球遊戲中被拒絕的受試者較有可能表達他們想要在當天稍晚去見關心他們的人。他們遭到了拒絕，想要和親朋好友在一起，讓心情比較好——他們的人際恆溫器感受到人際冰冷進而觸動了想要獲得人際溫暖的欲望，就跟你家裡的恆溫器測出寒冷就會啟動壁爐來給房子加溫一樣。可是被拒絕的受試者比其他（沒有被拒絕）受試者還有另一個欲望，在請他們評估當天的午餐時，他們對熱食和熱飲有較強的欲望，而不是冷食和冷飲。

如果身體溫暖能夠代替一個人的生活中缺少的人際溫暖，至少是在一定的程度上，那麼也許提供身體溫暖可以運用在治療情緒失衡上，比如憂鬱症，這種病的特徵通常是覺得在社會上孤立，社交連結減少（也就是人際冰冷），而也進一步發現憂鬱症還有一個特性是病人的身體冷卻系統失去功能。

綜合以上的推論，近來有一間心理醫院的醫生決定要用一個兩小時的「高溫熱療」來治療十六名患有重度憂鬱症的病人，他們使用一組紅外線燈來溫暖病人的全身。這些研究人員在治療前以及治療後一週，以標準的精神疾病量表測量了病人的憂鬱程度。他們發現憂鬱程度有顯著的下降，從治療前的平均數三十到治療後一週的二十以下。這些醫生認為全身加熱治療讓他們病人的憂鬱症狀得到了快速而且持續的紓解，可能的原因是它改善了連結身體與人際溫度的大腦迴路功能。

這個臨床研究是很令人振奮的好消息。只要我們知道越多關於無意識如何影響我們的心智、情緒、行為上的知識，就越能利用這個知識來讓我們的生活有正向的改變。「心理健康美國」（Mental Health America），這個全國性的非營利公眾服務機構，在二〇一六年說，美國成人中有二十%（超過四千三百萬人）有心理健康問題，而且過半數沒有接受治療。心理治療是很昂貴的，而且也不是那麼普遍。有沒有可能用一種很簡單的治療方法來幫助他們？事實證明一碗熱雞湯對於心靈確實很有好處，因為熱湯可以替代可能在他的人生中缺少的人際溫暖，就像我們孤單一人或是想家的時候。這些純樸的家庭藥方不太可能為製藥業和精神科醫界帶來大利潤，可是如果我們放眼在較廣義的一般大眾心理健康上，研究它們可能帶來的幫助，或許可以為目前沮喪消沉的個人創造很大的紅利，對社會的整體福祉更是有益。

三冠王，三倍的憤怒

安潔莉娜・柯克蘭（Angelina Corcoran）、**安潔莉娜・裘莉**（Angelina Jolie）、**安潔莉娜・朵夫曼**（Angelina Dorfman）、**安潔莉娜・芭蕾琳娜**（Angelina Ballerina）。

這些姓名中哪個非常出名？哪個沒沒無聞？你立刻就能認出那個熟悉的名字，自信地說安潔莉娜．裘莉是最出名的。那是因為你聽見她的名字的次數多過了其他的。（你要是有個學齡前的孩子，大概也會認出那隻才華洋溢的老鼠安潔莉娜．芭蕾琳娜，她是卡通秀中的芭蕾舞明星。）你有多輕鬆就能認出一個名字就代表你有多常看見或聽見它，而名氣也就是這麼回事。這是挺有道理的，因為我們的經驗中某件事發生的次數越多，我們就會有越多的記憶，印象就會越深刻，越容易想起來。

能夠輕鬆想起來一件事，這叫做**「可用性捷徑」**（availability heuristic）。這是我們在決定某類事件有多可能或多頻繁發生時都會採取的捷徑。這個「可用性捷徑」是由丹尼爾．康納曼（Daniel Kahneman）以及他長期的研究夥伴阿莫斯．特佛斯基（Amos Tversky）發現的。這種頻率判斷在我們的日常生活中是很重要的，因為我們是根據不同的事情有多常發生或發生的可能性有多大來做決定的。我們考慮要遷入的社區犯罪率有多高？我們到某公園去玩得愉快次數是多少？我們到某一家餐廳吃得心滿意足的機率是多少？我們決定住在哪裡，到哪裡吃飯，到哪裡去玩，這一切全都取決於這樣的判斷上。

比起過去發生的頻率，還有別的因素會影響你想起什麼事情的速度。新近經驗會讓我們更容易想起某些事來，這是我們新近過去能延續而在無意識間左右我們的判斷的又一個方法。如果你判斷過去的頻率是根據你想起什麼事情的速度，你可能就會被誤導，甚至可能讓一個人在一夕成名。

記憶研究學者賴瑞．傑柯比（Larry Jacoby）——他可是名不虛傳——和他的同事有一天叫受試者進實驗室，研究一張上面都是沒名氣名字的清單。接著同一批受試者第二天再回來，他再給他們一張新名單。第二張名單上有些名人，像是麥可．喬丹（Michael Jeffrey Jordan），但也有從第一張名單上抄下的無名小卒，比方說「塞巴斯欽．魏斯朵夫」（Sebastian Weisdorf）。他們問受試者哪些名字是名人，哪些不是。要是他們碰巧在前一天的名單上看見過某個名字，他們就很可能會說那些無名小卒也是名人。即使施測人員跟受試者說如果他們記得有名字是在前一天的名單上的，那保證就**不是**名人，這種情況還是照樣發生，他們還是認為那是名人。不管塞巴斯欽．魏斯朵夫是在世界上的哪個角落，他都真的一夕成名了。

這就是新近經驗對受試者判斷誰是名人的無意識效果。他們讀了一個名字的新近經驗在第二天時更容易在無意識間讀取，名字的有用性暗示了這個名字很出名。他們把新近經驗跟長期經驗混淆了。（所以如果有哪位家長說安潔莉娜．芭蕾琳娜比安潔莉娜．裘莉出名，我舉雙手贊成。我女兒上學之前我陪她看過太多的卡通，所以芭蕾琳娜女士是史上最有名的安潔莉娜——我指的是在我的心裡。）

我們的記憶因此是有可能會犯錯的。記憶並不是客觀的錄影，儘管我們有時候會以為它是，或是希望它是。記憶可能會被我們新近經驗愚弄，但另一個事實是我們對某些事是選擇性的注意，而只有我們提供注意力的事物才會儲存在我們的記憶中。要是我們的注意力對所有事情一視同仁，公平分散注意力，那麼我們的記憶就會是一個非常正確的指南，可以告訴我們周遭最常發生的情況。可是我們的注意力可不管什麼機會均等不均等，所以在家裡就可能（而且確實會）引發爭吵，比方說是輪到誰洗碗。

家務事其實真的是一九七九年某項研究的主題，施測人員詢問室友和伴侶他們有多常做日常瑣事，像洗衣服、打掃、洗碗、倒貓砂或遛狗。你也許可以寫下來，現在就寫，你做這些事的百分比，再寫上其他人做這些事的百分比，再請跟你同住的每個人也都寫下來，然後看看百分比加總之後是多少。如果你們完全客觀正確，那當然應該是百分之一百；不可能超過百分之百。可是在一九七九年的室友研究中，兩個人說他們做家務事的次數平均超過了百分之百，因為每個人都覺得自己做的次數超過五十%。事實不可能真的如此，所以到底是怎麼回事？

你在寫下百分比時，就像實驗中的那些室友，你大概是盡力在回想你做家務事的次數。你在心裡看到你自己做這些事。也許你也努力回想別人做這些事的時候——不過你當然對他們不會有多少回憶，因為他們在做的時候你壓根就不在場！就是這麼簡單。你對自己做事的記憶會多過你的伴侶或室友做事的記憶，因為你當然得在現場才能做那些事。這似乎是很淺顯的道理，可我們都知道那類的爭吵有多常見。（「我**也有**把碗盤從洗碗機裡拿出來！我記得上個星期就是我！」）

我們注意某些事，忽略某些事。而且，我們注意的事對我們而言比其他的事更重要。

我大概十二歲時，有一次盛大的家庭聚會，我決定要錄音，就可以把祖父母、叔伯姑嬸、堂親表親等等枝繁葉茂的家族史記錄下來。我來自一個大家庭，所以那天真的非常吵。在聚會時，我們的奶奶坐在沙發上，在七嘴八舌之中說著一些偉大的故事，我們聽得都很開心。聚會過後幾天，我們回頭再聽。喔，怎麼會這樣！只有噪音、噪音、噪音，幾百萬人同時說話，根本就聽不出她的聲音，雖然當時我們明明就清清楚楚聽見她說話。我們很快就想通了，是我們沒注意到背景的噪音，因為我們被奶奶的故事徹底俘虜了。我們把其他人的聲音都過濾掉了。而那天房間裡實際上的聲音，沒有了心智內建的過濾器，全都出現在錄音帶裡。

但你所認為重要的東西也可以改變，比方說，當你的人生中出現了重大轉折。這些戲劇性的新事件把你的經驗流帶入一連串的骨牌效應之中，你的注意力關注的點不同了，你往後的記憶類型也因此而改變了，進而你在重要的政治社會議題上的立場也不同了。即便如此，康乃爾大學的理查・艾巴克（Richard Eibach）、麗莎・里比（Lisa Libby）和托瑪斯・吉洛維奇（Thomas Gilovich）在二〇〇三年出版的研究論文中卻主張我們時常在不知不覺間錯誤地把世界改變的原因——或是說錯誤歸因——當成是我們自身的改變。

在你有了孩子之後，特別是頭一胎，突然間在你周遭最世俗的東西都多出了危險的、邪惡的面貌——樓梯、百葉窗的拉繩、插座、水槽下的清潔劑、浴室檯面上的藥品——每一樣似乎都發出惡毒的笑聲，都標上了有骷髏頭和交叉白骨的圖樣。父母有責任需要保護孩子的安全，因此父母對世界的看法也隨之起了變化，讓父母更加提高警覺，更加留意這些新的潛在的危險，使得父母覺得世界變成了一個更危險的地方。艾巴克團隊了解這種傾向，他們挑選了一千八百位十八歲以上的美國公民，詢問他們對八年來犯罪率的看法，再分析所得的資料。如果受試者在這段期間沒生孩子，最常見的回答是犯罪率下降了（實際上也是）。可如果受試者在這段期間生了孩子，最常見的回答是犯罪率上升了（其實沒有）。

這些新手爸媽們並沒有察覺生孩子改變了他們對於安全議題的注意力，改寫了他們新近經驗，從而改變了他們對於外面世界的危險性的身體記憶。在這種傾向之下，正如作家赫特利[1]所說，過去成了異鄉，而且是我們容易美化的異鄉。艾巴克團隊指出，幾乎每一個世代都相信藝術與音樂以及工作倫理以及你能想到的每一樣東西，都不如以前美好。道德人心走下坡，孩子比二十年前更驕縱，犯罪更多等等。好玩的是，歷史學家發現這種社會每下愈況的想法可以追溯到**幾千年以前**。古希臘人和阿茲特克人也都有這種想法。艾巴克團隊引述了傑出的法學家羅伯·波克（Robert Bork）的名言：

> 聽每一個世代談他們的下一代就會了解我們的文化不僅是迅速崩解，而且是一直在崩解……顯然史前部落的長老也認爲年輕世代的洞穴圖畫搆不上他們立下的標準。這種直線墮落歷經了幾千年，到今天我們的文化應該不僅是廢墟了，還是灰塵了。但很顯然不是：迄今爲止我們的藝術家的表現比洞穴壁畫要好多了。

那麼既然不是客觀上世界不停地在走下坡，為什麼這種想法卻會一代傳一代？艾巴克與他的研究團隊懷疑是因為我們每一個人在長大成人時都經歷了許許多多的改變。我

1. 赫特利（L.P. Hartley, 1895-1972）是一位英國作家，小說《一段情》的開篇第一句「過去是異鄉，那邊的作風不同」流傳於世，幾乎成為諺語。

們再也不能每天去玩，我們得上學；然後不能一直依賴父母，我們開始做家事；變成青少年後，我們到速食店打工。再來是正職，要付各種賬單，還得通勤，最後還得要照顧自己的孩子。我們置身在卑劣與自私、仇恨與背叛之中，這些在我們童年時期都有人幫我們遮著頂著。然後，我們青春的力量與活力當然隨著年華衰老。還需要我再說下去嗎？

我們可能無法覺察內在變化是怎麼改變我們的心智看待外在世界的眼光，但我們一定可以覺察我們時時刻刻的情緒狀態。我們清楚知道我們是開心或難過，是生氣或傷心，是平靜或焦慮。情緒抓住了我們的注意與意識，而且牢牢不肯鬆手。紐約大學心理學家伊莉莎白·菲爾普斯（Elizabeth Phelps）專攻情緒與記憶，她指出，把注意力放在我們大部分非常長期的記憶，那些我們回顧人生時會想起的事情，都會經驗到強烈的情緒。這些曾經的新近過去變得遙遠，但這些仍記得的過去因為那時候強烈地吸引了我們的注意力，而今依舊在我們的心智中。這些記憶在一定程度上非常重要，重要到能立刻刺激出強烈的情緒。

如果我們陷入了強烈的情緒，比如憤怒，我們就會很篤定我們是對的，我們看出了世界以及其他人的真面目，因此我們容易根據這個想法採取行動，絲毫無法辨識我們是在一種暫時的情緒狀態中。最清楚不過的例子就是二〇一四年肯塔基德比大賽的冠軍馬「加州鉻」的主人史帝夫·柯本（Steve Coburn）在全國電視上的表現了。他的馬又贏得了必利時錦標，三個星期之後柯本和他太太坐在紐約貝爾蒙跑馬場的馬主包廂中，為他們的馬以及他們垂涎的三冠王加油打氣。可是另一匹馬在直線跑道上擊敗了「加州鉻」，粉碎了柯本的希望。他理所當然會沮喪，甚至覺得快抓狂，因為就差那麼一點點。可是他也很憤怒，因為贏得比賽的馬並沒有參加三冠大賽的另兩場比賽，當然是以逸待勞。柯本不相信這樣公平，在賽後接受電視訪問，憤怒地叫囂，指責另一匹馬（以及馬主）不配得到獎杯，因為他們迴避了另外兩場比賽。在他謾罵的最後，他太太要他住口，可是他不理，反而加重語氣說：「不行，我非說出來不可！」正在氣頭上的他當然覺得非說不可，可是過了一兩天，再接受訪問時，他表達了懊悔，不該說那些話，並且歸因於他當時情緒過於激動。柯本的情緒狀態，先是憤怒繼而冷靜下來，決定了他相信何者為真相——而等情緒改變，真相也跟著改變。

情緒帶給我們的牽連效應甚至比它所製造的殘留記憶來得強大。它會啟動不同的基本動機，像是攻擊性、冒險性，以及想要改變當下的情況——我們在第八章〈許願要小心〉會看見。這些無意識的動機狀態會釋放出一種深刻的、具有催化作用的，甚至是變形的力量，去影響我們喜歡的東西、我們如何思考、我們的行為。情緒可以改變我們的人生，有時甚至會終止它。

囤積的情緒

二〇一四年六月，康乃狄克州赤夏市某個富裕社區的一位郵差發現他送信路線上，有一戶人家的郵件堆積到了讓人擔心的程度。屋主是蓓佛莉．米契爾（Beverly

Mitchell），一位六十六歲的老太太，她有兩個星期沒有收信了，於是郵差就打電話報了警。

結果屋裡卻沒有人來開門，警員只好想別的辦法。原來，這件事情非常單純。很多鄰居都知道米契爾是個囤積狂。屋子裡堆滿了雜物，警察沒辦法從正常的入口進來，像是前門。米契爾多年來積存了大量的報紙和雜物，把她的家變成了倉庫，幾乎沒有立足之地。警察找來一臺怪手從房屋側面挖開了一個洞，先清除了廢物才能進入。進去之後才發現一樓塌了，需要緊急處理部以及其他當地和全國機構的協助。三天之後，搜救人員在地下室找到了米契爾的屍體，她一直住在地下室，最後也被她多年來囤積的廢物壓扁，窒息而死。

我就住在赤夏市附近的小城裡，所以我在事情變成新聞之後就從紐哈芬的報紙上讀到了米契爾恐怖的、孤獨的死亡。就跟我看過的電視實境節目《囤積狂人》（*Hoarders*）一樣。許多人都知道，囤積在美國是一個嚴重的問題。根據《科學人》（*Scientific American*）披露，全國有五百萬到一千四百萬人口有囤積症（hoarding）。就像電視實境秀節目呈現的情況一樣，許多人把整個屋子堆滿了一層又一層的商品，有些箱子根本就沒有拆封。節目中記錄的幾十個案例中，幾乎每一個都是在經歷過創傷之後才出現囤積症的，比如離婚或是失去了孩子或手足或父母。幾乎都是因為生命中發生了某個重大的、刺激情緒的事件才突然變成這樣的。舉一集為例，兩個雙胞胎姊妹從她們摯愛的兄弟戰死沙場之後才開始囤積。強迫性購物（compulsive purchasing）與囤積症變得太嚴重，最後雙胞胎不得不搬離她們出生長大的祖宅，因為鎮上的公共健康部門判定她們的行為危害了健康。而我也看見同樣的心理模式在我家附近出現：在後續的報導中，蓓佛莉．米契爾的親戚朋友詳述了她一輩子和母親住在那棟屋子裡，而在她母親過世後不久她就開始囤積東西。

行為經濟學（研究人類的經濟與消費選擇）發現情緒狀態會把基本的動機情境，像是侵略或退縮，付諸實現，而這些情境也反過來改變了我們在做買賣決定時看待物品價值的心態。對大多數的我們而言，這一點大致上適用於我們出去購物的時候。珍妮佛．勒納（Jennifer Lerner）團隊是第一個證明某情境下所經驗的情緒——比方說看到一幕悲傷或是噁心的電影場景——如何產生牽連效應去影響第二個情境的購物決定，而且當事人毫無覺察自己仍受情緒的影響。更確切地來說，在他們無意識間的持續情緒狀態會改變你願意付的價錢。

勒納使用了諾貝爾得獎人康納曼對行為經濟學的另一個貢獻，就是「稟賦效應」（endowment effect）。這個現象是人性中最強、最重要的行為經濟傾向之一。用最簡單的話來說，我們如果擁有某件物品，就會賦予它更大的價值；如果我們沒有這個物品，我們就不會給它那麼大的價值。我們身為物主的狀態「稟賦」了這個物件額外的價值。想像一下有人進入我的辦公室，發現我有許多咖啡杯。（我真的在收藏。）要是我請他估價，就估我的星巴克克利夫蘭杯吧，他可能會說「五塊」。好，另一個人走進我的辦公室，我把星巴克杯送給了她，問她覺得值多少。她會估得比較高，說：「七塊五十分。」咖啡杯是同一個，可是如果杯子是我們的，我們就會賦予它更高的價值。從在商言商的角度來看，這一點很有道理，讓我們低價買進、高價賣出。

勒納和同事在實驗中證實了若某個人在近期有特定的情緒經驗，基本的稟賦效應將會改變甚至反轉。勒納聚焦的情緒是厭惡與悲傷。從演化的角度來看，厭惡是一種非常強大且具實踐性的情緒，因為它促使我們遠離可能含有有害細菌的東西。我們感覺到厭惡就會想擺脫我們拿著的、聞到的或嚐到的東西。基本上，我們會想要躲開，躲得遠遠的，而且是越快越好。

好，換成經濟行為來說明，厭惡應該強迫某人想要以比平常更低的價格把手中的物品賣掉，因為潛在的動機是擺脫你的所有物。而且也應該會減低再買東西的欲望，從而導致買價降低。厭惡的情緒應該會改變普遍的賦予效應，因為它降低了買價與賣價。換句話說，應該會讓你的生意做不好。

勒納團隊在她們的厭惡研究中可沒有摸魚打混。他們的受試者首先必須看電影《猜火車》（*Trainspotting*）中一段四分鐘的噁心場景，一個男人使用髒到不行的馬桶。為了讓這個情緒經驗更激烈（好像還需要似的），他們要求受試者寫下易地而處，他們會有什麼感覺。接著送給某些受試者一枝螢光筆。（你要問我的話，我覺得他們值得一輛新車。）但是研究的重點是受試者有多珍惜這枝螢光筆。受試者不曉得電影畫面對他們在估價上的影響，所以比起對照組那些沒看電影的幸運兒，他們在把螢光筆再賣回給施測人員時，開出的賣價較低。而看了電影卻沒有得到螢光筆的人願意付的買價也比對照組的更低。厭惡導致買低賣低。

這種效應在悲傷研究上更耐人尋味。悲傷是一種會誘發基本動機去**改變自身狀態**的情緒。從好的一面來看，在我們悲傷時，我們想要掙脫悲傷的狀態，所以我們更打定主意要行動、要做點什麼——差不多是什麼都好。我們一心一意只想要有別的感覺！在勒納的實驗中，受試者看了電影《赤子情》（*The Champ*）中的一幕——男孩的良師死亡——並且設身處地寫下感想。（我的媽喲，這個研究的受試者一定會覺得終身難忘——花四分鐘看一個噁心的馬桶，或是看強．沃特[2]死掉，而做這些只為了得到一枝螢光筆？）

悲傷的情緒預期將誘發想要改變情緒狀態的動機。這個效果會如何影響受試者願意花多少錢來買螢光筆，或是以什麼價格賣掉手上的螢光筆？情緒的牽連效應實際上產生了**反向的**基本稟賦效應。由於受試者在無意識中想要改變狀態，他們並沒有要求很高的價格來擺脫手上的螢光筆（較低的賣價），但同時如果他們本來就沒有螢光筆，他們願意付出比平常更高的價格來獲得螢光筆（買價較高）。買高賣低。這樣的話，生意可做不了多久。而且這種商業模式也絕不是我們刻意為之的。這種行為是情緒狀態無意識的、無意圖之下的效果。

很顯然這裡的教訓是，你在傷心的時候不應該去逛街。相較你不傷心的時候，你更

2. 強．沃特（Jon Voight, 1938-）是美國演技派演員，一九七八年拿下奧斯卡獎及法國坎城影展雙料影帝。

願意在傷心時為同一樣商品付出更高的價格。可是說起來容易做起來難，因為大家常常利用逛街來讓自己覺得心情好一點。逛街很有趣，像是給自己買個禮物，我們有很多人也都用逛街來給自己打氣。但我們應該要小心這個由悲傷引發去驅使我們的購物行為，所想要改變的潛藏狀態。有證據顯示強迫性購物的人往往處在憂鬱的情緒中，而逛街讓他們覺得比較開心（或至少不會那麼傷心）。從抗憂鬱藥能夠有效降低這類購買行為就可以知道傷心是許多強迫性購物的根源。購買新的東西能夠讓我們有一陣子感覺較舒服，可是等收到賬單，得想辦法弄錢來支付，最後反而會讓我們感覺更消沉。而且別忘了，傷心會讓我們願意付更多的錢買東西。

勒納的悲傷研究出版後一兩年，我注意到我經常光顧的那家超市播放的音樂變了。我自己是不會聽那種音樂的（比方說，我就沒聽過他們播放齊柏林飛船的歌），不過整體而言都是輕快飛揚的歌曲。突然之間一百八十度大轉變，音樂變成了如泣如訴的民謠，小和弦的旋律，而且很多是詹姆斯·泰勒（James Taylor）的歌。超市什麼都沒變，只有那些掃興的歌是新的，像是提姆·麥克羅（Tim McGraw）的〈活得像你快死了〉（*Live Like You Were Dying*）。但是這還沒到谷底。有一天我太太發現我就站在農產品區，瞪著天花板。然後她也聽見了。超市在播放「派瑞樂團」唱的〈如果我早夭〉（*If I Die Young*）——憂傷的和弦就已經很糟了，歌詞還清清楚楚地傳入了顧客的耳朵裡，就算再含蓄，也不得不說歌詞變態又陰沉。

我也注意到沃爾瑪播放類似的哀歌，後來我發現不是只有我一個人注意到了。二〇一五年，沃爾瑪召開股東年會，提出了許多提高業績的建言，《華盛頓郵報》說：「有一個建言似乎最引起股東的迴響，就是換掉在超市中播放了數月之久的音樂光碟，員工都快發瘋了。」是什麼唱片反反覆覆地播放，聽得人人想吐？員工受不了的是什麼？答案是席琳．狄翁（Céline Dion）的一張哭調子唱片。

我承認，走進商店，發覺播放的歌曲是哀傷到極點的音樂，總會讓我有點生氣。有兩個原因。第一，商店就為了要賺更多錢，竟然不惜改變消費者的心情（夠冷血無情了吧）。第二，為可憐的員工想一想吧（尤其是青少年），他們不像我們這些消費者——我們大不了轉身就走，將來也不光顧這家商店——他們卻每天都得被哀傷的音樂疲勞轟炸。他們的工作環境很可能對他們的心情與行為有持久的、長期的影響。這件事讓我想起了那個赤夏市的婦人，被自己購買的商品活活壓死。

當然，失去所愛之人是非常非常難以承受的一件傷心事，而且會持續影響死者的家人朋友，長達數月，甚至是數年之久。如果你仍住在和她同住的屋子裡，一定是更難受。每天都會睹物思人，強迫你承認她不在了。這些絲毫為減弱的悲傷讓你一直不斷地買東西只為了持續地想要改變心境。生活的新近經驗不但會殘留，而且還會徘徊很長一段時間，就像隻信天翁吊在你的脖子上，要是那些新近經驗重複不斷地再被喚起，就會持續影響一個人的行為，而且維持很長的一段時間。這些經驗中最創痛最激烈的就可能會使一個人的性格或是人生突然發生劇烈的改變。正確之道不是透過改變暫時的狀態（像是透過購物），而是透過改變較恆久的環境，別讓它持續提醒已經失去的，還有它對這個被留下的人的無意識效果。

願她安息，蓓佛莉．米契爾。

生活會殘留是因為大腦會殘留。所有的大腦活動，無論是不是情緒的，都需要化學傳送到各個神經突觸，而化學變化並不像電燈開關一樣可以立刻打開關上，而是需要一些時間來沉澱，才能恢復原先的狀態。而在恢復之前，你的大腦會一直冒火花，點點的過去會閃爍個不停，雖然這些過去實際上已不在你的眼前了。就拿你的「心之眼」做例子吧。

一九六〇年，喬治．斯柏林（George Sperling）做了一個指標性的研究，證實了他稱之為「視覺緩衝」（visual buffer）的東西的存在。我們可以把它想成心裡的一個暫時倉庫，外在世界的資訊已經消失了，倉庫中的卻還在。他呈現給受試者一個視覺刺激，可是他們並不知道他們需要回想什麼，所以他們不能有意識地專注在任何東西上，而且他們也並沒有主動地覆誦或是有意識地把資訊記在心裡。再說，要記的東西實在是太多了。如果你曾參加這個許久以前的實驗，你就會看到下列這種東西：

你會先看到右頁第一張圖幾秒鐘，然後是白的螢幕，這是為了要製造延遲。再來是第三個螢幕出現，上頭有個圓圈，你的任務是說出那個位置有什麼——圓圈這時正好是在「8」的位置上。你事先並不知道圓圈的位置會在哪裡。透過延遲螢幕的呈現時間長短不同，斯柏林就能知道原先螢幕呈現在受試者的心眼中可以維持多久。延遲越短，你就越可能答出正確位置，因為它會仍然在你的眼前——至少你是這麼覺得的。斯柏林實驗的受試者能夠正確反應，因為他們仍然能「看見」正確答案浮現在他們的眼前，雖然它實際上已經不在了，只停留在他們心裡。

康納曼發現了另一個具有促發效果的基本判斷偏見，叫做「**錨點**」（anchoring），也就是說在某一脈絡中使用了一個範圍內的數字，會連帶地影響你在下一個脈絡中使用的數字區間。所以，如果你最先看到的是一組學齡前兒童的相片，而且要你猜出每個兒童的年紀，你會使用的數字就說是從二到五吧。可是如果你先看到的一組照片是高中學生，要你猜出他們的年齡，你就會使用十四到十八這個範圍的數字。好，比方說問了你一組問題，像是「美國有幾位總統是在任上死亡的？」或是「波士頓紅襪隊贏過多少次系列賽？」兩者的正確答案都是八，可如果你先前的焦點是學齡前的年齡範圍，你就會容易估計得較低，而如果先前你的焦點是高中生的年齡範圍，你就容易估得較高。（要是你早就知道正確的答案，不是用猜的，本效應就不適用。）第一次實驗中使用的數字範圍經過了提示，比較活化、比較容易提取，也就比較容易用在第二次的判斷任務上。

跟我們先前討論過的新近想法與經驗的其他牽連效應一樣，錨點效應也是在非意圖及無意識間發生的。康納曼指出這種現象甚至會用在與數字有關、非常重大的真實生活情境中，例如在商業上的價格談判、在法庭中決定該支付多少賠償金，以及估算未來的收入或是銷售量。即使是很離譜的數字都可以固定著並產生牽連效應，比如說有項研究的受試者第一次讀到了聖雄甘地[3]活到百萬歲。正如康納曼所說，你「完全無法控制這個效應，也毫不知情。受試者受到隨機或離譜的錨點影響……很有自信地否認了這個顯然無用的資訊會影響他們的估計，但是他們錯了。」

鑑於數字錨點對我們的行為有強大的影響，我忍不住想，如果所有的因素都是平等的，是否駕駛人在九十五號州道上一般會開得比在四十號州道上快（真該有人研究一下）。我會提出這個問題是為了給自己一個理由來說個故事。有三位老太太在州際高速公路上被警察攔下，因為她們的車速過慢，害得後面堵車了好幾公里。「可是，警官，」駕駛反駁，「時速限制是二十啊。」警察咯咯笑。「不，女士，這條是**二十號高速公路**，時速限制是八十。」然後他看著後座，看見兩名乘客臉色蒼白，瞪大眼睛，呼吸沉重，大汗淋漓。「妳的朋友不舒服嗎？」警察問駕駛。「喔，她們沒事，警官，」她說。「我們只是剛下一四三號高速公路。」

所以生活會殘留在我們心裡，即使我們已經去做別的事情且不認為我們的新近過去會再影響我們。這也適用在激發程度及我們所感覺到的情緒，像是憤怒與悲傷，還有我們對於彼此的吸引力。心情也會延續，甚至是讓我們重要的經濟決定變得偏頗。我們在社交上所遇見的事物、我們覺得被接納或拒絕也會殘留，影響我們選擇一碗熱湯，而不是平常的火腿三明治。我們的新近經驗會讓我們相信全球暖化是個真正的問題，或壓根就不成問題，而如果新近經驗夠強烈，它甚至能讓我們擔心在路上的行人其實是殭屍（幸好，不常發生）。

我在這一章所討論的是關於我們的新近過去如何干擾我們對於現實此刻的清晰認定。這會使我們覺得某些人更有吸引力，或是對某些人更加憤怒，就像是公路憤怒的經驗。它能夠改變我們的經濟決定，改變我們對重要世界議題的看法。世界變化得比我們的心智要快，而我們的生活殘留在主觀經驗中，遠比殘留在現實中來得多，這使我們更容易作出糟糕的選擇。我們強烈地假設我們的想法與感覺都是被眼前當下的事情所驅動，我們幾乎不會去質疑這個假設，可是往往不僅僅只是當下正在發生的事在影響我們。是過去——人類古遠的過去，我們獨特的、遺忘了的嬰兒期，以及我們的新近過去，才剛在我們每天的後照鏡中後退。這些不同的昨日都很重要，因為它仍然在影響著每個人生活中最重要的時刻——愛因斯坦唯一相信實際存在的一刻——現在。

3. 聖雄甘地（Mahatma Gandhi, 1869-1948）帶領印度邁向獨立，脫離英國殖民統治。他的非暴力哲學思想影響深遠。

第二部

隱藏的現在

切記，人的生命存於這個現在，而現在僅寬如髮絲；
至於其他，過去已逝，未來仍看不見。

——《沉思錄》馬可·奧里略

第五章　該走還是該留？

二十世紀之初，大約是佛洛伊德出版了劃時代的巨著《夢的解析》時，瑞士神經學家愛德華．葛拉巴艾德（Édouard Claparède）決定要拿病人開個玩笑——當然是為了科學。

病人是一位四十七歲的婦女，因為高沙可夫症候群（Korsakoff's syndrome）而導致腦部損傷，這是一種失憶症。雖然她的智力完全沒有退化，但她連十五分鐘前的記憶都沒辦法記住。她對新近過去的覺察被清除得一乾二淨，在遺忘的循環裡轉圈，沒完沒了。每天早晨她都到日內瓦大學葛拉巴艾德醫生的辦公室來，卻完全不記得之前來過，總以為她是第一次見到這位留著鬍子、戴著眼鏡的醫生。葛拉巴艾德總是以熱情的握手來迎接她，而她總是很有禮貌地說幸會。年輕的醫生正好又是批判佛洛伊德妖魔化獨立無意識心智的一分子，而且他懷疑病人的失憶會不會並不像乍看之下那麼徹底。如果短期記憶存留在她的隱藏心智深處，代替了那些自行刪除的意識記憶呢？

有一天，她像平常一樣來到他的辦公室，葛拉巴艾德伸出了手和病人握手——卻在掌心上黏了一個圖釘。她跟他一握手，就覺得一陣刺痛，被圖釘戳到了。十五分鐘後，這個讓人不開心的小意外從她的意識心智中消失了，所以他就再伸出手來跟她握手。而這一刻可以說就是能否為心理學揭開新的篇章的關鍵時刻——無意識記憶的作用是否會在意識記憶功能失敗的時候運作，又是如何運作的。果不其然，病人也伸出了手，可就在兩人雙手交握之前，她猛然抽回了手。

葛拉巴艾德好奇極了，問她為什麼不跟他握手。「難道我連把手縮回來的自由也沒有嗎？」她避重就輕，緊張了起來。她又恢復了含糊其詞，無法解釋自己的直覺。她知道跟這位好醫生握手可能會發生什麼事，而這個知識適當地指引了她的行為，讓她避開了可能的針刺痛苦，而這個反應卻沒有牽涉她本人有意識的計畫。換句話說，在沒有外顯記憶及缺乏疼痛地握手的意識覺察之下，她的記憶對她的行為具有內隱效果。她的記憶在無意識中幫助她在當下保全了自己，正如同它演化而來的作用。

葛拉巴艾德醫生的故事雖稍有虐待之嫌，可也是一個關鍵的實驗，這實驗是心理學以現代觀點去理解無意識效果中關鍵的一步，而且當代失憶症的研究也證實葛拉巴艾德是第一個發現的。瑪西雅·強森（Marcia Johnson）和同事在一九八五年研究羅患高沙可夫症候群的病人，發現病人同樣表現出一般受試者對於人與物的好惡模式，儘管他們極少甚至沒有這些人或物的記憶。比方說，所有的受試者都看過一個「好人」跟「壞人」的照片（以虛構的傳記資料形式）。二十天後，高沙可夫症候群病人已經不記得傳記的資料；可是七十八%的人更喜歡照片上的「好人」。在缺乏任何有意識的記憶知道原因的情況下，失憶症病人仍然在無意識間多少展現了他們對於先前看過的人或物的正向或負向的感受。

葛拉巴艾德的小惡作劇揭露了我們心智中重要的、原始的無意識功能。在行進中的現在生活裡，我們到處都會遇到各種的障礙，有許許多多需要面對和處理的要務，這一切都占據了我們的意識心智，但這個評估的、「好或壞」機制時時刻刻都在背景裡作用著。我們有意識的注意力經常放在別的地方，而這個無意識監督歷程幫助我們決定該擁抱什麼、該拒絕什麼，何時該留、何時該走。

好。壞。

是。否。

留。走。

這是生活中終極的、基本的二元密碼，體現了原始的生存難題——所有的動物皆然，不是只有人類。所有形式的生命體都有這種「走或留」的複雜難題，即使是最原始的生命體。好或壞、走或留就是動物對世界最原始的反應。漫長的演化讓「走或留」成為人腦對外在環境最快速、最基本的心理反應。這個最初的反應為之後的一切定了調：好或壞、走或留、喜歡或討厭、接近或迴避。我們走這條路而不是那條路。一旦揭露了它確切的運作模式，亦即找出是什麼原因讓我們立刻改變方向而不是選擇另一個，這將會讓我們對於自己為什麼會有某種行為有了新的解釋。有時複雜的核心就是單純。

回到一九四〇年代，伊利諾大學的心理學家查爾斯．奧斯古德（Charles E. Osgood）做了一項劃時代的研究——生命的意義。我們都用什麼基本的要素——比如說什麼東西有多好多壞，多大多小，多強多弱——來賦予我們的言語與觀念意義？為了要取得研究資料，他找了幾千人來給不同的「態度對象」評等，差不多就是任何可以讓你對它有態度的東西，像是**戰爭**、**城市**或**鮮花**。就拿**戰爭**來說吧，你得從甜到苦、公平到不公平、明亮到黑暗來給每一個評等。不用管用這種尺度來評等是不是會很奇怪，你感覺對了就對了。像我剛才說的**戰爭**在這個尺度上是落在苦澀、不公平、黑暗的一端的。然後奧斯古德用一個複雜的資料技術，叫作因素分析，來萃取所有的評等，最後只剩下非常少量的基本因素，也就是潛藏在我們對大多數事物的感覺之下的「要素」，是我們大多數人的態度的基礎。如此一來，奧斯古德就發現了事情其實很簡單：我們只用三個主要的因素來組織分類這些事物，而只靠這三個面向他就差不多能說明這些評等的所有不同之處。說穿了就是三個字母E、P、A：評價（evaluation）、潛能（potency），以及活動（activity）。或是簡單一句話：好或壞、強或弱、主動或被動。大部分的人會說樹是好的、強的、被動的（樹只會杵在那兒）。而火車就是好的、強的、主動的（對大多數的人而言）。

在這意義的三個主要成分中，奧斯古德發現最重要的一個因素就是第一個，**評價**。我們所擁有的語言和觀念中的大部分意涵都濃縮成好壞的各種變異，只不過風味各不相同。第二個重要的因素是**潛能**，也就是強弱。第三個是**活動**，也就是主動被動。從我們（非常）古老的老朋友奧茲的角度來想：遇見了一個陌生人，最重要的是知道他是否是壞人（敵人），其次是他有多強（喔喔，糟了），最後是他有多主動——敏捷、健康、機動（咻，他的馬陷進泥巴裡了）。

但最最重要的是，我們需要知道那邊的那個「玩意」是好是壞，是對我們有利或有害——而且我們需要立刻知道。奧斯古德把他的研究寫成了一本書，在一九四九年出版。十年之後，紐約市的美國自然歷史博物館館長施內爾拉（T. C. Schneirla）出版了一篇很有分量的論文，比較了所有的動物，從最簡單的單細胞草履蟲到人類。他的主張是一切的動物，從最簡單的到最複雜的，對於好東西和壞東西都具有基本的**接近**與**退縮**反應。把食物的來源（一點糖）放在附近，草履蟲就會移向它。放一條小電線在附近，給它一點點電擊，草履蟲就會躲開。一路向上延伸到動物王國，再到人類嬰兒，莫不是如此。施內爾拉指出所有的動物都具備了這兩個基本的反應選項。

如果好—壞，接近—退縮是動物對世界最基本的反應，那就很容易明白為什麼奧斯古德的研究披露了評價的好壞，是我們對世界的概念的最原始意義。今天我們每一個人身上都有人類這個物種整個演化史的遺風。回到最初，第一個單細胞對於世界創造物的反應還在，在每一個當下，從我們的第一個反應到我們的經驗。在許久許久以前的長期過去第一個到來的，在短期的現在也是先來的。雖然我們最終從原始的單細胞發展出了驚人的機制和系統，存在於我們的核心的仍然是從原始時代就存在的問題。

我該留或該走？

我們時時都忙著複雜的現代活動，像是跟朋友出去、取得最新的消息、在工作上表現，然而我們仍然在依靠這個原始的、基本的行為分野。我們必須決定是否該「說好」，待在我們遇上的每一種刺激（人、物、情境）旁邊，評估是否有利，或至少不是不安全的；或是「說不」並且拉開距離。

我們做這種盤算可以是有意識的，也可以是無意識的，一次又一次，可是經常無意識的部分會跑在前面，像是在我夢中的鱷魚有象徵意義的肚子。葛拉巴艾德的病人也是這樣，因為她沒有意識記憶來協助她做決定，但是對於沒有失憶症的人來說也是一樣的。在許多例子裡都是意識心智負責在事後解釋，想弄懂某個我們似乎早已穩穩「知道」的判斷，而且就因為我們有十成的把握，所以感覺上我們的評估就是不容辯駁的事實。早先，我說了在研究所念書的故事，我的指導教授羅伯．札瓊克把我叫進他的辦公室，讓我看博物館的抽象畫明信片，問我喜歡哪個、不喜歡哪個。我可以既迅速又自信地指出我喜歡的那個。（我偏愛康汀斯基——他是個很棒的洞穴壁畫家！）可是後來羅伯問我為什麼，我卻猶豫了，吞吞吐吐說什麼顏色啊形式的，羅伯只是笑吟吟看著我的不自在——以及我顯然無力給出許多真正的好理由。

有句老話說得好：「我不懂藝術，可是我知道自己喜歡什麼。」

在一九七〇年代後期，羅伯在做一個很重要的研究，叫**單純曝光效應**（mere exposure effect），簡單地說就是我們越常接觸新的東西，就會越喜歡它。在他的研究中，他反覆證實了我們會比較喜歡某個東西，只是因為我們看的次數比較多，即使我們的意識並不記得看過。比方說，高沙可夫症失憶患者在瑪西雅．強森的實驗中就表現出對新事物的偏好，只是因為他們看見這個東西的次數比別的東西要多，雖然他們完全不記得曾看過。

札瓊克對單純曝光效應的研究之所以重要有許多原因。首先，它指出了我們可能在無意識中培養出喜好與偏愛，完全不是刻意的，而是純粹看那種經驗有多頻繁多普遍。從適應的角度來看，這一點完全合情合理，因為我們遭遇對我們無害的事物越多次，我們就會越喜歡它，就越願意接近（留下）。說到底，單純曝光效應就是在情況順利時創造留下來的預設傾向。（而要是不順利，比方說小溪邊的一片風景宜人的草地竄出一條蛇來，一朝被蛇咬十年怕草繩，光是這個經驗就徹底推翻了單純曝光效應。還記得只需要一個小圖釘就能讓葛拉巴艾德的病人不肯再跟他握手了。）

第二，單純曝光效應的研究證實了我們的好惡可以在當下立刻被激發，不需要任何有意識的算計或回憶，比如我在羅伯的辦公室對藝術明信片的自發反應，或是他在單純曝光效應研究的發現，以及強森以失憶症病人做的實驗。我們大部分的**情意**（或評估）系統是在意識之外運作的。就像夢中的鱷魚告訴我的，「是／不是」系統在我們的演化中跑第一，然後比較深思熟慮的評估方式才逐漸發展形成。

在一九八〇年札瓊克重要的論文〈偏好不需要邏輯〉（*Preferences Need No Inferences*）出現之前，研究者相信我們的態度都來自於這個比較緩慢、比較思慮周到的意識算計。他卻主張我們往往有立即的感情反應，像是對畫、日落、餐點和他人，卻不會一開始就考慮得很周延。他的主張使得幾年後研究態度的領域有了改變，主要的功勞是印第安那大學的一位年輕教授羅素．法紀歐（Russell Fazio）做的「自動態度」（automatic attitudes）研究。

在二十世紀中葉有很長一段時間態度研究有些混亂，主要是因為態度研究在預測實際行為方面的紀錄不是很出色。畢竟，一九三〇年代開始研究態度就是為了要預測行為，但許多早期的研究顯示受試者在做態度問卷時是一回事，做出來的事卻完全是另一碼子事。譬如，在紙上寫你要捐錢給慈善團體很簡單，可是要你掏出支票簿來開支票可就難多了。沒多久，重要的問題變成了態度在**何時**能預測行為，何時卻不能？

一九八六年法紀歐提出了一種想法：或許只有一些態度是可以用來預測行為的，而不是全部的態度；我們的某些態度可能更強烈、更重要。我不喜歡花生醬，打死我也不肯吃；我也不喜歡煮過的紅蘿蔔，不過如果我的盤子上有，我會吃掉，沒什麼大不了的。法紀歐的推論是強烈又重要的態度會對我們的實際行為發揮比較持續的可靠影響。所以問題就成了要如何區分強烈又重要和較軟弱、較不重要的態度呢？法紀歐認為，當我們在環境中遇見對應態度的對象時，那些較強烈的態度就會立即自動出現在我們的腦中。換句話說，如果我們的好惡會很可靠地冒出來而且我們不需要停止思考的話，將會對我們的行為產生影響。他推測，就跟我對康汀斯基明信片快速又正向的反應一樣，我們的強烈態度會是迅速浮上心頭的那一個，而我們的軟弱態度會讓我們花更多時間來表達。

為了測量一個人的態度有多強多弱，他請受試者坐在有「好」或「壞」按鍵的電腦前（在一九八〇年代電腦還是一種讓人興奮的新研究玩具），螢幕上將會出現差不多上百件日常物品的名字，受試者必須在名字出現時儘快按下「好」或「壞」鍵。比方說，他們對於**生日**、**小貓**、**籃球**往往會按「好」。（實驗是在印第安那籃球重鎮做的，所以籃球熱顯然是個因素。）而**希特勒**、**毒藥**、**鮪魚**立刻就會按「壞」。（我喜歡鮪魚，所以一直搞不懂是為什麼。）但整體而言，對於比較中性、比較不會誘發熱情的詞彙，像是**日曆**、**磚頭**、**黃色**，他們就要花比較長的時間來決定是按「好」或「壞」。

法紀歐和同事接著又挑選出受試者反應最快速的詞彙（科學上對這些刺激物的說法是「態度對象」），也就是他們的強烈態度，以及他們反應最慢的詞彙，也就是他們的軟弱態度，再使用在下一部分的實驗中。實驗的下一個部分測試的是，受試者對於這些詞彙的態度是否在他從螢幕上讀到這個詞彙時，立即且自動地活化起來？態度對象詞彙，比如說是**蝴蝶**，會先出現在螢幕上，大約是四分之一秒，時間太短，不足以讓你停下來，有意識地決定是喜歡或不喜歡。緊接著是第二個詞彙出現，是個形容詞，像**美妙的**或**恐怖的**，所有的受試者都必須按「好」或「壞」鍵，決定這個詞彙是具有正面或負面的意義。

法紀歐引進的這個新方法叫**情意促發**（affective priming）範式，它的邏輯既簡單又講究。如果第一個詞彙，像**蝴蝶**，自動誘發了「好」或「壞」，那麼特定反應就會被啟動，而在決定第二個詞彙，像**美妙的**，是「好」或「壞」時，就會更便捷。如果態度促發了下一個詞彙的正確自動提示（比如說**蝴蝶**—**美妙的**），那麼這個反應就會快一點。而如果它提示的是錯誤的反應——比方說**蟑螂**，緊接著出現**美妙的**——那這些反應就會慢下來，因為受試者已經被促發了，準備要說「壞」了，卻必須抑制這個傾向，改而說「好」（正確的答案）。

但是這種情況只會在第一個態度立即自動活化時才會發生。法紀歐告訴我們的是一個人的強烈態度會造成這個結果。舉例而言，**啤酒**在無意識中促發了**漂亮**，而**意外**無意識中促發了**噁心**——但是軟弱的態度，像是**磚頭**和**角落**，就不會立刻變得活化。

說來也湊巧，法紀歐才剛發表了他對自動態度的研究成果，同一年另一位年輕有為的態度研究學者雪莉．切肯（Shelly Chaiken）就加入了我執教的紐約大學心理系。有一天她剛到校，我們就在她的辦公室裡決定了要一起做某個研究。我們應該做什麼？我們在揣度。嗯，她是位研究態度的學者，而我是研究自動性的，那（叮咚！）來研究自動態度如何？你可能會說用膝蓋想也知道。

雪莉跟我除了研究心理學之外，還有幾個共同的興趣，所以我們如果不忙著在心理學大樓的走道上打高爾夫球恐嚇研究生，就是用每個月從柏克萊彼特咖啡寄來的咖啡豆煮咖啡（她以前住那裡），要不就是設計幾項研究來讓我們更了解自動態度效應。我們都感興趣的一點是情意促發效應有多普遍。這個效應確實會在最強烈的態度上發生（就是大家用最短的時間說好或壞的），在最弱的態度上卻沒有（就是讓你反應最慢的），可是介於二者之間的呢（也就是大部分的態度）？這個效應是只發生在少數最強烈的態度上，或者是只有最軟弱的沒有？還有這個效應是否只在大家思考過這些態度之後才會發生，就像在法紀歐的第一步驟中的第一階段？這些問題的答案會決定我們覺得這個效應有多常在實際的生活中發生。

其他方面的研究也讓我們有理由相信法紀歐的主張——施內爾拉闡述的整個動物王

國都有趨吉避凶的反應；奧斯古德的研究指出了好－壞二次元幾乎界定了差不多所有的事；我的指導教授羅伯．札瓊克證明了「不假思索的感覺」。不過，雪莉跟我在意的是在法紀歐的實驗過程中，有計畫的、有意識的評估可能導致了他得到的結果，所以我們認為，而且預測，擺脫了這幾方面的因素就能減低甚至消除明顯的無意識效果。

哎，我們可真是大錯特錯了。實驗結果恰恰相反。我們實在是太詫異了，幾年來設法「擺脫」這個無意識效果，刪除了可能會在無意中影響實驗結果的東西，結果我們卻一直發現這個效果反而越來越強、越來越普遍。我們做完了第一次的表態實驗（受試者儘快判定好壞），過了幾天再做第二次實驗，測試這些態度是否是自動的，結果發現促發效應發生在**所有的**對象上，不管是會促發最弱的、最強的態度，或是界於兩者之間的態度。後來我們改換了實驗，把好／壞按鍵去除來測試態度是否為自動的，只是請受試者把第二個字詞大聲說出來。這一次我們仍持續得到自動態度效應，但這一次是所有對象都有，而且這些對象都會誘發出強弱兩種態度。奇妙的是，好像**沒有一個例外**，我們使用的所有對象在這些較嚴格的條件下，仍是被評估成好或壞，而我們原本的設計就是要模擬心理實驗室外的人生，比起法紀歐團隊的研究更加的嚴密。新的情境捉住了在真實的世界中碰上這些對象的**單純**效應，而不需要有意識地、有計畫地思索你對這些東西的感覺。

我們的無意識會送出信號，讓我們在何時留在何時走，不僅涉及我們熱烈的好惡，也涉及了我們最不溫不火、漠不關心的意見，以及二者之間的一切。事實上，我們越是刪除了實驗中有意識、有計畫的層面，這個效果就越趨近平常也越強烈，而不是相反的情況。現在第一批研究以及我和雪莉的研究都也已經是幾十年前的事了，讓我們慶幸的是，二十五年來全世界各地的實驗室都繼續鑽研，證實了我們的主張，當時可以說是驚天動地的發現呢（尤其是對我們而言）。

我的鱷魚朋友要是真的存在，一定會咧開滿口利牙的嘴巴笑，綠色的頭點個不停，同意我的結論。無意識評估每一件事確實是一個非常古老原始的效應，遠在我們有意識的、慎重的思考模式出現之前就存在了。所以如果我們把這些有意識的成分移除，就如雪莉跟我在我們一系列的研究中所做的一樣，只留下無意識，態度的效果就越發清晰地顯現出來了。畢竟，無意識的接近或退縮反應在幾百萬年前就演化出來保護我們了，在有意識的、慎重的思考（或是隨便哪種思考）出現之前。

推和拉

許多年前，奧斯古德在伊利諾大學指導的一名研究生安德魯．索拉茲（Andrew Solarz）做了把事物評價為好與壞，以及手臂伸出或縮回的相應動作之間關聯的實驗。那個年代還沒有電腦，大多數實驗室都有機械工坊，技術人員會製造出神奇的儀器來幫助心理學教授證實他們的理論。這些儀器通常都有一大堆的電線、管路、標度盤，科學怪人的法蘭克斯坦博士看到了恐怕會羨慕得流口水。有些儀器需要幾個月，甚至一年才能完成。索拉茲請工坊的技師幫他打造了一臺極富創意的巨作，用來測試他的假設。在他的實驗中，他讓受試者一次看一個詞彙，有一張印上了粗體字單詞、三乘五大小的卡片會藉由機關滑入盒子的凹槽，而盒子架在一根反應桿上，受試者抓著桿子。他一看到卡片，電動計時器就會啟動。受試者不是拉就是推桿子，根據他們聽到的指示，而且動作要儘可能地快。那部機器有點像是科學用途的吃角子老虎。

有些受試者遵照指示，只要喜歡卡片上的單詞就拉桿子，比方說**蘋果**、**夏天**，不喜歡就推桿子，像**蠕蟲**、**冷凍**。另外一些受試者的指示正相反：不喜歡就拉桿子，喜歡就推桿子。在實驗結束後，他計算了受試者平均需要花費多少時間來推桿表示「好」、拉桿表示「壞」、拉桿表示「好」以及推桿表示「壞」。

他發現受試者推桿表示「壞」的速度要快過了拉桿表示「壞」，而拉桿表示「好」要快過了推桿表示「好」。把詞彙推開讓我們想起了躲開電線的草履蟲；把詞彙拉近則映照了草履蟲向食物接近。索拉茲的受試者的反應一模一樣，當然是在不知不覺之中，遇到不喜歡的事物就立刻增加彼此間的距離（儘管只是卡片上的一個詞彙），同樣地遇到喜歡的事物就立刻減少彼此間的距離。他們看到詞彙後立刻感覺的好惡，也幾乎立刻地導致手臂肌肉活動預備做出相應的動作。他們心智中的好壞開關真的讓他們肌肉準備留或走。

三十多年後，我跟馬克．陳（Mark Chen）在紐約大學也動手複製索拉茲的研究，雖然我們可以用電腦來展示和計時了，我們仍然得請工坊技師幫我們製作反應桿，像索拉茲使用的那個——三呎長的壓克力桿，底部接上電線開關，再接上電腦。我們的第一個實驗完全複製了索拉茲的實驗，也發現了相同的結果。可是跟他的原始實驗一樣，我們的受試者是有意識地歸類每一個對象，因為他們得到的指示就是如此。如果受試者的好惡並不經過有意識的思考，推拉作用也會一樣嗎？

所以在第二個實驗中，我跟馬克只要求受試者在螢幕出現一個單詞之後，盡快地操縱桿子，就跟那些早期的老掉牙電腦遊戲一樣（像是「乒乓」）。只要螢幕出現了一個單詞，受試者就操作桿子，盡快把它幹掉。他們有時透過推桿子，有時則拉桿子來完成。這次也一樣，壞的單詞他們推得比較快，好的單詞拉得比較快，而不是相反情況，即使他們並沒有在評估好壞。

合理的下一步當然是假設我們對人，也就是最重要的「態度對象」，都有這種基本的原始的接近／退縮反應。麥可・斯雷皮恩（Michael Slepian）、娜黎妮・安伯帝以及他們的同事就證明了這一點。他們用了推拉桿設計，要受試者看到電腦螢幕上的相片立刻操作桿子。他們要受試者一看到屋子的照片就拉桿或推桿，一看到人臉的照片則反方向操作。所以受試者以為他們的任務是分辨臉孔與房屋——他們並沒有以是否喜歡這張臉的角度來思考。這項研究的伏筆在於臉孔不同之處是在這張臉的可信程度（trustworthy）——這些臉孔照片由別人評估過，所以給受試者看的相片從看起來非常不可信的面孔到非常可信的臉孔都有。（我們會在下面詳細討論臉孔的威力。）果然，受試者對可信的臉孔做出拉近、接近的動作較快（拉），而對不可信的臉孔做出迴避、推開的動作較快（推），這一切都無意識地完成了，因為受試者的有意識任務完全沒有要求判定臉孔。

今天，這個基本的接近—迴避效果（approach or avoidance effect）被用來幫助人們做出正向的改變——改變負面的行為傾向，比方說種族歧視以及對酒精與易上癮藥物的渴望。加拿大心理學家川上凱莉（Kerry Kawakami）以及她的同事要白人受試者在電腦螢幕上看見黑人臉孔就拉（接近）遊戲搖桿，看見白人臉孔就推（迴避）搖桿。他們看了幾百張的臉孔。之後，受試者對黑人的自動或內隱態度經「內隱聯結測驗」（IAT）評估後都比較正面。朝一個特定方向（拉）而不是另一方向（推）移動手臂確實改變了他們無意識的種族歧視態度。而在另一個實驗中，川上團隊驗證了做出接近的手臂動作不僅能改變歧視的態度，還可以改變對黑人的實際行為。受試者在對一系列閾下呈現的黑人臉孔（他們沒有意識地看見了）做了拉近的反應動作後，相較那些沒有做拉近動作的受試者相比，他們與在等候室內的一名黑人坐得較靠近。而那些還沒有做過這種接近動作的受試者則否。要靠這種方式來降低日常生活中的種族歧視看起來也許不是非常實用，可是卻能看出我們古老的無意識評估系統的確是有潛力勝過我們的現代社會態度與行為的——耐人尋味的是，我們天生的、演化而來的無意識傾向竟然可以用來壓倒我們後天取得的文化無意識傾向。

這種接近／迴避系統另一個正向的置入是在幫助酗酒者戒酒。阿姆斯特丹大學的雷諾．懷爾斯（Reinout Wiers）就研發出這樣的一種療法來擊退酒精成癮以及其他的上癮症。他要想戒酒的病人每天到他的實驗室來報到，為期兩週。他們到實驗室只有一個任務，在大約一小時內分辨螢幕上的照片，不是風景（橫向）就是肖像（縱向）。這個訓練的關鍵部分是他們使用推桿或拉桿來反應。相片在事前已經進行組合，讓病人總是在看到與酒精相關的東西時推桿，像是酒瓶、拔塞器、馬克杯、酒杯。（另有一個對照組，一群不同的病人也做同樣的作業，只是不會有與酒精相關的圖片。）

這個「推開」酒精相關物件的實驗是要增加這些病人對酒精的迴避動機，結果極其成功。用兩週的時間來推開與酒精相關物件的圖片，經IAT測量，這些病人對喝酒的無意識態度從正面變成了負面。更驚人的是，一年後對這些病人的後續追蹤顯示復發率較低（四十六％），而對照組中沒有推開酒精相關圖片的病人則有五十九％的復發率。雖說不是十全十美，但也不是零效果，可是別忘了，兩個百分比之間的差異代表的是真實的人，他們有家庭、有工作，而他們並沒有復發並再次開始喝酒，**不然的話他們又會泡在酒缸裡了**。懷爾斯團隊實際運用了我們對無意識機制的科學知識，幫助了別人，這些人想要為自己的人生做出重大改變，可是單靠立意良善卻沒辦法做到。

姓名隱藏了什麼？

我一直都很愛開車，總共奔馳東西兩岸六次。除了阿拉斯加州以外，我唯一沒開車穿過的州是北達科塔，這已經列在我的死前必做清單上了。而我這輩子也始終是個賽車迷。就跟我這個世代的很多人一樣，每年的陣亡將士紀念日我都是聽著印第安那波里五百哩賽車轉播長大的。我爸跟我總是用電晶體收音機收聽，一邊在家裡或是院子裡忙一整天。所以我理所當然會變成一個改裝車賽車迷。吉米，約翰森從二〇〇二年以新人之姿參賽以來，就一直是我最愛的賽車手，後來也拿下了七次的冠軍。我老婆摩妮卡卻是黛妮卡．派崔克（Danica Patrick）的粉絲，她是世界一流的賽車手，很敢粉碎改裝車賽的玻璃天花板（之前是印第車賽），而且是有史以來最成功的女性賽車手。

為什麼喜歡這兩位賽車手，我們都能列出能說服人的、完全理性的理由，可是請注意我們的姓名以及他們的姓名。**約翰（John）**喜歡吉米．**約翰**森（Jimme Johnson），在此之前他喜歡裘尼爾．**約翰**森（Junior Johnson））。摩**妮卡**（Monica）喜歡黛**妮卡**（**Danica**）。我們的姓名的發音相同、第一個字母相同，而磁力就從這裡開始。（我老婆的理由比較好，因為黛妮卡是唯一的女性賽車手——不過，還是有相似處。）這叫做「**名字—字母效應**」（name-letter effect），一種在一九八〇年代發現的現象，揭示了另一個重要的偏好無意識來源。我們容易接納「像」我們的人，即使相像的來源很武斷，如我們的姓名，這並不是我們能選擇的；或是生日相同，這個也不是我們能作主的。

羅伯．札瓊克指出讓我們在無意識中喜歡某個東西的一個方法是跟它變得熟悉，而另一個方法是去喜歡某樣與你類似的東西，即使這些類似在客觀上是無意義的。還記得第一章裡的奧茨以及在遠古世界人類經常會自相殘殺吧。我們的祖先以家族為單位團結在一起抵抗外敵，然後家族又結合成部落。能否辨識親族是一個評估是或否的例子中代表生或死的大事，在那時一個跟你相似的人基本上就是好事。好，快轉到現代。如果某個人，或是某件事，跟我們自己、我們的身分有相同之處，我們通常對這個人或這件事就會有正向的感覺。但這種傾向是經過長久演化的。我們往往並不了解，至少是在一開始的時候不了解我們會有這種正向感覺的真正原因，而且我們當然不了解在牽涉到重大抉擇、目標、動機時，這種感覺對我們的影響有多強大。研究者發現也記錄了這種正向的效應，為它命名為**內隱自我中心**（implicit egotism）：我們對與我們相似的人物的喜好是沒有真正理由的，即便有，也是很表面的理由。

透過統計檢驗一些具有大量公眾紀錄的資料庫，例如二〇〇〇年的美國普查、一八八〇年的美國普查以及一九一一年的英國普查（現在都可以在線上查詢），以及類似 Ancestry.com 等資源，心理學家布瑞特・佩爾漢（Brett Pelham）、約翰・鍾斯（John Jones）、莫利斯・卡爾瓦羅（Maurice Carvallo）以及他們的同事發現了人類行為中一些相當驚人的模式。

首先，如果單從偶然的幾率來看的話（相比一個州的人口數，一個名字有多普遍），那麼住在肯塔基州而名字叫肯的人（Ken）、住在路易斯安那州名字叫路易斯的人（Louise）、住在佛羅里達州名字叫佛羅倫斯的人（Florence）、住在喬治亞州名字叫喬治的人（George），人數之多，不成比例（這些只是一點例子）。這並不是因為他們在這裡出生，所以取名的時候多少就照著州名來，他們是**搬過去**的。有那麼多的州可以選擇，他們偏偏就選了那個州。其他的研究也顯示叫加爾（Cal）或是德克斯（Tex）

的人可能會搬到跟他們的名字相對應的州的機率也是大得不成比例。而且大家還不僅是選擇跟他們的名字類似的州，他們連住的街道都會跟姓氏配合——比方說希爾（Hill）或是巴爾克（Park），華盛頓（Washington）或傑佛遜（Jefferson）。

姓名的字母相同（特別是縮寫）也會影響職業選擇：比起純屬巧合的情況，叫丹尼（Denny）的牙醫生、叫賴瑞（Larry）的律師都很多。同時，名字以「H」開頭的人開五金行（hardware stores）的機率滿高的，而名字以「F」開頭的人則比較可能開家具店（furniture stores）。從十一種不同的工作來看，他們的姓氏跟他們入的那一行往往符合：比方說巴爾伯（Baber）、貝克（Baker）、佛爾曼（Foreman）、卡本特（Carpenter）、法爾莫（Farmer）、梅森（Mason）、波特（Porter）。[4]這個效應在一九一一年的英國跟在現代的美國一樣真實。姓名—字母效應在十一種行業中都適用。比方說，與期望值共一百三十四人（把姓氏的次數以及職業的次數都算進去）相比較，有一百八十七位姓貝克的人實際上從事烘焙業。而姓潘特的人，實際上有六十六位相比三十九位的期望值。姓法爾莫當農夫的則是一四二三：一三三七。你可以說看這些數字也並不算什麼大效應，而且絕對有許多的潘特和法爾莫是做別行的。當然沒錯，但是值得注意的是姓名**居然**會是一個顯著的影響力。而且這個效應在統計上是可靠的，就算是把某些懷疑論者所說的重要替代解釋，像是性別、種族、教育程度等等都排除在外，這個效應仍然站得住腳。

好，再來說生日。同樣令人驚奇的是，一個人的生日在他選擇配偶時居然會有重大的影響。嫁娶跟他們的生日數字一樣的人多得不成比例。就拿俄亥俄州的桑密特郡為例好了，從一八四〇年到一九八〇年，這裡有五十萬對夫妻。只看出生的日子，不要管月分，同日生的人結婚比一般機率多了六．五%。再只看出生的月分，不要管是哪天，夫妻在同一個月出生比一般機率多了三．四%。後來研究人員參考了明尼蘇達州從一九五八年到二〇〇一年的婚姻紀錄，又發現了這個效應。在明尼蘇達州，有六．二%的夫妻出生日相同，四．四%的在同一個月分出生。

我自己也逃不過這種效應。我已經說過不知多少遍了，我是齊柏林飛船的歌迷，從我在一九六九年十四歲那年的秋天在芝加哥電臺WLS聽見了〈薄倖人〉之後，我就是他們死心塌地的鐵粉。從那時開始，我對他們的音樂總覺得親切，尤其是對首席吉他手吉米．佩吉（Jimmy Page）。為什麼？我們有什麼共同點嗎？不多。我不會彈吉他，他卻是音樂神童，後來又是吉他天才，長相就別談了吧，而且他是英國人。那答案呢？我們倆的生日一樣。這當然沒什麼好得意的，可我對這一點真的是自豪到家了。至少不是只有我會有這種親切感！

大約十年前，在我家附近的一所中學發生了一個令人振奮的真實案例，展示了無意識中的聯繫可以推進自我成長。在學年開始時，耶魯研究人員給了數學成績岌岌可危的學生一篇虛構的《紐約時報》文章，上面說有個別校的學生贏得了一個重要的數學大

4. 這些姓氏的原意分別是理髮師、烘焙師、工頭、木匠、農夫、石匠、腳伕。

獎。文章的上方有一塊小小的「自傳欄」。半數學生的自傳欄中寫的得獎人的生日跟他的相同，雖然文章中完全沒提。另外半數的學生，自傳欄中的得獎人生日跟他們不同。施測人員就只做了這些，只是略施小計，就在學生與得獎人之間創造出了一個連結。

隔年的五月，研究人員在學期末檢查了所有學生的數學成績。嘿，跟得獎人同生日的學生比那些生日不同的學生的數學成績要高得多。那些同生日的人覺得跟得獎人比較相似，這個感覺牽連至他們對於自己的數學能力的信念，對他們在其餘的學年中的努力程度起了正面的作用。

幾年前，我女兒上了三年級，她班上的孩子在玩「秘密聖誕老人」。他們寫下了三樣最想要的東西，當作挑選禮物的指南，然後每個孩子從箱子裡抽出別的同學寫的單子。我女兒抽中的那個男生，他最愛的是皇家馬德里足球，第二愛的是數學。全班只有他把數學放進了他最喜歡的東西裡。這一個特別的學生甚至在他的單子上要求他的禮物要和數學有關。

他叫什麼名字？還用問，當然是**馬修**[5]啊。

臭臉貓與能幹的政客

還記得電影《小鬼當家》嗎？隔壁那個生了一臉兇相的老頭子馬利到最後竟然是個親切友善的人？

長相是會騙人的。我女兒的小學裡有位圖書館員，一臉的執拗相，我女兒跟其他一年級的孩子都怕她。後來有一天，這位圖書館員走向我女兒，說她喜歡她的靴子。突然間，我女兒對她的看法全然改觀。所以重要的是一個人的**行為**，而不是他們的臉孔。我們在理性上都知道這一點，可是要甩掉我們根據一個人的臉孔得到的印象實在是很難，尤其是我們的第一印象。其實不是因為我們一看別人的臉就知道他是什麼樣的人，而是因為我們百分之百認為我們對他們的想法是**正確**的。

有一位社群媒體明星，她的體重大約十五磅，從來不說話，也不寫東西，可是她的照片照樣天天上傳。而且她有四條腿。「臭臉貓」很好玩是因為她實在是一天到晚擺一張臭臉，也因為我們知道她只是一隻貓，不了解她在我們心目中的樣子，而且極有可能根本就沒在擺臭臉。她天生就是那副尊容。我搬出「臭臉貓」來並不是說起題外話了。我們由一個人的臉孔來判斷他的個性，彷彿是把他的臉當作透視他情緒狀態的一面窗。我們碰見的人可能天生就是一副生氣的臉，可不見得他就一天到晚在生氣。（貓也是這樣。）最近我在社群媒體上讀到一個朋友的謾罵，對象是他從沒見過也一無所知的一個女人，而他根據的只是這個女人的相片，說她一定是個賤貨。另一個明智的朋友說：「就因為她生了一張賤貨的臉，並不代表她就不是一個友善的人。」

你沒忘記吧，達爾文指出了在漫長的演化歲月中，我們主要是靠臉部的表情向他人

5. 馬修（Matthew）與數學（math）第一音節的發音相同。

溝通我們的情緒。那是我們人類和彼此溝通的首要方式之一——可能**就是**第一種方式。演化心理學家約翰・涂比（John Tooby）與麗妲・柯斯邁茲（Leda Cosmides）喚起我們對一件有趣事實的注意：臉部的肌肉是我們全身上下唯一皮骨相連的。為什麼會這樣？因為我們的骨骼是我們用來移動身體部位的東西，而這種直接的皮骨相連是絕對必要的，如此一來我們才能移動我們臉部的皮膚。為什麼只有我們的臉，而不是身體的其他部分？因為別人看我們看得最多的就是這張臉，為了要看我們正在看哪裡，為了要看我們的嘴巴來理解我們在說什麼等等。總歸一句話，我們經歷過演化的特別設計，讓我們的情緒展現在我們的臉上，**好讓別人看見**。

我們是否天生就有能力從別人的表情讀取他們的情緒狀態？我們是否天生就會毫不懷疑地相信別人的表情告訴我們的事？據達爾文的說法，我們會變得如此相信那些面部表情，是因為我們學習到那些是很難假裝的情緒。確實，臉部肌肉是很難自主動作的。我們的祖先必須相信別張臉孔告訴他們的情緒，因為他們的存活與否經常要看他們是否能夠迅速判讀遇見的人的表情。又一次，我們想到了可憐的奧茨，幾千年前被殺死在高山的隘口上。涂比和柯斯邁茲主張：「鑑於遠古世界就是一個自相殘殺的世界，知道某人是否可接近、是否態度友善，就真的是一個攸關生死的判斷。」你可能也猜到了，我們四周的人的面部表情到今天仍然是我們的環境給我們最重要的信號之一，讓我們知道該走或該留。現代的研究證實了當我們遇見一個人時，會在幾分之幾秒內判斷這個人是敵是友（是走是留）。甚至，這些印象太過強烈——我們極其信任這種一閃即逝的評估——還能夠影響重要的事情，比如選舉結果。

亞歷山大．托德洛夫（Alexander Todorov）是普林斯頓大學的心理學家暨神經科學家，專攻人對臉孔的即時反應。在他早期的實驗中，他請受試者透過看別人的臉來判斷他的人格特質。他們看了一連串的臉孔，是七十位業餘演員貢獻的相片，有男有女，年齡從二十到三十不等，而且在另外的實驗中評估了每個人的吸引力、討喜程度、能力、可信程度或攻擊程度。這些研究證實了達爾文與艾克曼的看法：所有的評估者在這五個人格特質判斷以及對於所有臉孔的評分都具有高度的一致性。每個人從每張臉上「讀」到的訊息都差不多。而且，這些人格特質評估是以閃電般的速度在受試者的腦子裡產生的。臉孔出現在螢幕上的時間長短並不影響對於人格特質的判斷——比如，看過一張臉十分之一秒或整整一秒，或是不限時間長短，評估者仍能讀到相同程度的能力或可信程度。而**可信程度**則是所有評估者間具有最高一致性的一個特質，即使臉孔只是一閃而逝。

托德洛夫團隊繼續研究候選人的臉孔是否會影響選民對他的能力判斷。他們早先的研究指出民眾認為候選人最重要的條件就是有能力。他和團隊從網路上擷取了真正的州長及國會候選人的相片，拿給別的選區的人看，所以受試者並不知道這些候選人是誰，也不知道他們的政見或是所屬政黨——而且看照片的時間都很短，大約只有十分之一秒。

驚人的是——仔細想想的話，也有點讓人不安——這些只看臉孔就快速判斷某個人是否有能力的實驗結果正確預測了一九九五年到二〇〇二年的州長選舉結果。參與實驗的普林斯頓大學生看了八十九場州長選舉中得票最高與次高的候選人的臉孔，要他們斷定誰比較有能力，「根據他們的直覺反應」。而這些臉孔無論是只出現一百毫秒，或是好幾秒，他們的預測都同樣準確。有趣的是，請另一組受試者仔細思索後再作出判斷（而不是靠直覺反應），反倒**減低**了（這一次是緩慢慎重的）用臉孔評量來預測選舉結果的能力。這倒讓我想起了我跟雪莉・切肯幾年前做的自動態度研究，我們發現在把有意識的、慎重的一面盡可能去除之後，無意識評估效果會更強。這也表示實際的選民比較常靠直覺來衡量候選人的臉孔，而不是較仔細地判斷他的個性。

在他們的第二個實驗中，研究人員去除了在能力判斷上的其他重要影響，諸如文化刻板印象，以便測量出臉孔的純粹作用。他們只看了五十五場州長選舉，候選人的性別與種族都與受試者本身相同。如此一來，正確預測選舉結果的百分比從五十七％提高到六十九％，而由臉孔判斷能力的方式也解釋了這些選舉中候選人十％的得票率。對選民來說最重要的是那張臉孔看起來是否能幹——在這個實驗中，只有這一項性格特徵預測出了選舉結果。這個效應在別的選舉中一次又一次成立，無論是在美國或是別的國家。

很顯然，我們這些選民太過相信只憑臉孔就作出的迅速卻粗糙的判斷。我們在選出可信的政治人物方面的紀錄相當難看。有太多當選的公職人員（包括我的家鄉伊利諾州那一大串的州長）可能都長了一張老實的臉，結果卻因貪汙而被起訴判刑。所以真正的問題是，為什麼我們在極短的時間內單憑一個人的臉孔就斷定他是好是壞，而我們卻那麼的有把握？我覺得「臭臉貓」有答案。我們並沒有演化出靠靜態的臉部相片來判讀一個人（或是一隻貓）的能力，攝影是相當新的發明。演化給我們迅速衡量一個人的能力，靠的是看著他們的行動，而不只是他的臉，即使時間非常短。靜態的相片，凍結在時間之中，愚弄了我們。我們看相片，比方說是報紙上的候選人的資料圖片，我們錯把短暫的情緒狀態的信號（這是我們的內建雷達要捕捉的）當成了長期的、累積的人格特質。結果就犯了大錯。

在電視上看見候選人或政治人物也沒有多少幫助，如果我們主要是在細心經營的情況中看到他們（比如他們的競選廣告、演講，或是「攝影機會」）。托德洛夫的研究不斷地證實了光是候選人的臉孔就左右了許多選民。這個意思是即使是在電視上看見候選人的次數像我們一樣的頻繁，也不會對我們已經從他們的臉孔得到的結論產生多少影響。

雖然臉部特徵看起來有無能力可能是決定我們會投票給誰的重要依據，其他的臉部特徵在其他重要的真實生活結果上也有驚人的影響力。以司法審判為例。布蘭迪斯大學的李絲麗．澤布羅維茨（Leslie Zebrowitz）把研究生涯大多都投注在檢視社會對待我們的方式有多少是由我們的臉孔決定的。她和同事證實了被告的臉會在實際的法庭上影響定罪率與刑期。他們在開庭時進入法庭，發現了在其他的因素都相同的條件下，「娃娃臉」的成人比較可能獲判無罪，刑期也較短。典型的種族面孔也會讓被告得到不同的待遇。驚人卻不意外的是，犯同樣的罪，黑人被告如果膚色較深，他的刑期就比膚色較淺的黑人被告平均多出三年。塔夫茨大學的山姆．桑馬斯（Sam Sommers）也指出了類似的結果：在受審的黑人中，長相比較像非洲人的跟比較不像典型非洲臉孔的被告相比，刑期較重，若是殺害了白人，則較可能被判死刑。監獄說穿了就是社會的一種迴避方法。

明尼蘇達研究人員在一項一九七〇年代的經典社會心理學研究中指出，在一段讓彼此熟悉的電話交談中，受試者如果相信對方是個具吸引力的人，他們就會比較和善，展現出具吸引力的一面。他們會獲得這樣的想法是因為在實驗的一開始，他們會拿到另一人的相片，只不過並不是跟他們交談的人的相片。不過，相信對方是具吸引力的就會帶出受試者更和氣、更具吸引力的一面來。我們大家都有這個毛病，對待具吸引力的人比對待較不具吸引力的人會和氣得多。

即便是嬰兒也對具吸引力的人有偏見，可見得這種傾向是人性根深柢固的一面。還不到一天大的新生兒就比較喜歡看漂亮臉孔，如果可以選擇，他們看漂亮臉孔的時間會比較長。成人只需一眼就能看出這張臉是否迷人，神經科學研究透露了一個真相：視線一接觸漂亮的人的照片就能啟動腦部的獎賞中心。在一個研究中，光是看見漂亮的臉孔，不必評定他們的吸引力程度，受試者的大腦的內側前額葉皮質（medial orbitofrontal cortex，獎賞中心）就會活化。我們在無意識之中就愛看漂亮的臉孔，那對我們來說是愉快的，是一種獎勵。所以我們會雇用漂亮的人而不是較不漂亮卻資歷相等的人，給他們更多的薪水、看他們演的電影、想跟他們談戀愛。非常之想。我們真的想要他們留下來，不要走。

我們在持續展開的現在決定是留或走時，我們的心理與肌肉反應會在一個比意識思考更快速、較本能性的層面上運作。演化的力量經過了實地測試，並且讓這些無意識機制留下，因為它能讓我們存活。曾經存在的物種有九十九%都已滅絕，唯獨人類是例外，我們也可能會成為滅絕的物種，但是數百萬年來我們的求生本能讓我們接近支持我們、愛護我們的部族，同時迴避、打擊、仇恨其他的部落。達爾文說為了保護自己而團結起來對抗其他人類授予了我們極大的演化優勢，所以在極早之時就變成了一種天生的傾向。

於是就這麼遺傳了下來，歷經幾百萬年。我們攻擊殺害「他們」，而他們攻擊殺害「我們」，以現代的標準來看，機率很嚇人。區隔我們和他們、不信任「他們」、幫助我們群體中的別人，這些都變成了我們天生就會做的事情。今天，在臉孔以及生日相同、姓名字母相同這種微不足道的小事之下，原始碼依舊，「我們」對抗「他們」、朋友或是敵人、支持我們或是反對我們。我們的原始人類祖先受這些強而有力的行動原動力宰制，而這股原動力在現代生活的許多領域上仍然在驅使我們。北對南。德國對法國。白人對黑人。

甚至：洋基對紅襪。

為球衣歡呼

二〇一〇年十月二日晚，康乃狄克州布蘭堡市，蒙帝・福瑞雷（Monte Freire）在「巧達鍋三號」餐廳大螢幕上看洋基對紅襪的比賽。他是個有家室的人，在新罕布夏州拿梭市的公園與休閒局工作，這天到布蘭堡市來是為了跟朋友參加週末的軟式棒球錦標賽。白天剛打過球，晚上他和隊友到這家裝飾成船隻的古雅餐廳放鬆休息，這家餐廳號稱屋頂上有一隻巨大的紅色龍蝦。沒有理由認為會出岔子，對不對？

隨便一個棒球迷都知道，紐約洋基隊和波士頓紅襪之間的不共戴天之仇已經成了傳奇。十八、十九世紀兩支球隊的根據地就在文化與經濟領域上競逐主導地位，但是他們的棒球場從一九一九年起卻成了象徵的戰場：那年紅襪把偉大的貝比．魯斯（Babe Ruth）賣給了洋基隊，於是波士頓連續八十六年逃離魔咒，連一次世界大賽冠軍都沒拿到。（迷信的球迷說這叫貝比魯斯魔咒。）多年來，洋基顯然占盡了優勢，不過兩隊有幾次極精采的交鋒，而波士頓球迷自始至終都死心塌地支持著落水狗紅襪隊。二〇〇四年，「魔咒」終於打破了。紅襪隊先是在聯盟戰中征服了死敵洋基，而且還贏得了那年的世界大賽冠軍。（之後又贏了兩屆。）而在「巧達鍋」的那晚，兩隊長年的敵對仍然像怒火燒得很旺。

福瑞雷跟朋友在大螢幕上看到的比賽對洋基來說是關鍵性的一場。贏了，就能奪下分區冠軍。而紅襪隊當然不想成人之美。餐廳裡擠滿了球迷。比賽進行到某個階段，福瑞雷跟朋友和某個當地人聊了開來，他叫約翰．梅爾（John Mayor），是洋基球迷。比賽繼續打，梅爾越來越激動，還想藉故生事，大聲地讓來自外地的客人知道他們是在「洋基的地盤」上。福瑞雷和朋友請附近的酒保來處理，卻沒有人插手。緊張情勢升高，大家還沒回過神來，就見梅爾拔出了刀，撲向福瑞雷，刺了他的頸子兩刀，衝出了餐廳。

福瑞雷倒在地上，血流不止，他的朋友都跑出去追梅爾了，他們捉住了他，對他拳打腳踢，直到警察趕來。福瑞雷被送到醫院，那晚臨床死亡了兩次，幸好醫生兩次都把他搶救回來，他總算是逃過了鬼門關。梅爾也進了醫院治療拳腳造成的傷勢，之後他被捕，以殺人未遂罪名起訴。

我家距離「巧達鍋」大概十六公里，每天走國道一號都會經過。我女兒很小的時候很害怕餐廳屋頂上的龐大龍蝦，每次接近都會用雙手捂住臉。所以我也跟很多本地人一樣，會留意後續的消息。兩天之後，《布蘭堡之鷹》報導道：「警方過了個迷糊的週日，完全不懂為什麼小小的棒球恩怨會鬧出這麼大的禍。」哈，運動迷可知道恩怨是很激烈的，而且有時候可以變得很暴力，而身為心理學家，我更知道運動只是古代部落衝突的現代版。在運動的世界裡，洋基對抗紅襪就是「我們」對抗「他們」。

不過從報紙引述當地警方的說法可知，對於運動局外人來說這一切卻是相當奇怪的。畢竟這些是成年男子在玩小孩子的遊戲，根本就不值得動刀子殺人。在最近的一場脫口秀裡，傑里．賽恩菲爾德（Jerry Seinfeld）就扮演了這麼一個局外人，表演得唯妙唯肖。他跟朋友去看棒球賽。他犯了個錯，為某一名上一次他們看球賽時人人為之加油的球員喝采。「你在**搞什麼**？」他的朋友說，還惡狠狠瞪著他。「他是費城人隊的！」傑里一臉迷惘。「可是你們去年很愛他啊。」他的朋友幾乎是義憤填膺地說：「那時候他還在大都會隊！」傑里終於搞清楚狀況了，說：「啊，我懂了。我們是在為**球衣**歡呼。」

在一九七〇年代之前，自由運動經紀人還沒有出現，球員並沒有那麼常換球隊，棒球迷的整個童年差不多就是為同樣的球員歡呼。今天卻大相逕庭，某個敵對陣營的「討厭」球員甚至可以在一瞬間得到球迷的原諒，反過來幫他加油打氣。賽恩菲爾德沒說錯。說穿了，現在的我們確實是在為球衣歡呼。

有兩項心理實驗，一個舊一個新，證實了「我們」對抗「他們」的感覺可以有多短暫、多容易形塑，也可以用來解釋「巧達鍋」那晚毫沒來由的暴力事件。不過這兩項實驗也指出了我們是有希望控制對他群的仇恨與敵對的。如果「他們」被一個新的「我們」容納了，那大家都可以開開心心地打成一片。如果之前的「他們」變成了「我們」這隊的，就跟交易棒球員一樣，討厭突然間就能變成喜歡。

這個經典的實驗是在七十年前進行的，地點在東奧克拉荷馬州的羅伯斯洞國家公園，從二號國道下來就到了。羅伯斯洞位在歐薩克山脈的山腳，是一片遠離人煙的蒼翠荒野，有湖泊、登山步道、騎馬小徑、露營區和小木屋。就是在這麼一片安寧的靜土，在一九四九年夏天，穆沙佛和凱洛琳・謝里夫（Muzafer and Carolyn Sherif）進行了心理學史上數一數二的知名實驗。

謝里夫夫婦邀請了一群十二歲的男孩——彼此都不認識——來到公園的童軍營區，準備過幾天類似露營的生活。男孩子都是白人，來自中等階級下層的新教徒家庭。他們並不知道自己是受試者。謝里夫夫婦想知道的是群體間的衝突以及合作，他們把男孩分成了兩組，滿像是棒球裡各自支持自己那隊的球迷。他們在孩子抵達之初就做好了分組，把他們分隔開來，所以兩組男生都不知道有另一組存在。幾天來，每一組都健行游泳，在他們自己的營區裡活動，多少變成了一個團隊。他們發現了誰是天生的領袖，建立了某種階級制度，凝聚成一個統一的集體。而且照男生的習慣，每一組都為自己取了個很酷的名字——一個叫老鷹，一個叫響尾蛇。

接著高潮來了。謝里夫夫婦讓兩隊見面。但還不止如此，男生們很快發現這裡不但有另一個「部落」，而且他們還得跟這個新的對手（他群）競爭，比方說拔河比賽，當然還有棒球！

男孩子在營地的生活驟然改變。他們無論是集體的或個人的行為現在都得通過一個極端簡化的心理濾網：我們對抗他們。響尾蛇隊激發了**對抗**老鷹隊的團隊精神，內部更加團結，槍口一致對外。他們把隊旗插在遊戲區的土地上，不客氣地警告老鷹隊不准碰。想當然爾，老鷹隊想出了法子把響尾蛇的隊旗燒掉了，又搗毀了他們的木屋。不消多久，緊張情勢高漲，最後得勞動「輔導員」出馬，才沒讓孩子們造成人身傷害。

謝里夫夫婦在羅伯斯洞的「蒼蠅王」[6]式實驗令人不安。這些孩子對彼此的好惡輕而易舉就能被操弄，只需要把他們分成兩隊，而好惡的態度那麼快就能轉變成敵對的行為，實在是讓人心驚。這讓我們更容易了解蒙帝．福瑞雷險些送命的可怕事件為什麼會發生。

在這些十二歲男孩奇異、分裂的夏天結束之際，研究人員想要結束兩隊之間的敵

6.《蒼蠅王》是一九八三年諾貝爾文學獎得主威廉．高汀的小說，講述一群六至十二歲的英國男童流落荒島，在求生的過程中逐漸顯露出人性之惡。

意。他們給所有的孩子某些重要的共同目標，只有全部的人同心協力才能夠達成。比方說，從國家公園遙遠的另一區回來，載運孩子的交通工具陷進了爛泥巴裡，所有的孩子都必須拉繩子，才能把卡車拉出來，回到營地——他們做到了，歡天喜地，自豪得不得了。再完成幾次共同目標之後，他們現在兩隊併一隊，嘻嘻哈哈，彼此玩得很開心，先前的懷恨敵對消失了，變成了好朋友。他們的「我們」認同被共同的目標改變了——現在他們不再是響尾蛇和老鷹了，他們是在同一個暑期營的全部男生。

而在同一個主題上的現代實驗中，心理學家傑伊・馮・巴佛（Jay Van Bavel）以及威爾・康寧漢（Wil Cunningham）證實了無意識的種族觀點是可以消除的，只要他群的成員變成了主流族群的一員。他們給白人受試者看黑人臉孔，告訴他們這些人會是你下一個任務的隊友，受試者一開始對同一張黑人臉孔的負面內隱態度（以ＩＡＴ測量）就會立刻變成正面的。他們根本都還沒開始做什麼呢。就跟羅伯斯洞實驗中的男生一樣，我們對社群的無意識去—留反應並不是與生俱來的，也不是牢不可破的。馮・巴佛實驗的受試者在第二次的ＩＡＴ測試中就不會為膚色歡呼，而是為球衣歡呼。

第六章 何時能信任直覺？

一九八二年紐約市，還有四天就是聖誕節，週一早晨九點四十分，一個叫雷吉納．安德魯斯（Reginald Andrews）的二十九歲男子，站在格林維治村地鐵的月臺上，等候開往上城的火車。他已經失業一年多了，剛從附近一家肉品包裝工廠面試出來。他對應徵的結果並沒有多樂觀，據他的計算，一年多來他應徵過差不多一千份工作，沒有一家錄用他，而前景只會更悲慘。他的老婆、他的八個孩子，日子不曉得該怎麼過。電信公司最近停掉了他們家的電話，他們現在完全是靠社區裡的善心人士幫忙，勉強度日。

火車來了，安德魯斯跟著其他乘客向門口移動，忽然注意到一件事：一位使用白手杖的眼盲老人也要上車，卻誤把兩截車廂的間隙當成了門口——而且他掉落在軌道上了。

火車即將開動，壓根沒有時間分析狀況，他只有幾秒鐘的時間能夠行動。安德魯斯慌慌張張地大喊，讓其他乘客注意到這個緊急狀況，一邊縱身跳下月臺。

火車的輪子吱吱嘎嘎動了起來，安德魯斯及時把七十五歲的大衛．施奈爾（David Schnair）拖進了月臺簷下一處可以趴著的空間。安德魯斯事前知道有這個空間嗎？他跳下去時有什麼計畫？無所謂。他們才剛逃出鬼門關，火車就停下了。有名女性乘客設法讓車掌停下了火車。地鐵員工切斷了電路，沒多久這兩個男人就被抬到了安全的地方。施奈爾雖然受了傷，卻逃過了一劫，而安德魯斯也沒有為冒死救人的英雄行為賠上一條性命。而且老天有眼，這位窮愁潦倒的一家之主也因為他的義行獲得了酬報——豐厚的酬報。

雷吉納．安德魯斯英勇地搶救人命的那天，我距離地鐵站只有幾條街，我在紐約大學公寓裡埋頭撰寫一本書的某一章，這本書在兩週後就得交稿。當天的本地晚間新聞爭相報導這樁地鐵救援事蹟，後來全國新聞也接續報導。全面報導吸引了隆納．雷根（Ronald Reagan）總統的注意，隔天他在午餐回答媒體提問時提到了安德魯斯，並且打電話給他。起初安德魯斯以為是惡作劇，可是說著說著他聽出了說話人的聲音，這才明白不是惡作劇。電話的另一頭真的是美國總統。雷根向安德魯斯的英雄行為致敬，祝他聖誕快樂。後來，總統打電話給安德魯斯去應徵的那家肉品包裝工廠。雷根跟主管說，建議他雇用安德魯斯。主管當然唯命是從。

安德魯斯的直覺決定不僅拯救了一個無辜的人，也拯救了他們家的經濟。我記得一個月後看著雷根向國會發表國情諮文，還能清晰地回想起總統向觀眾說明安德魯斯的事蹟，指著國會大廈旁聽席上應邀而來的安德魯斯，讓他接受參議員、眾議員、最高法院法官的起立鼓掌。

好，快轉十八年，到二〇一〇年五月十一日。時間是週四下午，蘿絲．瑪麗．孟柯斯（Rose Mary Mankos）站在另一處的曼哈頓地鐵月臺上，在上東區等候另一輛火車。她是四十八歲的律師，來自斯代夫森鎮，曼哈頓以南幾公里處。她的周圍都是放學的學生。她拎著黑色LeSportsac背包，卻不小心掉在鐵軌上。她該怎麼辦？她跳下去撿背包。

在許多人眼裡，從鐵軌再爬回到月臺上似乎是件稀鬆平常的小事。但是運輸單位卻更清楚（而且一直在警告乘客），其實不然。爬上來是件很困難的事。而這時孟柯斯就發現自己騎虎難下——她不知道該怎麼爬回月臺——而她和等在月臺上的人都聽見了火車即將進站的隆隆聲。

旁觀者大聲叫嚷，要她躺在鐵軌之間。他們說火車不會輾過她，可是她太害怕了不敢。進站的火車車掌看見火車筆直衝向一個人，趕緊猛拽緊急煞車，同時用力按汽笛，刺耳的聲音充滿了整個車站。沒有用。火車慢了下來，孟柯斯拚命貼著月臺，卻躲不開火車。她當場斃命。

兩個人跳到鐵軌上，兩次的生死關頭，兩個迥然不同的結果——全都因為一瞬間的直覺決定。對安德魯斯而言，他的直覺決定讓他成了英雄，也讓生活得以改善；而對孟柯斯而言，卻讓她的生命提早結束。我們可以用後見之明來說安德魯斯做了正確的決定，而孟柯斯則否——事後再來說何時信任直覺是對的，何時是錯的總是很容易。可是我們需要的是在做之前知道怎麼做才是對的，而不是在事後。在這個問題上，近年市面上所有的書籍——那些暢銷書——提出的建言卻是自相矛盾的：我們能信任直覺（麥爾坎．葛拉威爾的《決斷2秒間》），或是不能（丹尼爾．康納曼的《快思慢想》（*Thinking, Fast and Slow*））？答案介於兩者之間。有時候你可以也應該信任直覺，有時候你不可以也不應該信任直覺。我會提出八條簡單的守則，根據的是多年來的研究證據。

一般來說，我們很容易信任自己的直覺。凱利．摩維吉（Carey Morewedge）以及邁可．諾頓（Michael Norton）團隊在一項決策研究中發現，受試者說他們的直覺——比方說忽然靈機一動，在閱讀時心思飄向別處，點子自動冒出來——比他們一般的意識思想，像是對某件事深思熟慮、設法解決問題，或是擬定計畫，更能透露出他們真正的感覺、他們真正的自我。受試者為各種心理經驗自動發生的機率評等，再分別評定每一種經驗透露多少他們真正的信念以及感覺。這兩種評等是高度相關的——自動自發的心理經驗越多、有計畫的越少，比方說是作夢或是佛洛伊德式的說溜嘴，這個人就會越相信是他們窺見了自己的真面目。

我們為什麼會相信直覺，甚至多過仔細的思考？基本上，我們相信直覺就跟我們相信我們的五種感官一樣。資訊很輕易就進入我們的心裡，不需要我們費力理解或是花任何力氣。感覺很「真」，而且「就在那裡」，就如同我們看著院子中的一棵大樹，當下就知道那是一棵樹，連想都不必想。我從窗戶眺望湖面，能看到對面有一處低矮的山脊，旭日漸漸點亮了淡藍的天空，我可以想像到「棉花糖鬼」[7]就在那道山脊上咚咚咚地走著。但我只能靠自己的想像力創造出一個薄弱的畫面來，而且我知道是我在費力地想像，所以我知道不是真的。如果「棉花糖鬼」真的在山脊上，這個視覺經驗就會更強烈更清晰，一點都不需要我自己費力去創造。我得多費力才能看見畫面（利用我的想像力）是一個非常有力的線索，告訴我我「看見」的那東西是真的或假的。我們信任直覺的理由也類似這樣：某個特定想法越是輕而易舉就湧上心頭，無須我們費力去創造，我們就越相信它是真確的，進而越不懷疑它的真實性。我們天生就信任我們的感官，從不加以質疑；如果情況相反，我們不信任而且還會質疑我們的感官，那就變成精神病患，可就大事不妙了。

信任直覺的守則：一至四

萬一我們在外在世界碰上的資訊進入我們的感官時沒那麼清晰容易呢？就像天漸漸黑了，我們不確定向我們走來的人是不是朋友，或者是不是我們的狗躲在那邊的灌木叢裡，所以我們得看得更仔細，想一想那是誰或是什麼東西？那時我們就沒有那麼自信自以為是看見了什麼——而這時就是直覺反應該上場了。我們不得不遲疑正確的下一步是什麼，並且希望把賭注押在自己身上不會血本無歸。

所以，雖說我們容易相信自己的直覺，我們也知道直覺可以是錯的，是會誤導人的。我在執筆寫這一章時，在一個社群媒體與討論中心Reddit新增了一條討論串。我問使用者直覺反應出錯的次數，我發覺他們的反應主要分成兩大類：在不需要害怕時害怕、在不該過度自信時過度自信。第一類人裡，有個女人描述在第一次跟她目前的情人見面時，她深信他是個「花心大蘿蔔」。她不讓他親近，後來她終於穿透了提高警覺的

7. 棉花糖鬼是電影《魔鬼剋星》（一九八四年）中大鬧紐約市的一隻龐大的鬼怪。

直覺，看出「他是最甜蜜、最忠實的男人」。其他人說他們以為某人有危險（因為有怪聲音或是黑漆漆的街道），就衝上前去解救他，卻發現是他們自己想太多。而第二類過度自信的人，有個男的說他老覺得他喜歡的女孩子會回心轉意，注意到他，卻從來沒有發生過。另一個Reddit使用者說他老以為考試考得很好，結果每次都考得很糟。所有回應我的人都不是遇上什麼嚴重的問題，可是他們卻凸顯了一個現象：「兩秒鐘思考」會迷惑我們，這並不是不常見的情況。

兩個跳下鐵軌的人，安德魯斯和孟柯斯，都必須在極大的時間壓力下行動。他們必須反應快，否則那位盲人就會被撞死，或是背包被壓爛。兩人都冒了極大的生命危險。我們仗著後見之明，又因為結果不同，所以我們知道安德魯斯做了正確的抉選，而孟柯斯則選擇錯誤。可是情況也可以很容易就反過來。安德魯斯若是來不及帶著盲人躲到月臺簷下，他們兩人都會被撞死；而孟柯斯則有可能被其他乘客拉上月臺，或是火車及時停住了。無論如何，安德魯斯願意為了拯救別人的性命而拿自己的生命冒險，他仍會是英雄，而孟柯斯卻是個可憐的笨蛋，因為她的背包不值得她冒生命危險。即便是她在千鈞一髮之際逃脫了，她仍然做了錯誤的選擇。兩人結局的不同，生命對比死亡，正好吻合了兩人預備要取得的結果不同。一個是無辜者的生命，而另一個是一個背包。一個值得你冒生命危險，另一個則否，可是安德魯斯和孟柯斯都信任他們的直覺。這該如何解釋？

就以可憐的蘿絲．瑪麗．孟柯斯為例，如果我們太倉促地接受直覺提供的答案，而答案其實只需要花一分鐘的反思就會證明是錯的話，這個直覺答案會把我們帶入歧途。

決策研究的學者賢恩・福瑞德利克（Shane Frederick）設計了簡單的三項問答，用來測量一個人有多輕易就不假思索作出直覺的決策。譬如：**五臺製作機件的機器可以在五分鐘內做出五個機件來，一百臺機器做出一百個機件需要幾分鐘？**許多人都立刻回答一百，因為順著剛才的模式自然而然得出這個結論來。第一個例子是五、五、五，那第二個一定就是一百、一百、一百。可是正確答案是五分鐘，這是每一臺機器做出一個機件的時間。無論你有多少機器，每一臺都需要五分鐘做出一個機件，所以一百臺機器做一百個機件需要的時間是五分鐘。這讓我想起了那個朋友要你盡快接龍的整人老把戲：「雞生的蛋是……？」雞蛋。（你說）。「鵝生的蛋叫……？」鵝蛋。「鴨生的蛋叫……？」鴨蛋。「鹹水鴨生的蛋叫……？」鹹鴨蛋。哈，**上當了吧**。

不懷疑我們的直覺有時候會讓我們被蛋砸個滿頭滿臉。

好，我們立刻就有了兩條基本守則，讓你知道何時該信任直覺。**守則一，有時間的話，在你的直覺衝動之上至少加上一點點意識思考。**（就像雷吉納・安德魯斯的例子，有時候我們沒有時間，可是孟柯斯就有時間。）意識與無意識的思考各有各的優缺點，我們等一下就會看到，可以的話兩者並用，這是最保險的方法。可以的話，檢查一下！**守則二，沒有時間思考時，別單憑直覺就為了小事冒大風險。**那位盲人的生命值得安德魯斯冒險，上帝愛他，可是背包卻不值得。你得權衡輕重。（為了小報酬就冒大風險讓我想起了我住家附近馬路上的追尾車——以時速八十公里或更快的速度緊咬著我的後擋泥板。風險很大，收穫卻小——我就是不懂。）

研究決策的學者一般都不喜歡直覺，他們往往把有意識的反省裝扮成白馬騎士，疾馳而來拯救我們易於犯錯的直覺。可是騎士也是會犯錯的。是的，我們是會思慮不周，可是我們也是會想**太多**的，結果反而變成我們有意識的深思熟慮帶我們走錯了路。提摩西・威爾生（Timothy Wilson）和強納森・斯古勒（Jonathan Schooler）就靠研究草莓果醬、大學課程、貓海報發現了這一點。（他們一次研究一項，而不是三項一起來，否則的話，可能會弄得到處都黏乎乎的。）

在他們的第一個實驗中，他們要受試者評鑑不同品牌的果醬，再把他們的評等拿來和專家的比較。有些受試者只需要憑味蕾決定，有些則請他們仔細分析，最後的結果是仔細分析的那一組他們的偏好跟專家的差得更多。在他們的第二個實驗中，他們訪談了大學生，詢問某一課的品質。這次也一樣，請一組學生花時間想一想，而另一組只需要依照一開始的感覺作答。結果又是花時間思索的那一組和專家的評估差得更遠。而在第三個實驗中，受試者必須挑選一張海報當作參加實驗的紀念品。他們有兩種海報可以選擇：一張是梵谷的鳶尾花或莫內的蓮花，另一張是好笑的卡通貓。他們不是立刻選擇就是被要求先思考一下他們選擇的理由。在「直覺」反應組，只有五％拿了好笑的卡通貓，可是在「先想一想」的這一組，三十六％的人選了好笑的卡通貓。三個星期後再聯絡受試者，問他們喜不喜歡牆上的海報。那些比較依賴直覺的人比那些先想一想的人較滿意他們挑選的禮物。即時的當下判斷比起審慎的思考更能預測將來的滿意程度。

這個「草莓果醬」研究在一九九〇年代初出版，我跟雪莉・切肯正在研究我在第五章提到的自動態度。我們發現威爾生和斯古勒的研究成果跟我們自己的結論非常一致。我們的實驗所牽涉到的有意識和意圖歷程越多，就越是難偵測出無意識的態度效果，而且偵測出的這些效果也越弱。就彷彿是意識評估過程在**干涉**更自然的無意識評估。而草莓果醬實驗也一樣——受試者越是去思考他們對於果醬的感覺，他們說出的意見就越無法反應出他們真正的潛在態度。

意識決策和無意識決策各自的優缺點在荷蘭研究者阿珀・戴克史得赫伊斯（Ap Dijksterhuis）和蘿倫・莫格連（Loran Nordgren）測試他們的無意識思考理論（Unconscious Thought Theory，ＵＴＴ）時，有了開創性的結果。他們率先把無意識心理歷程研究擴展到判斷與決策的領域，是心理科學承認無意識這個角色的最後要塞之一。心理科學長久以來就假設判斷與決策幾乎是百分之百的意識活動。當然，半個世紀來有數量極多的研究，最有名的是丹尼爾・康納曼以及阿莫斯・特佛斯基的。他們的研究告訴我們人在作意識決策時會採取非理性或捷徑的形式，可是在他們的研究中實際上作判斷或決策的始終都是經由有意識的、蓄意的過程。戴克史得赫伊斯和莫格連的ＵＴＴ研究卻指出，當意識心智分了神去做完全不同的事情的時候，判斷本身是可以由無意識而生的。非但如此，他們還挑釁地作出結論說，無意識決策歷程的結果往往**優於**意識作出的判斷。

他們是如何測試出來的？首先，他們給了受試者進行判斷所需要的資料，像是買哪種車較好，該租哪間公寓，從四個選項中挑出一個來。他們根據相關向度變換選項（省油程度、價格、可靠性、奢華）。所以某一型的車可能最省油，可是價格偏高，進廠保養的需要較一般；另一輛車可能較耗油，幾乎不需要保養等。這四個選項是刻意組合的，所以在選擇該買哪輛車時，如果把四個條件都考慮進去，實際上是有客觀的正確答案的。選擇公寓也是一樣：一間可能房租最低，可是地點卻不佳；另一間可能空間大，景觀卻差等等。

受試者看過所有的汽車或公寓資料後，有的人得到的指示是思索一下哪輛車或哪間公寓最好，同一段時間內，另一批人則防止他們有機會思考汽車或公寓（有意識的），反而讓他們做一個困難的心理作業，占據了他們的注意力（比方說盡快從六四三倒數回來，而且每次都要減七）。在完成這份作業之後，受試者再說出決定要哪間公寓或哪輛車。想不到吧，無意識思考組的受試者比意識思考組有更多人作出了最佳選擇。研究人員又在許多類似的實驗中複製了這個效應。這個研究成果剛問世時，相當令人意外，但是它吻合了佛洛伊德在一百多年前寫在《夢的解析》中的話：「最複雜的思想成就可能並沒有意識的協助。」

無意識判斷組的受試者是如何作出最佳選擇的？這一次也是神經科學家幫忙說明了無意識決策者在那段忙著別的事情的時間是發生了什麼。卡內基美隆大學的大衛．奎斯威爾（David Creswell）團隊在實驗期間掃描了受試者的大腦，掃描他們讀到車輛與公寓的資料時，然後是「無意識思考」（直覺）階段時的反應。他們發現受試者在有意識地學習汽車或公寓的各種條件時所活化的大腦區塊，在他們正忙著別的作業（和進行無意識思考）時仍然處在活化的狀態。更重要的是，在稍後的無意識思考期間，大腦的同一個區塊越是活化，受試者作的決定就越好。換言之，大腦的同一個區塊在一開始時用來取得重要資訊，接著又被運用到無意識「直覺」歷程來解決問題，而意識心智則忙著別的事。

戴克史得赫伊斯和莫格連團隊繼續研究什麼情境之下，無意識決策比意識決策來得好，或是一樣好，以及意識決策在何時較優越。他們的結果跟我們的那個何時能信任直覺的問題極有關。如果判斷是複雜的，必須整合許多不同的面向，就像決定哪輛車或哪間公寓，無意識決策往往較好。我們的意識工作記憶是有限的，而且無法在任何時間內承載許多資訊；我們可以從容地一次處理三件事，但超過三件就勉強了。因為我們的意識心智只能專注在一些層面上，像是草莓果醬或海報研究，其他相關的層面就沒有列入考慮，也就缺乏了應該有的影響力。意識思考是強而有力的，但同時它也因任何時刻下能夠納入考量的事物的複雜性而有所限制。然而，如果有規則可遵守的話，意識歷程比無意識歷程要好。比方說，因為預算有限，你在選擇公寓或汽車時就有限制，必須把那些太昂貴的剔除；或是你得步行上班，所以不能住在離公司一哩之外的地方，這時意識的判斷就更懂得把這些條件限制納入考量。說到這裡，你當然會想到一個問題：這兩種不同的思考模式可以合併使用嗎？

UTT團隊在他們最新的研究中指出結合意識與無意識歷程可以作出最佳的決定，而且次序如下：**意識居先，無意識押後**。舉例而言，你應該先有意識地衡量不符合需要條件的選項，比方說太貴、太小或太遠等等。然後你才能給無意識判斷歷程第一次淘汰過後的選項。這時你去做別的事情，不要刻意去想，過一會兒再看看你覺得怎麼樣。

我們能夠在無意識中解決複雜的問題，不需要意識思考的協助，從演化的角度來看是站得住腳的，因為我們的意識思考能力在人類史上發展得比較晚。知道了這一點，你就不會覺得奇怪為什麼無意識思考機制對於「古時候」我們的祖先在處理每天可能會遇上的問題時更有效率了，比方說是判斷對待他人的方式是否公平，或是偵查出有誰危害了群體。能夠作出這樣的區分就是社群生活能和諧、群體能團結的關鍵。賈普．漢姆（Japp Ham）與基斯．馮．鄧．波斯（Kees van den Bos）團隊把UTT理論運用到了許多現代生活可能會出現的問題上，像是在複雜的刑案中判斷被告是否有罪，以及評斷一家公司的雇用程序是否公平。

我們天生就對不公平的待遇很敏感，而且也有能力覺察出是誰對別人造成傷害，並且怪罪他們。近期的研究指出，即便是三歲到五歲大的兒童，也會對社會交換的公平性相當敏感。他們寧可把額外的獎品（一個橡皮擦）丟掉，也不肯再給別人多一個——即使是在這個額外獎品可以給他們自己的情況下。當然，愧疚和公平是相關的。請看幾年前社會大眾和傳播媒體有多麼注意新英格蘭愛國者隊的後衛湯姆．布雷迪（Tom Brady）一事。他只是涉及在聯盟一場冠軍賽稍微放水。如果和世界或是全國大事相比，這件事真的不值得一提，可是美國大眾卻個個睜大眼睛，新聞界也接連幾週，甚至是之後的幾個月不停炒作這件事。我們仍舊很像我們早就遺忘的還在學走路的自己，在遊戲中看到了有人作弊就會大喊：「不公平！」

漢姆和馮．鄧．波斯利用了標準的UTT研究步驟，準備了一個三分鐘的即時意識思考期，以及一個三分鐘的干擾（無意識思考）期，以便檢視我們是否在無意識中解決了問題。受試者要對複雜的求職過程作出是否公正的評斷。他們看了四種求職過程，一個客觀上講是最公平的，另一個是最不公平的，剩下的兩個介於中間。在最公平的過程中，比方說，求職的過程很顯然說明得很詳細，而一切的求職資訊也在作雇用決策時閱讀過並且考慮過；而在最不公平的過程中，求職程序並沒有說明得很清楚，而且求職者所做的四個測驗中只有一個納入僱用決策中。受試者分成了即時意識決策組以及無意識決策組，而這一次也一樣，無意識決策組在判斷哪個過程最公平時表現最佳。

在另一個研究中，受試者得到的資料是荷蘭的一宗真實案件，是很棘手的一件案子，一個不足法定年齡的女孩在沒有獲得主人或是她父母的同意下，駕駛馬車出遊。偏偏就這麼巧，有個鄰居選在這個時候點燃爆裂物要嚇走農田裡的鳥。爆炸聲嚇得馬兒脫韁逃走，結果馬受了傷，馬車也毀了。這件案子不好處理，因為牽涉的因素太多，有錯的人也多。一位判決具約束力的仲裁人判定涉案的每一方（鄰居、女孩、女孩的父母、馬車主人）都有不同程度的罪責，可是參加實驗的受試者並不知道，他們必須要自己來決定誰有罪、誰有責任。

在呈現了所有的證據之後，一組受試者立刻就要作出裁定，另一組可以有三分鐘思考，第三組先完成一個三分鐘的干擾作業，然後給出他們的裁定結果。受試者的判斷有多接近仲裁人的判決是這個判斷正確與否的衡量標準，而核心問題是涉案的每一方要負多少責任。結果仍然是無意識決策組作了最正確的判斷。這項發現有非常實際的重大意義，因為陪審員（至少在美國是如此）在判決時是不准記筆記或是得到任何技術協助的。法庭的案子往往是很複雜的，必須考慮許多資訊，不同的證據又會指向不同的走向，而且還要考慮可使罪行減輕的情況。而在結合整併種種複雜因素的時候，無意識決定歷程比較優越。

不過，如果是要作複雜的經濟決定或是牽扯到什麼實際數量的數據資料，顯然還是用電腦和相關的數據比較好，而不要依賴一段時間的注意力干擾的無意識思考。麥可・路易士(Michael Lewis)的暢銷書《魔球》（*Moneyball*）就演繹了在選拔和交易職業棒球員時，最好的決定是依賴比賽的數據，比如外野手在接高飛球的速度，而不是球探的直覺。

我是個棒球迷，玩棒球遊戲「Rotisserie Baseball」將近二十年了。那個遊戲一開始稱作「Fantasy」運動比賽系列，玩家假設自己是職業球隊的經理，為某種特別的運動選拔先發陣容。有幾百萬人每天玩這種遊戲，我玩的是一季版。這是高度競爭的遊戲，而一季裡最要緊的賽事就在真正的棒球季開始前——你跟你的競爭者選拔球隊的那天。準備工作是最重要的。從一月開始，我們就仔細閱讀了許多出版指南，都是有關大聯盟球員的事蹟與數據。

科技進步大幅增加了球員的各種客觀資料，把比賽的許多「直覺」層面都剔除了——無論是Fantasy Baseball系列遊戲或是經理人的實際工作。大聯盟在球場架設了雷達及其他敏感的儀器，方便諸如StatCast這樣的公司評估，像是球打得有多用力——以一小時幾公里的「輸出速度」離開球棒。投手的曲球也可以以每秒幾轉來測量。雖然

Fantasy聯盟並不用這樣的方法，可是守隊比賽還是有許多的資料，比方說外野手接殺高飛球的速度，以及他採取的路線的效率。除了球員表現的新資料之外，審視傳統方式蒐集的資料也有新方式，比方說高飛球的比率、安打率，以及擦棒或界外球的機率（也就是沒三振），以便把這個球員的表現跟其他的隊友分開來，得到他正確的能力指標，同時也把運氣的因素隔離出來。（比方說，把球打擊出去的比率高於平均打擊率通常只是運氣好，時間一長，就會退到聯盟的平均數，在近期內這名球員的打擊率會降低。）

以前還有沒有這種技術和複雜的資料分析，棒球隊仰賴球探——通常是年紀大的、經驗豐富，還有一雙「慧眼」。成功的球探依靠的是多年來成功預測大聯盟的線索。當球探在許多方面都是一種藝術，因為球探大半依靠他們的直覺，靠他們快速又神秘的能力來鑑定才華，而且通常是從小地方著眼，沒受過訓練的人是不會發現的。球探經常提到棒子擊中球的聲音——像**哐**的一聲，表示打得結結實實。投手的話，就是**砰**的一聲，重重擊中捕手的手套。

這些球探可不是在瞎猜，若是全憑亂猜，他們也不可能成功這麼多年。他們有辦法挑出重要的線索，加以組織。他們身為球探的成功之處就在於他們能夠預測哪些年輕球員會成為明星，而哪些不會——成功球探的成績紀錄比不成功的要亮眼。可能因為他們個人的鑑定過程純粹是靠直覺，所以他們很難跟較年輕、較生嫩的職員說得清楚。他們的專業來自多年的經驗和多年的密切觀察。可以說他們是利用了現代認知科學所稱的「統計學習」（statistical learning）——亦即在累積大量的經驗之後，我們偵察出世界定律的能力。我們挑出可靠的模式和順序，從而斷定什麼能預測什麼——卻不見得能解釋清楚，或甚至不曉得那些預測因子或模式是什麼。這種能力是從長時間的密切觀察自然而然得來的——兩隻眼睛和心智都得打開。

我在決定該買哪種車時，我上了「消費者報導」與其他相關的網站去蒐集可靠的資料，像是哪種省油、需要多少保養，還有配合我們住的地方的必需條件，比方說在路面結冰的情況下好操控、雨刷功率夠大，因為冬天總是白雪紛飛。可是人生的重要抉擇未必都有可靠的資料可以依賴。在日常生活中，我們幾乎沒有可靠的資料可以使用、幫我們作出最佳的選擇與決定。就拿喬來說好了，他是個單身漢，剛搬到新的地方，想要開始約會——「消費者報導」可不管這個；或是哪個行業最適合他，最能讓他覺得有成就感；他是該住在城裡還是郊區；他該買幾套套裝、幾雙鞋。他也許能得到一些客觀的資訊幫助他作決定，可是不可能在每方面都得到一組完整的可靠資料。我們在現實生活的選擇只有極少數是根據正確衡量過的客觀證據的，而且我們也不像投資銀行家以及現代的棒球經理，在決定買哪支股票或是選擇哪個年輕球員之時，有反覆試驗並確定為真的預言式演算法。（即便有這些條件，預測也絕不是百分之百準確的。）

無意識思考理論研究支持最基本的一點，就是演化形塑了我們的心智，所以無意識判斷歷程會衍生出正確的行為指導，尤其是幾百萬年來我們並沒有電腦、演算法、試算表（以及棒球）。這就說到了**守則三：在你面臨某個複雜的決定，有許多的因素待考量，而你又沒有客觀的衡量方法（可靠的資料），那就認真看待你的直覺。**花一段時間去做別的需要全神貫注的事情，別讓你的（意識）心智去想那件事，過一陣子再看看你的感覺，或是睡一覺，因為無意識是不睡覺的，這一點第九章會討論。

會影響我們即刻直覺反應的重要因素還有一個——我們當前的目標與動機——這是第八章的主題。我們對認識的人的感覺、我們的生活基本需求，像是食物、香菸、酒，都能有劇烈的改變，端視它們對我們想要達成的目標是助益或是阻礙。比方說有研究指出，我們會較傾向和那些能夠幫助我們達成個人目標的人建立新的朋友關係，而較不會和那些雖然跟我們相似但不會有助於我們達成目標的人交朋友。我們的好朋友名單也會隨著我們當前的目標是什麼而改變。想戒菸卻有幾個小時都沒抽菸的人對與香菸有關的物品會表現出內隱的或是自動的正向評估，像是菸灰缸。可如果他們剛抽過菸，菸癮獲得了滿足，就會對同樣的物件表現出負面的無意識評估。

目標會**改變**直覺。我們的目標會大幅影響所有我們對於能否成功達成目標的因素的自發評估；我們對能幫助我們達成目標的事物有正向的感覺，對一切的妨礙有負面的感覺。賽恩菲爾德說得沒錯，我們是在為球衣歡呼。一個討厭的「老狐狸」交易到我們的隊上，轉眼之間就會變成「老前輩」，他的機變狡猾正好可以用來幫助球隊贏球。本來是負面的，一下子就變成了正面的了——直覺感受促使同樣的行為、同樣的資訊起了一百八十度的轉變。我們真的很想抽菸時，我們的直覺說菸很好（太好了！），可是等我們抽了一根之後，覺得後悔了，我們的直覺反應就是菸很壞（甚至是邪惡）。你當下的目標改變了你的直覺，而你往往並不了解這種強烈的立即反應是什麼道理。這就該說到守則四，何時能信任直覺：許願要小心。因為你當下的目標與需求會為你現在喜歡而且想要的東西添上絢麗的色彩。

何時信任你的直覺：守則五至七

目前為止我們強調的直覺感受都是針對我們沉吟不決的重要抉擇與決定，但是我們對於遇見的實體——尤其是我們遇見的人——初始立即的直覺反應呢？我們能信任這些直覺嗎？

本能直覺是我們都有的經驗，我們卻不了解是怎麼回事。一九八〇年代，科學家終於開始嚴密檢視直覺機制。二十年後，流行文化也跟上了這股風潮，最著名的就是麥爾坎．葛拉威爾的《決斷2秒間》。他的書的根本前提是我們的第一個想法通常是最佳想法，或者稱為「眨眼」反應——不需要有意識的反省——這比自我詢問和沉思默想後得到的想法都更可靠、更有用。我們在下面會看到這一點是真的，但只到一個程度。葛拉威爾舉了一個例子來作結論，告訴我們靠直覺是錯的。他用的是阿馬杜．狄亞洛（Amadou Diallo）的悲劇故事，他是種族成見的犧牲品。他在走入自己南布朗克斯區的公寓時，被警察亂槍射殺。他舉起了皮夾要向警方證明他有證件載明他住在這裡，而在夜色中，警察說他們誤以為皮夾是槍。狄亞洛是黑人。如果他是白人，警察還會誤以為那是一把槍嗎？如果他是白人，警察一開始還會誤以為他是要闖入公寓嗎？這些問題在事情發生之後立刻就引起了大眾的質疑。

無意識演化的一個重要的原因就是要「評估」，尤其是評估別人。我們在上一章看過，人類演化的目的是要對人與情況作瞬間判斷與根據經驗的直覺，來斷定我們是該走或該留。有時這些瞬間的評估十分精準，有時卻差了十萬八千里。在決定是否該信任別人時，有一件很重要的事要記住，那就是現代的世界跟我們的無意識評估機制發展時的世界非常不同。就如無意識決策一樣，當前的情況越是酷似我們先祖在遠古世界面臨的情況，我們的直覺就越準。可是如果情況不同——而且有些不同的確是非常明顯的——我們的直覺就很可能會出錯。

我們已經知道我們有多快就以「我們」／「他們」來評估別人。即使是嬰幼兒都會自動偏愛他們自己的群體，對其他群體的人有負面感覺。馬克·陳跟我在另一個實驗裡證實了在第一階段以閾下呈現微笑且具吸引力的黑人臉孔（取自暢銷雜誌中不出名的模特兒），導致了白人受試者在實驗第二階段有更強烈的敵意——而閾下呈現白人臉孔則沒有這個效果。（沒錯，涉及狄亞洛案的警察對一名無武裝的黑人的確是有很大的敵意）。我們也都看過了，我們內建的「我們對抗他們」傾向甚至能讓敵對的球迷企圖殺人。在奧茨那個時代，這種部落對抗部落的直覺反應非常管用，今天則不然；現代世界同一個城鎮就有各種不同的人種以及文化混居。不幸的是，我們內在的機制得花上很漫長的時間才能追上這些地震式的文化變動。

因此，我們何時該信任直覺就有了一個答案了，也就是**守則五：如果我們對別的種族一開始的直覺反應是負面的，我們應該要遏制它。**我們對和我們不同的人一開始的直覺反應都是負面的——宗教上如此、語言上如此，種族與民族性亦復如此——所以不應該信任。這些反應可能是我們過去演化的遺跡，好比在奧莰的時代以及更古遠的時候，也可能是來自於非常早期的社會化與大眾傳媒的文化產物，像前面幾章提到的。尤其是那些一看就和我們不同的人，我們需要給他們一個機會，別只看表面，應該要根據他們實際的行為來鑑定。

我跟馬克·陳做的閾下黑人面孔實驗也提出了另一個信任直覺的答案，就是**守則六：我們在和別人互動之前，不應該相信只看臉孔或是相片而得到的評價**。原因有二：一、我們根據靜態的臉孔，像是照片，所得到的評估並不是診斷結果；並不能有效預測這個人的真實人格或行為；二、我們在跟別人有過接觸，見過他們行動**之後**，即使只是很短的時間，我們對別人的無意識反應才是**實實在在**的預測因子。梅爾·吉勃遜（Mel Gibson）在《英雄本色》（*Braveheart*）中扮演的威廉·華利斯（William Wallace）對他面臨騎兵攻擊的部隊說：「沉住氣……沉住氣……」而結果就像梅爾的部隊，我們根本就不必等多久。

我們在第五章裡看過，我們顯然能從一個人的臉孔、相片中的臉孔，清楚看到許多不同與基本的性格特徵。而在實際的生活中，我們在跟某人認識或是看見她和別人互動之前也會發生同樣的情況。我們自信滿滿地從一個人的臉孔看出能力與可信等特質，所以候選人的相片就足以預測出大選結果。更糟的是，法庭研究發現被告的臉孔會決定他們是否會被判有罪，也影響刑期的長短。回想一下前面提過的「娃娃臉」成人比較會獲判無罪，而被告的臉孔越是具備典型的種族特徵，刑期就會越長。可是我們人類並沒有演化到具有單從靜態的相片或是長相得知人格特質的能力，我們演化的結果是對一個人的情緒表達相當敏感——他是傷心或噁心或驚慌——在他行動之時，跟我們或其他人互動之時。達爾文就第一個指出，情緒表達真正能夠點明一個人的內在情緒狀態，而這個情緒狀態會預測他對我們可能會有的行為。我們能夠相信這些表情會讓我們以直覺正確地判讀出一個人實際的當下狀態。不過，要是我們把一個人靜止不動的面部表情誤當成這些短暫情緒的指標，那麼問題就來了。

你可能看過一段後來爆紅的網路影片，叫「很賤的無表情」，是在諷刺無孔不入的藥品廣告。這段影片的前提是女人的笑容如果不漂亮，就會被看成很賤或是不友善。背景播放著低劣的濫情音樂，認識有「很賤的無表情」女人的人談著他們是如何被這些臉上露出不愉快表情的女人傷害。有個男的向一個女人求婚，卻把她無意間的皺眉當成了拒絕。一名女性消費者侮辱和氣的店員，故意酸溜溜地說謝謝。這是很搞笑的點子，可也相當有洞見。影片中的一名演員說飽受「很賤的無表情」所苦的女性：「她們可能根本就不賤。」就跟《小鬼當家》裡的馬利老頭，或是我女兒學校裡的圖書館員一樣。外貌以及單憑臉孔而得到的第一印象可能是——而且真的是——會騙人的。

普林斯頓大學的亞歷山大．托德洛夫曾指出政治候選人的臉孔對於選舉結果有多大的影響力，他和同事——倫敦學院大學的克里斯多福．奧利佛拉（Christopher Olivola）又研究了我們只透過臉孔所做的人格判斷可以有多準確。奧利佛拉和托德洛夫使用了一個叫「我的形象是什麼？」的網站，大家可以把自己的相片貼上去，讓別人在一無所知的條件下評估他們的個性。他們從一百多萬個外貌判斷中取得資料——由九百個不同的人所作的判斷——讓受試者猜測諸如相片中人的性傾向、是否吸毒、父母是否離異、是否被捕過、是否打過架、是否喝酒、是否沒有性經驗等等。因為貼上相片的人為這些問題提供了答案，所以研究人員能夠統計這些判斷有多正確。而他們發現看相片的受試者比起另一組沒看過相片而是根據這些行為一般有多常見來判斷的受試者，作出的預測是較**不準確的**。要是讓你來猜某個人是什麼樣的人，那你根據異性戀與同性戀、吸毒與不吸毒等的一般比例來猜測，你猜得也會比那一百萬個看相片的人要準。所以從眼睛到直覺，是可能會差個十萬八千里的。

在第二個研究中，有超過一千名受試者，是從《科學人》網站的連結上召募到的。他們要玩「政治猜猜看」，臆測將近八百名參加二〇〇二年及二〇〇四年國會選舉的候選人的政治關係（共和黨或民主黨），男女都有——只看候選人的大頭照。研究人員讓受試者看到的民主黨候選人比例都不同，事前就告訴某些受試者比例是多少。但還是一樣，看照片讓受試者整體上的正確率下降，比僅僅只是依照基本比例去判斷的正確率來得低。當受試者被告知有三十%的相片是民主黨時，也就是十張相片中有三張，受試者自認為知道誰是民主黨，於是根據直覺來判斷，結果預測的正確率反而降低。

可是直覺在只看相片時的悲慘表現卻會搖身一變，像是青蛙變成王子，當根據的是我們的演化機制能夠取得的那些資料——陌生人的**實際行為**。

一九九二年，娜黎妮・安伯帝和羅伯特・羅森索創造了一個很貼切的詞來形容無意識用來引發直覺反應的短暫輸入端：**薄片**。他們在研究一個人能多正確地評估別人的能力與性格，只根據那個人的整體行為的一小部分。比方說，你可以一整天、一整年坐在教室裡，然後評估教師的能力與表現（這樣就是一整條火腿）。或是你可以從某一週的五個工作天裡每天抽出一個小時（這樣就是一片厚厚的火腿）。或是再把範圍縮得更小一點，像安伯帝和羅森索一樣，只給他們老師授課的三十秒影片，就這樣（這樣就是薄薄一片火腿，在做三明治的時候會疊上好幾層）。安伯帝和羅森索比較了受試者對這個三十秒薄片的評估和專家的數小時觀察，以及在其他研究中，對許多不同職業——教師、治療師、行政總裁——與能力做過研究之後，他們發現即使只有這些薄片，我們在評估能力與性格上其實還滿準確的，我們作出的判斷跟那些有更多證據可以應用的專家差不了多少。

安伯帝和羅森索在一個研究中錄下了十三名哈佛研究所同事的授課情況，把三段十秒鐘的影片接合成三十秒一卷，有點像是教學示範。接著，一組受試者觀看影片，以十三個類別來評鑑研究所同事的授課能力。然後安伯帝和羅森索等到學期末這些同事的學生做完了教學評鑑之後，比較這些「整條火腿」評等和實驗的薄片評等。驚人的是，兩者相關的程度很高，薄片與整條火腿評估相當一致。不過安伯帝並沒有因此而滿意，她繼續把火腿片切得更薄——現在變成了「第二大道」或是「凱茨餐廳」[8]等級了——把影

8.「第二大道」在二〇一三年被Zagat評選為紐約市十大熟食店的第九名。而「凱茨餐廳」則是紐約最紅的煙燻牛肉三明治店。

片縮短到只有短短的六秒鐘。可是只看這短短的授課表現的受試者仍然能夠正確評估出誰是長達一學期的課程裡的最佳老師。安伯帝繼續進行薄片研究的其他實驗，發現人類可以正確評鑑出其他的特質，像是性傾向、行政總裁是否能成功經營公司，或是某人是否人格失調。我們很幸運能有這種無意識評估能力，而我則有幸擁有第一手經驗。

二〇一二年的聖誕節後，我到印第安那波里南區的一家麥當勞，剛下州道，我帶著女兒丹妮兒。我們去伊利諾州拜訪親戚，開車東返，當時我們是單親家庭。快到午餐時間了，所以我們就停車加油，順便吃午餐。丹妮兒那時六歲，想吃快樂兒童餐，我們就進了加油站隔壁的麥當勞。她開心地吃著漢堡薯條，同時玩著隨餐附贈的小盒子裡裝的玩具，她已經垂涎很久了。幾張桌外的一個小孩子哭了起來，哭得還挺大聲的，吸引了用餐客人的注意。丹妮兒不玩了，也看著那個孩子。然後她做了一件我這輩子也不會忘記的事情。她拿起了她的玩具，走向那個哭鬧的孩子，把玩具送給了他。那個孩子看著丹妮兒，接下了塑膠玩具，立刻就安靜了下來。感覺整間餐廳的人都在看著這齣戲，你能想像得到我有多麼為我女兒驕傲。她回到我們這一桌，其他客人也回頭吃飯，只有一個人沒有。

那個人走了過來，為打擾我們而致歉，說她想告訴丹妮兒她安慰另外一個小朋友的舉動實在是既好心又大方。她並沒有對我說話，也沒看著我，可是就從她這個行為的「薄片」，我就感覺對她了解很多。她親切的言語讓我女兒跟我都露出笑容，我們謝謝她的誇獎，等她點完餐之後，她過來和我們同桌。原來她在附近的醫院上班，正在午休。我們一直保持聯絡，在來年的夏天又見了面，那時我帶著女兒又開車到中西部，而這件事的後話，就像俗話說的，就是歷史了——幾年後我們結了婚。現在，我們一家人開車回中西部，經常會路過同一家麥當勞，總會帶回我們相遇那天的記憶。

當然，並非每次的第一次見面都這麼正面。我們看到某人的行為就覺得不能相信他，那時我們的直覺反應又是如何？答案是：就跟但丁想的一樣。我和姜潤娥、傑若米．葛雷、瑪格麗特．克拉克在二〇一一年做了一個神經照影的研究，審視大腦對背叛的立即反應。在這個研究中，無論是受試者拿著冰冷的東西，或是在經濟類型遊戲中另一名受試者背叛了他們，貪心地把所有的錢占為己有，變得活化的腦島都在同一區。這是根據與這個人相處的實際經驗而來的「冰冷」反應，而當然，也因為它的來源是這個人是否可靠的實際證據，所以就應該要採信。不僅如此，在我們從某人的行為判斷他不值得信任時，我們的大腦也會關掉用來製造模擬反應（預示與他人的聯繫與友情）所需要的電路。在我和歐瑞安娜．艾若根（Oriana Aragon）、麥可．皮內達（Michael Pineda）一起做的研究中，我們測量了受試者彼此玩經濟類型遊戲時的腦波，以及他們看著彼此的手指動作時的腦波。在玩經濟類型遊戲之前看著彼此的手指動作，受試者立刻就產生與啟動了自然模擬過程連結的腦波。不過，在玩過經濟類型遊戲之後，要是有人背叛了受試者——獨占所有的錢，一毛不拔——那時看著別人的手指動作就不再立即產生那些與模擬（以及聯繫和友情）有關的腦波了。**守則七（可能是最重要的守則）：你可以相信你對別人的直覺——但唯有在你看過他們的行動之後。**

何時可信任直覺：守則八

我們的看人本能在不同的時間裡演化，當然是在社群媒體降生很早很早之前，那網路上的結識呢？網路上的社群生活就跟美國史上的大西部一樣，一片蠻荒、有點無法無天、經常很危險，而且總是變個不停。所以說到在網路上認識朋友，我們能信任直覺嗎？我們在見到他本人之前能知道這個人的真面目嗎？

「你看得見真實的我嗎？能嗎？能嗎？」羅傑·多特里（Roger Daltrey）如此唱道，這是我最愛的一首「何許人」樂團的歌，早在網路發明之前就傳唱了，更不是能放在口袋裡帶著到處走的。我們總是為了大眾消費而包裝自己，把最好的那隻腳放在前面，儘可能掩藏或是粉飾我們的缺失。而且我們今天可是做得毫不保留。只要是上過臉書和Instagram或是任何社群媒體的人都知道，大家花費大量的時間小心翼翼地更新，表現出比實際上要完美的生活面貌。有時候這些公眾的外表人格簡直就是在寫小說，就像在「網路釣魚」。要把「真實的我」、我們內心真正的那個人，呈現給別人看，是需要大量的信任的。因為這麼一來我們會變得很脆弱，尤其這個「真實的我」有些部分是受到社會或周遭的人鄙視的。

回到網路的石器時代——意思是一九九〇年代——研究人類溝通的學者與社會心理學家開始審視這個新的電子交流方式對社會生活會有何種程度的影響。凱特琳·麥肯納（Katelyn McKenna）就是一位先鋒。她喬裝打扮，進行了一系列驚人的研究。她扮演一名「受試觀察者」，加入了幾個電子討論平臺，稱為「新聞群組」，討論不同的主題。當年要匿名參加這種平臺並不難，所以有許多人加入圍繞著各種主題的群組，這叫「被汙名化」（stigmatized）興趣。群組可能是政治的，像白人至上團體，或和性有關，像是穿異性服裝或易裝癖。可是討論團體也有比較世俗的興趣，像是蒐集蝴蝶，或是亨弗萊·鮑嘉（Humphrey Bogart）的電影。大家對這些論壇趨之若鶩，因為對許多人來說這是他們第一次發現有人跟他們有同樣的興趣。而特別是那些被汙名化、讓社會大眾大皺其眉的興趣——比如穿異性服裝或性虐戀，反政府民兵或是白人至上團體等政治興趣——有許多人一輩子都忙著隱藏，不讓鄰居知道。許多人甚至還瞞著好友和家人，甚至是他們的配偶。

麥肯納滲透了這些團體，取得了成員的信任。只有在這個時候，在經過了許多個月，甚至多年的參與之後，她才能夠蒐集到成員的資料，了解他們加入這個團體有多長的時間、他們對這個興趣的自我接受度有多高（他們是覺得羞恥、還可以，或是驕傲），以及他們是否告訴了摯愛的人。她也追蹤成員是否積極參與、貼文並且參加線上討論，抑或是「潛藏」起來，只閱讀貼文，自己卻一言不發。

麥肯納的發現極為驚人。有許多案例中，這些新聞群組的參與者自慚形穢，或是不顧一切地想要把他們的興趣或行為隱藏起來。這些人通常年紀較大——三十幾、四十幾或五十幾——他們這一生都緊守著這個秘密。許多人說在他們發現了那個新聞群組之前，他們以為有那種癖好的人只有他們。找到了可以和他們分享「真實的我」的真正驚人效應是他們不再覺得羞恥。而這個自我接受的第一步，在許多案例中，直接促使他們向好友和家人傾吐，終於揭開了他們的秘密。第一步一定得是自我接受，可是一旦做到了，許多人真正想要的是走出來，把先前秘藏心中的那部分公諸於世。在某些案例中，他們在保密了將近一輩子的三、四十年之後，說出了秘密。

我提出麥肯納的研究是要強調能夠和全世界的人聯繫找到那些與自己內心重要面向有共同點的人，並與他們互動，而這些互動往往沒有辦法在面對面、非數位的環境中進行。透過社群媒體，我們能跟在現實生活中連多看一眼都不會的人發展出關係。透過社群網絡，那些人可以躲過我們所稱的「守門特徵」（gating features），像是吸引力或是臉孔的劣質特徵，這是我們在真實生活中、在面對面的邂逅時用來篩選的工具。這種一開始的篩選讓一些人通過了大門，也擋住了許多人。許多可能的偉大戀情無法順利開展，因為我們在這些守門特徵上強調的主要是一個人的身體吸引力或是一般的外貌。我們必須都記得尼采的建議，要互訂終身的兩個人應該是能談得來的，因為兩人在一起的大部分人生都是在美麗的玫瑰褪色之後。

因為有許多的社群網絡（不是全部）能讓我們繞過這個守門特徵，所以沒有面對面，而是利用像網路討論群組、電子郵件、部落格或聊天室認識的人也可能在實際上擁有穩定的、長期的關係，就跟那些在「真實生活」中相遇的人一樣。回頭談一九九〇年代，那時總認為在網路上認識是一大汙點，一般都認為這樣的關係很短命，很少能夠撐過兩人第一次面對面的見面。可是從那時開始，網上約會就如雨後春筍般萌發。而且最近一次針對二〇〇五年到二〇一二年間結婚、將近兩萬人的調查指出，居然有三十五%是在網路上認識的。大約一半的人透過線上約會網站相識，像是eHarmony和Match，另一半人是透過他們的社群網絡（臉書、推特）、多玩家遊戲網站、聊天室及其他線上社群認識的。

心理學家約翰・卡丘伯（John Cacioppo）與同事蒐集分析了這個資料，他們指出在線上認識的夫妻和以比較傳統的方式認識的夫妻相比，並不見得會更容易分手，而且他們對於婚姻生活也一樣滿意。今天當然不像一九九〇年代的網路，你可以看到別人的相片，也可以用共同的興趣來「配對」（不是透過約會平臺就是因為你可以讀到他們的貼文，或是你們屬於同樣的興趣群組），所以在線上有了更多的守門特徵（譬如Tinder就比實際的相遇更依賴第一眼的吸引力，只憑照片就要快速地作出是或否、走或留決定）。不過比起傳統的偶然面對面相遇，在線上認識（尤其是逐漸了解）某人往往可以提供你更重要的背景資料（價值觀、政治傾向、興趣等）。而越來越多從網路戀情的品質與穩定性得到的資料，都不斷地否決一九九〇年代關於是否能持久觀點上那種帶著點挖苦的懷疑。

可別弄錯我的意思了：吸引力是很重要的。那是一個人真實的特徵。我們前面提過，迷人的臉孔真的讓人看著愉快，我們大腦的獎賞中心會變得活躍。而且前面也說過，就連嬰兒都喜歡看漂亮的臉孔！說到親密關係，偏愛漂亮的人本來就是人類的天性。問題是出在我們因為某個人迷人，就對這個人的**其他特質**作出不正確的臆測。我們看見一張迷人的臉孔，往往就會相信美麗的都是好的，從而自行假設其他的好東西，像是愉快的個性、精明幹練、老實可靠等。我們對於這些只根據外貌的直覺反應太過自信了。所以要有**守則八：在愛情方程式上有迷人這個部分完全沒問題，可是讓它成為唯一的，甚至是最主要的東西就有問題了。**但反正長遠來看是好不了的。

我們的直覺反應在幾千年來，甚至是幾百萬年來都很靈光。如果會誤導或是產生相反結果，那在物競天擇的時候老早就被淘汰了。可是我們的現代生活跟幾千年前、幾百萬年前的生活非常不同。不同的人種，跟我們的家人鄰居不一樣的人，不再是不能相信的敵人。現代科技，比方像大頭照，會愚弄我們的直覺鑑定機制。這個機制是演化來觀察別人的行為的，看他們如何對待我們以及我們周遭的人。我們的直覺反應結合了大量的訊息，可以相當複雜，應該要認真看待，可是我們也需要視現代生活的條件調整，可以的話，要利用可靠的資訊和現在方便又強大的分析資訊工具，尤其是在作重要抉擇的時候。

今天就連專家對於直覺是否正確、我們是否能信任直覺都無法取得共識。說不能的人往往研究的是複雜的經濟和商業決定，時間壓力較小甚至沒有，而且根據的是可靠的數據、有厲害的電腦和軟體來加以分析。那些說可以的人往往是心理學家或演化科學家，他們研究的是世俗的日常生活，常常要面對時間壓力，又缺少相關的定量分析。所以，當然是要聽從你的直覺、心，或其他內臟（包括你的腦）告訴你的話。認真看待，別輕忽，但也要**檢查一下**，而且絕對不要忘了給別人一次機會。

第七章　有樣學樣

在一九八〇年代早期，我漸漸習慣了紐約市的生活，而世界上的心理學家正開始更加關注無意識機制。一位巴黎薩貝特里耶醫院的神經科醫師在治療兩名年長的病人，他們最近剛中風過。醫師的姓名是法蘭斯瓦·雷何密特（François Lhermitte）。他頂著個圓圓的禿頭、戴眼鏡、穿白色實驗袍、打領帶——就是這一家有四百年歷史的圓頂醫院的專家形象。他的病人是一男一女，都行為怪異，而且怪得一模一樣。兩人的行為似乎完全受到環境的左右，彷彿對自己的行為不再有控制能力。雷何密特的說法是「外在刺激過度控制了行為，犧牲了行為的自主性。」他當然很好奇能夠從他們對外在影響力怪異的開放態度學到什麼，就決定讓他們暴露在不同的日常情況下，觀察可能會發生什麼事。

雷何密特的第一步很簡單。他裝了兩杯水，放在病人面前，他們馬上一飲而盡。這當然沒什麼好奇怪的。只不過雷何密特又裝了兩杯水，病人又是一口喝乾，雖然他們一面抱怨肚子太撐了，卻一杯接一杯。他們毫無自制之力，只能把放在他們面前的水喝光。而另一次，醫生把男病人帶到他的公寓。他把病人帶到陽臺上，俯瞰附近一處公園，兩人一起欣賞風景。就在回到屋內之前，雷何密特輕輕說了句「博物館」，走進屋內後，病人就帶著極大的興致細看牆上的畫和海報，也過度注意桌上的普通物品——沒什麼美感的盤子杯子——彷彿真的是什麼藝術作品。接下來帶他去看臥室，病人一看見床鋪，就動手脫衣服，爬上床，很快就睡著了。

這是怎麼回事？這兩名先前很正常的人的一舉一動當然不像是有意識意圖的。雷何密特和其他早期的神經心理學家都知道（早在腦部掃描技術出現之前），中風病人提供了難得的機會來讓人了解心智隱藏的運作，讓我們來拉開行為的帘幕，一探後面的原因。在中風之後表現於外的各種問題——語言、視力、情緒或記憶——都是重要的線索，讓我們知道受損大腦區塊的目的與功能。所以這兩個病人令人迷惘的提示感受性，也就是對環境的一種盲目服從，究竟能透露什麼？

雷何密特繼續在巴黎各個地點做實驗，而且似乎帶出了兩名病人大膽勤奮的天性。在羅浮宮附近杜樂麗花園的小徑上，他們看到了一些園藝設備：一支澆水的水管以及幾把耙子。想當然爾，兩個病人都抓起了工具，自動做起了園藝，一個澆水一個耙樹葉，好似他們就是園丁。儘管年紀不小了，他們仍工作了幾小時，直到醫生終於阻止了他們。又一次，在診間，女病人給了雷何密特一次體檢，至少是她概念中的體檢。她甚至還要他脫掉褲子打針，而雷何密特醫生為了科學真肯犧牲，乖乖照辦（在他發表研究成果時，還附上了現場的相片）。後來，他問兩名病人，兩個似乎都沒發覺他們的行為有什麼古怪之處。他們好似無意識地受環境中自然存在的促發物迫使，但是在解釋這些活動時又絲毫沒有困難——他們喝水、藝術欣賞、園藝、無照行醫。中風改變了他們的行為。大腦在過去學會的微調反應——或是受到未來指引，關係到他們可能有的計畫或目標——被一種對現在的過度敏感取代，而且似乎只剩現在。

最後，雷何密特這兩位無助的、反覆無常的、辛勞勤奮的中風病人過世了。仔細檢查他們的大腦後，發現了中風損害了相同的部位——前額葉皮質（prefrontal cortex），這個腦區掌管了規劃及行動的控制。病人透過五種感官接收來自環境的線索而產生行動，卻沒有互補的大腦區塊來對這些衝動以及後續的行為執行有意圖的控制。我們這些比較幸運的人當然有，可是在雷何密特的發現之前（以及前面提過的葛詹尼加，約莫與他同時），科學家只知道意圖控制的部分。雷何密特指出這個第二種影響，亦即外在的環境，也會左右我們的行為，而這種影響會為我們當下的情況推薦典型的、適合的行為；在沒有意識控制時，環境線索就可以在不需要或沒有意識輸入或控制下（當然也是很應該要有的），自己粉墨登場。雷何密特謙虛地把它稱為「環境依賴症候群」，不過沒多久大家就改稱為「雷何密特症候群」，表示對他的敬意。

一九八〇年代的神經科學研究有了大腦照影掃描機的輔助，證實了雷何密特的結論。倫敦學院大學的神經科學家克里斯・弗瑞斯（Chris Frith）團隊重新再查驗，得到的結論是我們的腦把我們當下的行為意圖貯存在前額葉皮質區及前運動皮質區（premotor cortex），可是實際上用來指導該行為的是在另一個區域——頂葉皮質區（parietal cortex）。這個發現有助於說明促發效應以及其他的無意識影響如何左右我們的行為，雷何密特的病人又怎會這麼容易受到環境的影響，卻對這些影響沒有意圖控制。我們受促發及外在影響的行為活化了大腦中指導行為的區域，而這區域獨立於另一個在大腦不同位置、負責對該行為進行意圖控制的區域。

雷何密特的中風病人無法有意識地選擇或是控制他們的行為，由此可知有意識的選擇不是產生行動的複雜模式要件。反倒是讓威廉・詹姆斯說對了（他寫在一八九〇年，在許多事情上卻有著驚人的先見之明），他在談「意志」的那一章主張我們的行為實際上是從無意識與無意圖的泉源中湧出的，包括了我們現在對世界的見聞、體驗所建議的適當行為。我們的有意識意志行為，詹姆斯說，就是在控制這些無意識衝動，允許一些通過，卻攔下其餘的。「控制中心」就是雷何密特的中風病人受損的那個大腦區塊。所以每一個人類的心智都像是一面鏡子，產生出可能的行為，映照出我們置身的情況與環境——一杯水說的是「喝掉我」，花圃說的是「整理我」，床鋪說的是「睡上來」，博物館說的是「欣賞我」。我們都是這樣子設計程式的，對這些外在的刺激產生反應，就跟雷何密特的病人一樣。在你發覺之前，你看見什麼你就做什麼。

在這位法國醫生發布了他的重要觀察之後，三十年了，現代神經科學有了長足的進步。我們對大腦的知識以及不同區塊的專門化，以及彼此之間是如何互動的，有了更多的認識。進一步的研究證實了雷何密特的病人只不過是在他們的行為中展現了**無法抑制**（uninhibited）的無意識衝動，而這些無意識衝動是我們大家都有的。但我們比較幸運，我們有完整的行為控制系統，我們的大腦裡還有別的功能，就是威廉・詹姆斯所說的**意志**，它就像守門員或是篩子，能擋住那些立即的衝動。那麼，在我們的腦海深處，我們隨時都會不由自主地產生反應，而這反應非但映照出我們周遭的情況，還有我們身處的情境或脈絡所暗示的意涵。這是什麼意思？乍看之下，可能會覺得我們是沒有靈魂的機器人，是一群動物，只會跟著獸群行動。你可能會想，難道不是唯有我們人類的心智能夠表達我們獨一無二的天性，讓我們思想、說話、行動？是，也不是——但不是的成分居多。

其實我們沒想到或是不願承認的是，我們跟雷何密特的病人非常相像。我們隱藏的衝動大規模地塑造了我們在當下的行動。別人的行為與情緒是會傳染給我們的，不僅是在我們直接目睹的時候，甚至也在我們閱讀到，或是在事發後看到跡象的時候（亦即，肉眼可見的後果）。如何行動的「建議」在我們看見的那一刻就會產生，讓我們有可能會無意識地模仿別人的實際行動，但還不僅如此，「建議」還能擴展到相當複雜又抽象的行為模式，是我們經由學習而得知的適合某種特殊環境的模式（一般人在花園裡、博物館、或是臥室會做的事）。我們的心智在為現在指引方向時，驅使我們表現得高貴和卑劣的微妙線索仍不斷透過我們的感官影響我們的心智。而就像雷何密特的病人一樣，因為我們並沒察覺到這些影響，所以我們相信我們的行動是獨立自主的。

變色龍效應

我們對四周的人非常注意。每一天我們總是會看到別人在做事情：他們的手勢或態度、姿勢和情緒表達、聲調和音量；他們說什麼、寫什麼、在社群媒體上貼了什麼。而我們的所見所聞自然就會讓我們更可能自己也去做同樣的事——**無意識地**模仿他們。我們並沒有意識覺察到這個行為的意圖。（達爾文對我們的情緒表達的說法是對的，我們也能有意地或無意地模仿，但大多是在不知不覺之間模仿的。）適應傾向當然不是人類獨有的傾向。我們都會驚歎一群魚、一群鳥很有默契地一起行動。這可不是因為阿福這隻鳥看著阿蘇那隻鳥，然後決定，嘿，阿蘇走那邊，那我也要走那邊！鳥群的動作太快了，同步動作也太完美，沒辦法依賴一堆小鳥腦袋來做什麼有意識的選擇。相反的，這種效果必定是基於感知能力與行為之間的內建連結，因感知到其他鳥的動作與方向而產生即時衝動去驅使行動。我們人類也有同樣的內建連結，亦即感知－行動鏈接（perception-action link）；差別只在於若我們可以覺察到它影響力，我們就對它有更多的意圖控制。在一九九〇年代末期，我帶著學生一起探索這個相對未開發的心智領域，我們想知道我們是否會在不知不覺間模仿彼此。

我們的實驗設計是創造一種情況，讓受試者不會聚焦在彼此身上，或是一心一意想要交朋友，因為我們已經知道人類如果想建立關係，就會刻意地模仿彼此。在沒有這種動機的情況下，還會模仿與擬態嗎？模仿會不會只是因為看見了別人的行動？為了在紐約大學的實驗室裡測試這一點，天雅・查特蘭（Tanya Chartrand）跟我對毫不起疑的受試者說我們是在發展一套新的人格投射測驗，就跟舊的羅夏克墨跡測驗一樣，只是不用墨跡而是用相片。他們只需要從兩人之間的一疊相片中挑出一張，看一眼，說出浮現在腦海中的想法。我們想要他們彼此間的互動越少越好，我們才能以他們，而不是桌上的相片，為焦點。

好，坐在桌後的人其實只有一個是真正的受試者，另一個來自我們的實驗團隊，是跟我們一夥的實驗同謀，他負責在實驗進行時展現出兩種行為中的一種。我們安排了兩個這樣的實驗同謀，而受試者先和一個一起做實驗，接著再跟另一個。關鍵的地方是其中一個實驗同謀會兩腿交叉，緊張地抖一條腿。而另一個實驗同謀則不抖腿，只是會摸頭摸臉，扯耳朵，一手托頰，有點像著名的羅丹雕像「沉思者」。好，真正的受試者跟第一名實驗同謀輪流看照片說想法，過了一會兒，我們把他們分開，受試者到別的房間去，跟第二名實驗同謀做同樣的實驗。我們的預測是受試者會像人形變色龍，改變自己的行為來配合同處一室的那個人，就像真正的變色龍會改變顏色和斑點來配合當下的環境。

我們偷偷錄影，方便之後測量真正的受試者在每次情況中摸了幾次臉、抖了幾下腳。結果顯示受試者真的複製了對方的行為，而且換了人之後他們也會改變行為。他們跟摸臉的實驗同謀在一起，就只摸臉不抖腳；跟抖腳的實驗同謀在一起，就不再摸臉，抖腳的次數比較多。在實驗後詢問受試者，他們一點也沒察覺自己在實驗中模仿了兩個實驗同謀。鏡像模仿的動作完全是不由自主的。

這個「變色龍效應」（chameleon effect）的例子全世界都有，你只需要瞪大眼睛看。事實上，在我們的研究成果出版之後，一支在報導我們的研究的ＣＮＮ新聞團隊走了一趟紐約中央公園，拍攝兩個兩個或是一群人坐在長椅上、站著聊天、走路步伐一致——數不清的真實世界例子。製作人告訴我們他們不費吹灰之力就找到例子來佐證這個效應。

那，我們為什麼會有這種所見與所做之間的鏈接呢？答案就藏在我們的過去以及基因裡。嬰幼兒也跟成人一樣會模仿彼此，而且模仿得更多；這不是我們需要學或是去嘗試的事情。如果這是我們與生俱來的傾向，那在演化的歷程中一定是非常有用處的。製造了適應的優勢，有助於人類這個物種的生存。研究嬰兒的模仿與擬態行為的一位前輩安德魯·梅爾佐夫（Andrew Meltzoff）說其中的一個優點是，幼兒單憑模仿其他幼兒以及照顧他們的成人就能夠學習到該如何在不同的情況下反應及表現。嬰兒尤其容易有這種模仿傾向，因為他們還沒有發展出控制衝動的能力（得等到三、四歲）。從這個層面上來說，嬰兒很像雷何密特的病人，只有受環境刺激而產生的原始模仿反應（以及來自饑餓或是脹氣而生的內在衝動），卻沒有能力來壓抑或是抑制。可是這在神經學上究竟是怎麼回事？

原來我們的大腦天生就會從眼睛接收不同的資訊流：一條是為了理解與知識，一條是為了適當的行為。第一條資訊流約莫是流進了一個意識的河口，第二條流入了一個比較自動的、無意識的河口。這兩條視線之流在一九九〇年代由神經心理學家大衛·米爾納（David Milner）以及梅爾文·古岱爾（Melvyn Goodale）發現了。每一條都從視網膜流出，通往主要視覺皮質區（primary visual cortex）來做進一步的分析。有一條會進入負責我們相關**知識**（knowing）的大腦區塊，比方說辨識物件，並且提供我們用來回答相關問題的資訊。另一條則直接進入負責我們的**行動**（doing）的大腦區塊，亦即該如何反應的區域。這條提供視覺資訊的**行動流**主要是在意識覺察之外運作的，而另一條知識資訊流則通常是可被意識取得的。

這個發現一樣是拜中風病人之賜，他們允許醫師以他們為研究對象，從而擴展了我們對大腦區塊與功能的了解。米爾納和古岱爾注意到有位腦部有個小區域受損的中風病人說不出研究員拿著的東西（像是一本書），卻能在東西遞過來時正確地調整手的方向（無論是垂直的或是水平的）。可是另一個病人雖能正確地說出研究員舉高的東西，在東西遞過來時，卻沒辦法正確地調整自己的雙手。最後發現兩個病人腦部受損的區塊不同；一個區域受損擋住了「知識」視覺流，卻沒損及「行動」視覺流，而另一個區域受損則擋住了「行動」視覺流，卻無損於「知識」視覺流。我們還真是天生的有樣學樣。

不過，由於我們的神經結構，我們通常都不知道我們在模仿。我們從別人的行為觀察到的資訊可以獨立地左右我們的「行動」傾向，但我們並不知道。（而且我們的意識心智通常聚焦在其他事情上。）變色龍效應——再加上米爾納和古岱爾發現的兩條視覺流，以及雷何密特發現的環境依賴症候群——**看見**可以在缺少**知識**的情況下，直接導致**行動**。我們的腦和心演化的結果不但是要思考和知道，尤其是要行動，而且在需要的時候行動得很快。但除了在我們的嬰幼兒期支援我們，讓我們學習如何有適當的舉止——這一點無疑就是一大好處——變色龍效應還有哪些有益的結果呢？答案有許多層面，可是最重要的是它大大地幫助我們和其他人協調合作。

我們的模仿就像是一種社交膠水，讓兩個人或更多的人黏在一塊。無意識的模仿會提升聯繫。我的實驗室就在第二個「變色龍」研究中親眼見證。我們把第一次實驗的角色反過來，要實驗同謀在他們隔著一張桌子討論相片時，以很巧妙的方式來模仿受試者的身體姿態與肢體動作。而在控制組中，實驗同謀沒有模仿受試者。之後，實驗同謀離開房間，我們問受試者關於實驗的各種問題，包括他們有多喜歡另一名受試者（其實是實驗同謀），以及他覺得兩人的互動有多順利。與不模仿的對照組相比，如果實驗同謀在他們討論相片時模仿受試者，受試者就比較喜歡他，覺得他們的互動比較好。有人的舉止和我們近似，即使是在很不起眼的地方，我們也能看出來，而且更喜歡這個人，覺得有某種聯繫；而且我們跟他們的互動也會比較順利，我們的行動似乎協調一致。我們天生就有跟別人做一樣的事的傾向，這讓我們感到更強烈的同行感與友善感。而且，就像但丁跟他的詩的冰冷一樣，這種行為同步性以及聯繫效應顯然是人類文化覺察了幾千年的事情——當然是在無意識裡。

一千年來，我們知道了儀式性行為的聯繫力量，也就是人人在同一個時間做同一件事情。從有歷史以來，大多數的時間裡，軍樂隊和鼓手都跟著軍隊一起行進，讓部隊的腳步一致。羅馬人拖著一支樂隊在公元前兩百年征服了歐洲。士兵不僅跟著樂隊的節奏前進，而且經常利用振奮人心的歌曲來幫助他們熬過幾天、幾週，有時是幾個月的行軍。（一次大戰時，據傳比利時平民說德國占領軍最讓人受不了的一個地方就是士兵不停地在唱歌。）軍隊現在已經不再拖著樂隊上戰場了，但公眾生活中我們仍有許多地方會一起行動。比方說宗教祭典，我們往往一起站立、一起跪下、一起吟唱。同樣地，我們在運動賽事之前會一起起立唱國歌——硬要說的話，可以稱之為世俗的宗教祭典——儘管我們會為不同的隊伍（以及球衣）加油，一起唱國歌卻提醒我們大家都屬於同一個國家。我們甚至能用模仿以及結交關係的無意識力量來改變他人的行為，包括需要由其口中問出情報的罪犯。利用我們想和別人認同的無意識衝動，司法人員或許能夠不靠脅迫而打通一條新的破案途徑。那是說，他們選擇這條路的話。

可惜，偵訊者使用的傳統方法，現在仍是最常見的方法，就是創造恰恰相反的氣氛——威脅、霸凌，甚至刑求，只為了能套出嫌疑犯的話。去一趟倫敦塔參觀，你會看見的第一樣刑具就是在中央的「血腥塔」，那裡關的是英國的敵人，囚犯被綁在架上偵訊，他們的骨頭會慢慢被拉斷，身體殘破不堪。而五百年後的今天，類似的刑求依然發生。

二〇〇二年十月，有個叫阿布．祖貝達（Abu Zubaydah）的人被關在中情局位於泰國的一個「黑站」拘留中心。（兩個月前，他在巴基斯坦被美國的秘密武力俘虜。他在隨後的小戰鬥中中槍，醫療人員為他治傷，確保他不會送命。）中情局相信——卻弄錯了——他是蓋達的高階人員，握有關於九一一事件、賓拉登以及在阿富汗的恐怖分子訓練營的重要情報。為了得到情報，偵訊者使用了政府所謂的「增強偵訊技術」來強迫這名囚犯馴服合作。中情局的增強偵訊技術就是水刑——他們把祖貝達綁在這個中古世紀的酷刑刑具上，居然多達**八十三次**。光是想像他的經歷就讓人痛苦難當，但是你非去想像不可。

可能早已經虛弱不堪的祖貝達——他在拘留期間也喪失了一隻眼睛——會感覺到偵訊者把他的身體綁在一片傾斜的木板上，但他看不見接下來的部分，因為他們在他的臉上蓋了一塊布。接著偵訊者開始倒水，水浸濕了布，灌進他的口裡。如此會製造一種溺水的感覺，同時也伴隨生理上的驚慌狀態。而就在祖貝達又喘又嗆的空檔，中情局幹員逼問他，接著又灌更多的水。那種聲響絕對是不堪入耳——咕嚕聲、抽氣聲、嗆咳聲、呻吟聲。然後中情局幹員增加水量，堵住了他的氣管，最後他的身體猛烈抽搐。在經過了像一輩子那麼久的時間之後，祖貝達會感覺到木板向上翹，讓他又能呼吸。接著是更多的質問，要求他提供他壓根就不知道的情報。可是這種非人的待遇卻沒有停止。

二〇一六年一篇真正叫人難受的文章中，學者蕾貝卡．戈爾登（Rebecca Gordon）研究了祖貝達的案子，從邪惡開始，以令人憤慨的缺失結尾。他不但受了水刑，還被剝奪了好幾天的睡眠，反覆撞一面據稱的軟牆，還被迫聽巨大的聲響，長時間聽那種聲響是會導致精神錯亂的。九一一的傷痛刺激了美國的武裝力量，讓他們以他們相信的更崇高理由為藉口，讓別人嘗到更大的傷痛。依他們看來，為達目的可以不擇手段。小喬治．布希總統（George W. Bush）使用了他們從祖貝達拷問出的情報來為入侵伊拉克強辭奪理，也為在所謂的「反恐戰爭」期間施加在無數囚犯身上的「增強技巧」——刑求——來強辭奪理。只不過，後來他們承認了，他們利用這些方法從祖貝達口中拷問出的情報完全沒有價值。這種偵訊方式從頭到尾都是錯的。

我們的這個世界仍然有恐怖分子會殺害無辜的人，美國以及其他政府也用各種不同的招數從他們羈押的人身上取得情報，有許多仍然相當不人道。這是壞消息（糟糕透頂的壞消息），但好消息是司法鑑識科學家有了新的成果，強調無意識的模仿與擬態心理，為負責偵訊嫌犯與敵人的單位提供了替代之道以及較不殘忍的模式。他們說這個新方法比起傳統的那種吃罰酒的方式來，也比較能夠取得更有效且可信的情報。在傳統的酷刑下，嫌犯為了不要再吃苦頭，偵訊員想聽什麼他們就會說什麼。模擬和擬態釋放出相似性的訊號，表達我跟你對眼前的事物有同樣的感覺和反應。這會加強聯繫，在之前的兩個陌生人間創造出融洽的關係，正如幾千年來用於大型社群的儀式，它能促進分享與合作。因此大家就會認為要讓一個不合作的人變得合作，建立融洽的關係就會是一個好方法。

紐約州立大學水牛城分校的馬克・法蘭克（Mark Frank）與同事檢驗了這個方式運用在犯罪調查以及偵訊方面的可能。合作的證人是調查時主要的情報來源。如果接受詢問的人和提問的人之間建立起一種正面的感覺，嫌犯或是證人就會比較合作。而要是他比較合作，他就較可能提供確實又重要的情報。法蘭克團隊做了一個實驗，研究這種融洽關係是否影響了目擊證人報告的正確性與完整性。他們採用了一段真實事件的影片，讓所有受試者看，只看一次，就跟真正的目擊證人也只會看見關鍵事件一次一樣。影片是彩色的，只有一分鐘長，影片中有名男性旁觀者突然拔腿狂奔，衝進了一輛燃燒的汽車中（顯然是自殺），沒有入鏡的旁觀者焦急地大叫，最後消防車抵達。看完之後，受試者會以三種方式來接受詢問：一個是充滿同情，建立起融洽關係；一個是冒冒失失又冷漠；一個是標準的不偏不倚，也就是大多數的執法人員所受的訓練。

第一組建立起了融洽的關係，詢問者的姿勢更放鬆，語調更溫和，而且直接稱呼受試者的名字。第二組用的是第二個方法，節奏較緊張，說話會中斷，姿勢僵硬，也不直呼受試者的名字。再來是傳統的中立組，結果證明這研究做對了。

三組之中，融洽關係組的受試者說的話最多，提供了更多正確的情報（多達五十%）。不過多花個五分鐘的時間建立融洽關係，就能夠在獲取正確情報上有顯著的效果。

第一次的研究並沒有特地使用模仿或擬態來建立融洽關係，不過法蘭克的第二次實驗就用上了。這次他的夥伴是保羅．艾克曼以及約翰．亞伯羅（John D. Yarbrough）。他們為執法機關以及國家安全機構設計了「改善人際關係評價」（Improving Interpersonal Evaluations，IIE）。IIE的基本前提是優秀的、有效率的偵訊人員會和對象建立起融洽的關係，以便創造一種更為舒適自在的環境。而一個創造融洽關係的方法就是模仿，偵訊人員設法配合受偵訊者的行為。這就會用上我和查特蘭在我們第一次的變色龍研究中運用的操縱手法——坐姿、一手托腮。法蘭克團隊增加了方言模仿，就是使用和證人相同水平的語彙。在這個偵訊技巧中使用模仿的目的是要在偵訊者與受偵訊者之間建立起行為的同步性，因為同步性（就像在團體儀式中）會讓聯繫與好感增加，從而培養出信任感，得到彼此的合作——像是迅速調製出膠水，黏住兩個人。事實上，IIE的使用說明上就明確建議間隔時間測試融洽關係是否仍存在，方法是故意調整自己的姿態，看被訊問的一方是否跟從（也模仿回來）。ＩＩＥ現在已廣泛運用在執法人員的訓練上，因為這比傳統的偵訊技巧要進步多了，而且成果也已獲得證實。

當然不是只有偵訊者在使用（或可能使用）這種正面的模仿效應。荷蘭有一項研究，一組女服務生不複述顧客的點菜，另一組複述（模仿組），但是她們並不知道為什麼要（她們不知道是什麼實驗）。複述顧客點菜的服務生拿到的小費要比不複述的多很多——模仿顯然增加了服務生與顧客之間的聯繫與好感，而較正向的經驗也在最後獲得更多的小費。一家大型法國百貨公司在家電部門也做了研究，四名二十來歲的男性店員輪流模仿或不模仿消費者對不同ＭＰ３的問題。模仿誰、不模仿誰完全是隨機的。比方說，「你可以幫我挑個ＭＰ３給我孫子嗎？」「嗨，當然好。**我可以幫你挑個ＭＰ３給你的孫子**。他多大了？」這些消費者到停車場取車時會有人去請他們為這次的購物經驗以及為他們服務的店員評等。他們也被問到是否買下了ＭＰ３。被模仿的人當中有將近八十％買下了ＭＰ３，而沒被模仿的人有六十二％；再者，被模仿組對店員以及百貨公司的好感更大。這些實地研究展現了在我們的日常生活中模仿在好感與聯繫方面的力量。

會傳染的行為

如果我們看見什麼就做什麼，那麼我們在日常生活中看到某人的頻率越高，我們做他們做的事的機會就越大。那麼我們最常看見的人是誰？當然是我們的人生伴侶。

我們的變色龍天性還有一個後果，就是在長期的戀愛關係中有著驚人的生理效應。想想看結婚二十五年或三十年或更久的中年夫妻或老年夫妻。他們每天見面、每天說話，而且無時無刻不見到彼此的面部表情和情緒反應，無論是有意識的或無意識的。如果你的伴侶開心愛笑，那你也可能會一樣；如果他們傷心消沉，你也可能會變成那樣。你們兩個共度了一生，你每天，甚至是每一分鐘都在無意識地模仿你的所愛。結果，幾十年下來，你也容易以同樣的方式使用相同的面部肌肉，分享彼此的情緒與表情，於是多年之後你的臉上會出現同樣的肌肉與線條。換句話說，理論上你們在一起的時間越久，就會越相像。真的嗎？

為了要測試這個假設，我的指導教授羅伯．札瓊克跟密西根大學的同事分析了新婚夫婦的相片——個人的照片，不是一起拍的情人照——然後他們又分析了二十五年後同一組夫婦的相片。每個人的相片都和自己的配偶的相片做配對，同時也和另一個同齡的陌生人配對。這些配對相片的相似性則由另一群不認識相片中的人或不知道其中有夫婦配對的受試者進行評估。評估者認為，夫婦配對的兩人與陌生人配對的兩人相比，夫婦配對之間的容貌更像。但更重要的是，結婚二十五年的夫妻比剛結婚的時候更相似。而跟他們的外貌相像的解釋一致的地方是，他由於他們在彼此身上付出更多注意力，對許多生活上的事件有相同的情緒反應，他們也更開心。此外，夫妻的長相越是被評為相似，這對夫妻就越幸福。我跟班上的學生說要小心挑選結婚的對象，因為最後他們會長得跟他們一樣！模仿不僅是最高的恭維，也是愛情魔藥呢。

不過，我們與生俱來的模仿與擬態並不會讓我們反過來隨便信任別人、跟別人合作。舉例來說，萬一某人的行為讓你不信任他呢？記得第六章由歐瑞安娜・艾若根做的研究吧。受試者在觀察別人的手指動作時接受腦波測量。我們測量出的特殊腦波屬於「鏡像神經元系統」（mirror neuron system），也就是大腦對我們的所見非常快速的反應，並且會製造出做（映照）同樣動作的傾向。我們發現這個系統一般在受試者觀察另一個人的手指動作時會變得活化，可是受試者觀察的人如果在經濟遊戲中剛背叛過他，這個系統就不會變活化——這是模仿的最初、即時的階段。我們大腦的模仿機制對於誰能信任誰不能信任是很敏感的，而且是發生在我們甚至不知道的層面。畢竟，並不是受試者**選擇**不要模仿那個騙人的傢伙，而是支持做這種模仿的無意識機制被早早關閉了，受試者壓根就沒有機會去選擇。

我們都想要有正向的社會關係，不想孤伶伶的一個人。可是人生不如意事十常八九，而在挫折與錘鍊的學校裡，有時我們會被排斥，就像一個可憐的小孩下課後沒有人要跟他一起玩，或是長大成人後，一群人下班後一塊去喝一杯，卻沒有人想到要問我們去不去。那才叫冷漠呢！研究發現我們在面對這樣的情況時，會變得比平常還要有動力去跟我們遇見的人建立新的聯繫，而在那種時刻我們比平常更可能會模仿別人。就好像變色龍效應的優點早就已經嵌入我們交朋友、讓別人喜歡我們的目標裡了。在求愛的過程中有一種類似的動力也會發揮效用，我們大家都知道，在這件事上想達到目標是需要相當的努力的。演化也把變色龍效應放進了我們求偶的百寶箱裡。我們自私的基因使然，讓約會和交配全都是為了要繁殖，把我們的基因安全地傳給下一代。所以你就不會奇怪在某個實驗中，男人會更賣力地模仿擬態某個剛好在排卵期最高峰的女人，儘管他並不知道。

但有優點就必然有缺點，如果對我們行為的外在影響——無論是模仿他人的變色龍效應，或是環境自然誘發行為的雷何密特效應——會和我們的目標或是重要的動機衝突，我們就會想要抗拒這些影響。二十年前有一場研討會，我剛發表完我們的變色龍效應研究結果，就輪到蘇格蘭心理學家尼爾．莫克雷（Neil Macrae）上臺。他請在場看過《一路到底——脫線舞男》（*The Full Monty*）電影的人舉手。當時這是一部很賣座的電影，說的是一群落魄的英國男人決定要跳脫衣舞。許多人看過，紛紛舉手。接著莫克雷問他們電影演到男主角在舞臺上脫掉衣服時——也就是俗話說的「來全套的」——在戲院中也跟著站起來脫掉衣服的人繼續舉手。觀眾哈哈大笑，只有幾個愛開玩笑的人仍高舉著手。可是每個人都聽懂了他的意思。

行為傳染效應並不是必然且不可控制的，因為，不像雷何密特的病人，我們對於要不要跟別人做同樣的事情是有控制力的（只要我們了解自己也正在做這件事情），而且只要我們有意，也能夠刻意去模仿。記得達爾文對我們的情緒表達也說過差不多的話吧。在我發表過變色龍效應之後的招待會上，我親眼目睹了許多人努力要控制這個效應，當他們發現他們深陷其中的時候。因為我約莫一個小時前才剛談過這個效應，那些參加招待會的人更有可能覺察到他們的行為，看著每個人盡量**不要**去模仿別人，實在很好玩。我會面對某個人站立，交抱雙臂跟他聊天。他也會做同樣的動作，可是一醒悟，立刻就把手改成別的姿勢！（我們兩個都在那一刻笑起來，知道是怎麼回事。）正如莫克雷舉的例子所表示，若是感知到去做別人做的事會付出什麼代價，變色龍效應就不太可能會發生。還記得小時候纏著父母親要讓他們允許你做什麼事，還搬出你的朋友全都在做的那一套嗎？記得他們的標準回答嗎？**要是你的朋友都跳崖了，你也跟著跳嗎？**

這個嘛，不，我們不會。莫克雷與同事露西・強斯頓（Lucy Johnston）用一個分為兩個部分的研究證明了行為傳染效應的限制。首先，他們以標準語言測驗方法中樂於助人的詞彙促發了受試者，進而產生一種類似雷何密特形式的、去助人的衝動。接著他們感謝受試者，讓他們以為實驗結束了。但是在離開大樓的電梯中，真正的實驗才登場。電梯裡有一位研究團隊成員，他掉了很多枝筆在地上，看似是意外。接下來會發生什麼？那些有被樂於助人的詞彙促發的人比較可能彎下腰來幫忙撿，沒有被促發的受試者則不會。語言測驗中與助人有關的詞彙達到了提升受試者助人傾向的效果——**不過**如果原子筆又髒又漏水就另當別論了。這種情況下，只有極少數受試者會幫忙撿，即使之前他們都在語言測驗中看過與助人相關的詞彙。「做別人做的事」的代價或是起抑制作用的因素就發揮了作用，阻擋了無意識的影響力。

這個「漏水筆」研究也指出無論在何時，我們都會在不止一項的行為上接收到無意識的建議，而且建議之間很可能會互相矛盾。漏水筆研究中那些受到助人促發的受試者有助人的衝動（他們在原子筆不漏水的情況下較樂意助人），但如果那些骯髒的漏水筆看起來好像會傳染什麼細菌或疾病，他們甚至會有更強的衝動不去撿筆了。你可能會想起一個殘忍卻很能透露人性的隱藏攝影機噱頭，製作人把一張百元大鈔塗上一點狗大便，擺在人行道上。結果，碰上了這種難題，不同的人有不同的代價門檻（當然對一百元的需求程度也因人而異）。有的人會一把抓起鈔票，有的人則否。不幸的是，並非只有合作行為可以透過外在環境線索獲得提升，粗魯以及反社會行為也一樣。

莫克雷與強斯頓證明了光是看過或是使用過與助人相關的詞語，就能讓電梯中某個人的助人意願增加，我們的實驗室也證明了粗魯（以及禮貌）也能以同樣的模式增加。我們的受試者是紐約大學的學生，他們來到我們在華盛頓廣場的實驗室，來做與「語言能力」有關的實驗。他們先完成了一個簡短的造句測驗，詞彙和粗魯有關，或是和禮貌有關，或是與這種概念都無關的對照情境。他們被告知在完成測驗之後順著走廊去找實驗人員，他會給他們第二份測驗，然後他們就能離開了。

等他們完成了語言測驗，順著走廊去找實驗人員，卻發現他忙著聊天，而且聊天對象顯然是另一個受試者。他們會看到實驗人員立在門口，臉朝房間說話，房間裡傳來另一人的聲音。這另一個人（其實是研究團隊成員）一直在問他剛才所做的測驗，實驗人員會回答。兩人一來一往，實驗人員的注意力完全集中在這另一個人的身上，而真正的受試者則站在附近。我們想知道受試者會等多久才會打斷他們的對話，他的反應會有多「禮貌」或多「粗魯」。一等受試者接近，實驗人員就會偷偷啟動口袋裡的碼表。

受試者等在旁邊，準備要拿第二份測驗，實驗人員卻聊個沒完。這情況會持續下去，一直到受試者終於打斷他，向他要第二份測驗——或是等到十分鐘過去，這時施測人員會暫停碼表，把第二份測驗卷給他。（說真的，我們把這個研究提案交給負責審查核准心理學實驗的大學委員會時，並沒有列入這個十分鐘限制，是他們要我們加上去的，怕受試者會站在那裡等一輩子！我們壓根就沒想到有這種可能，因為紐約客一般可不是以耐性和禮貌聞名的。我們直接就假設不出幾分鐘，甚至幾秒鐘，大家都會打斷對話。結果，我們錯了。）粗魯組和禮貌組的受試者會等多久才打斷，這就是重要的衡量點。正如我們的預測，相比在第一次的語言測驗看過與禮貌相關詞彙的人，看過與粗魯相關的詞彙的人更有可能去打斷實驗人員（而他們大多數也如此），而且他們沒有等很久，很快地就打斷實驗人員。可是讓我們驚訝的是禮貌組中有大多數的人壓根就不打斷，只是耐心地在那裡等了整整十分鐘。

佛羅里達大學的研究人員把這個粗魯促發效應帶出了實驗室，用在商學院的教室中。他們指出在職場上，別人的粗魯是「會傳染的」，就跟一般的感冒一樣，會一傳十十傳百。在談判課上，一個人的談判夥伴在這一個星期的粗魯言行會導致承受粗魯的對象在下一週內對另一個人粗魯。研究人員也證實了目睹工作團隊的負責人非常粗魯地對待一名成員，其效果跟我們的「粗魯」語言測驗差不多，在他們的受試者心裡促發了粗魯的概念。這就是為什麼閱讀與粗魯相關的詞彙在行為上的效應跟在真實世界的環境裡目睹實際的粗魯會一樣。兩種活動都導致行為概念（這裡的例子是粗魯）變得比較活化，而它越活化，你就越有可能表現出那種行為。

佛羅里達大學的研究證實了變色龍效應也能影響很多人的工作日氣氛。你同事的行為——當然也包括你自己的行為——能夠蔓延整個辦公室。研究人員總結說，很多人不知道他們粗魯侵略的行為來源就是他們所目睹的別人的粗魯行為——而這種負面行為的傳染現象對於組織與社會的後續影響以及影響的規模，可能超出了我們的理解範圍。有時反社會行為的傳染病毒並不是來自於他人的行為，而是來自於他們的行為留下來的可見後果。我說的是打破窗戶、塗鴉、亂丟垃圾、各種的漠視，甚至是對自己的城市及社區表示鄙視。我說的是一九七〇年代、八〇年代、九〇年代的紐約市。

破窗戶與狀態更新

唉，沒錯，紐約。那是一九九五年，我們剛在實驗室中完成了粗魯或禮貌誘因導致打斷與否的研究。就如雷何密特的中風病人一樣，他們的行為線索來自環境，而且影響了他們在繼之而起的情況中的行為表現。可是這種事不是我們每天都會發生的嗎？在我們所住城市的街道上、在我們農地後面的馬路上、在我們小鎮的餐館裡？別人在做什麼、別人有什麼行為，這類線索時時刻刻都會流過我們的感官。紐約最出名的地方就是這裡住了全世界最緊張、最無禮的人，可如果是禮貌的線索流進了他們的心裡，他們也可以是最懂得尊重、最懂得禮貌的人。（起碼暫時可以如此，大家還是別興奮得過頭了。）

我剛搬到紐約市的頭十五年，紐約最缺的就是尊重和禮貌。紐約市跌到谷底。大蘋果遭遇了病蟲害，向下沉淪，而且變成了一片城市荒原。美國經濟低迷，而這個國家最具指標性的城市瀕臨破產。結果就是這個地方無論是在實體上或是道德上都在瓦解。許多地主受夠了維修管理的經濟壓力，一把火燒掉了他們的樓房，詐領保險金，丟下了一堆廢墟，一處處的空殼迴盪著曾在此安身立命人類的生命遺跡。到處是垃圾引燃的火災，無家可歸的人在街上遊蕩。海洛因毒癮肆虐社區，到處都是暴力和犯罪。地鐵不時發生搶劫，時報廣場是性交易的霓虹王國，每一個自治區都成了風化場所。就連自由女神像都變了模樣，她腳底的水因為紐約港的油汙染而變得油膩，散發出虹光。有許多人在納悶這麼一個偉大的城市怎麼會淪落為這樣的黑暗深淵。

純粹是巧合，就在剛當選的魯迪．朱利安尼市長（Rudy Giuliani）正要實施他的「整頓小事」計畫之際，我們也在相同的時間進行了我們的粗魯－禮貌研究。朱利安尼公開主張的理念和破窗理論一致，他說如果嚴厲打擊小罪，諸如破壞他人財產、亂丟垃圾，甚至是違規穿越馬路（警察真的開始給那些穿越大馬路不走斑馬線的人開罰單，好比說第五大道），那麼較大的、較嚴重的犯罪就會減少。要是大家看到較乾淨的街道、完整的建築物和門面，會在小處違規的市民就越少，比如任意穿越馬路，他們對彼此就會更尊重，整體而言也會更尊重法律。而朱利安尼的計畫，在當時許多人眼裡有如空中樓閣，卻與那時剛出現的心理研究完全合拍。那時的心理學研究旨在探討外在環境線索如何直接影響社會行為。我們對禮貌與粗魯這類概念的心理表徵，以及其他數不清的行為，像是侵犯和濫用物資等等，在我們直接目睹了這類社會行為與情緒之後會變得活化，這樣的方式是有傳染力的。而紐約市的人民在一九七〇和八〇年代可見識了不少敵對與上癮。還有垃圾。

大量的垃圾。街上到處是垃圾，牆上火車上覆滿了塗鴉。可是這一切真的影響了幾百萬紐約人的行為嗎？說得更不客氣一點，要是把垃圾和殘骸都清理乾淨了，犯罪率真的就會下降嗎？（如果你在一九九五年回答是，我就會跟你說東河上有條橋，我很樂意虧本賣給你。）

可是等等——說不定可以喔。說不定還真的成。二〇〇七年《科學》雜誌報導了一群荷蘭研究員，他們把城市中一整條街道的外貌改變了，墻上可能都是塗鴉或是上了新漆（不復見塗鴉）。接下來，他們把廣告傳單貼在那條街道的腳踏車停車架上的每一輛腳踏車的龍頭上（荷蘭人到哪裡都騎腳踏車，所以腳踏車數量很多）。然後研究員等著看腳踏車主會如何處理廣告單。注意唷，在牆上塗滿了塗鴉時，把廣告單丟在地上、製造更多垃圾的腳踏車騎士比較多。沒有了塗鴉，亂丟垃圾也減少了。並沒有人實際地看到有人在牆上塗鴉，所以這並不是變色龍效應，可是有人在牆上亂畫的痕跡或後果就在眼前。其他人的反社會行為跡象——塗鴉——促發了腳踏車騎士的另一種反社會行為，就是亂丟垃圾。這也是某種的雷何密特效應。

荷蘭研究員又以別種方式證實了同樣的效應，這一次也是在實際的城市環境中。他們把同樣的廣告單夾到某個停車場的汽車雨刷下。要是汽車的四周有亂放的購物推車——顯然是顧客從附近的超市推出來的，儘管有許多告示請大家不要這麼做——亂丟廣告單的人就比較多，而如果沒有購物推車（沒有反社會行為的線索），亂丟垃圾的人則較少。

在城市居民的集體無意識中，可以說反社會行為就像病毒一樣擴散。他們所看見的一切都是他們自己所做的。可這不就跟看半空的一杯水是一樣的嗎？你也可以說是半滿的啊——腳踏車騎士看見牆上沒有塗鴉，亂丟垃圾的人就**比較少**；停車場的駕駛沒看見違規推出的購物車，亂丟垃圾的人**比較少**，在這個研究的兩個例子裡都是因為缺少反社會行為線索。所以讓我們回到朱利安尼在一九九〇年代的大實驗。結果如何？

我那時正好不在紐約，到德國南部去休假一年，就在一九九〇年代中。我回來後，對於短短一年間發生的改變大為驚異。我本以為會和過去休年假回來一樣，遭受同樣的文化衝擊——在習慣了德國小鎮的乾淨街道以及低犯罪率之後，必須重新適應吵雜、危險的紐約市。可是這一次的衝擊是因為沒有文化衝擊。街道似乎乾淨多了，市民甚至還和氣了一點。我尤其容易注意到這些改變，因為我離開了一陣子，並沒有體驗到紐約市的逐步行為改變，不像我的公寓鄰居和心理系的同事有親身經驗，可是他們也都注意到了。

這一時期的犯罪率也證實了我的印象。在一九九〇年代中，紐約市的重罪犯罪率下降——傷害與兇殺居然降低了**三分之二**！這麼大的數字當然有別的理論可以解釋，也有額外的原因，但也很難去否定這個正面的結果，也就是日常的環境變得更乾淨更文明、更少見到小罪的痕跡（破窗理論的名稱由來）。荷蘭研究人員的發現也確認了紐約市的沉淪會那麼嚴重至少有部分原因是行為線索告訴大家「打破窗戶」沒有關係，而紐約市能再起則是因為設立了一種強調正向行為的文化線索。

我之前說過，我已經不住在紐約市了，其實我根本就遠離了都會。我住在康乃狄克州中央的農場上，跟我的一家子、我們的狗和貓，以及居住在那個地區的其他動物。在曼哈頓和布魯克林住了二十多年，這樣的轉變不能說不小，大大地減低了我置身於他人行為的影響之下——我指的是行為者本人。不過今天不管是市區或郊區，網路與社群媒體無遠弗屆，而新的研究指出線上的心情、情緒、行為跟網路以外的「真實生活」（本人）行為一樣具傳染力——而且可能還有過之。無意識模擬別人的行為並不因為我們看見的是數位型態而不是具體型態就會停止。事實上，由於社群媒體能比之前更廣泛地連結我們和別人，今天，傳染的效果相較以前有了**更多**的機會。

一群鳥的動作一致，因為牠們感知了彼此的動作與速度，而感知與行動之間在腦部有直接的連結。我們人類也一樣會被同儕的行為影響，不過和鳥類不一樣，我們能夠間接地或是虛擬地看見、聽見別人間接地與實際上做的事情，像是透過電影、錄像、電視、報章雜誌。這些媒體以變化萬端的方式深深嵌入了我們的真實生活，我們不再只是被動的影像與文字的消費者，而是自己也不斷地在創造圖文。媒體**變成了**我們的真實生活。我們能夠在臉書、推特、Instragram、Snapchat上追循過去以及現在的大群朋友，他們也能追蹤我們，而且我們也能夠追蹤名人的生活、想法以及行為。「追蹤」他人就意味著我們非但是暴露在他人的行為與觀點之下，也在他們的心情與情緒之下。結果，變色龍效應比我們在一九九〇年代剛開始研究的時候還要大很多。

社會學家詹姆斯．法勒（James Fowler）以及尼可拉斯．克利斯塔奇斯（Nicholas

Christakis）做過幾次大型社群網絡行為的研究，研究展示了行為和情緒以多少形式在網路上的社交連結擴散，導致你總是間接地被你所不認識的人影響。比方說吧，你認識包伯，包伯認識岱爾，岱爾認識瑪麗，瑪麗認識韋恩，可是你既不認識瑪麗也不認識韋恩。無所謂，因為他們會影響你**認識**的那些人，無論瑪麗或韋恩是開心、合作、沮喪或過胖，你也很可能會跟他們一樣。

據發現，如果社群網絡中的人表達了某些情緒，做了某些行為，或是有同樣的特質，這許許多多的情緒和行為就會更容易擴散，影響某個特定的人。你和開心的人越常接觸，你就越開心；你和過重的人越常接觸，你自己也容易會過重。和你同社群網絡的人跟別人合作時，你也會比較合作；而他們如果非常傷心，你也會有點傷心。跟我們有朋友、家人、同事關係的人的心情與行為可能會「傳染」我們，傳染的範圍通常是至少三個人——三個虛擬分隔——結果你完全不認識的人卻在影響你的行為與情緒，因為他們認識某人，而這個某人是你認識的。當然啦，事情也可以是反過來。

一個人平均在臉書上有三百個朋友，所以我們自己的心情和行為也大可以影響一堆人。臉書的研究人員測量了特定臉書用戶在其訊息更新頁看到他人貼文後，他們自己的貼文可以有多正向或負向。結果顯示如果看到越正向的貼文，自己的貼文也越正向，反之看到越負向的貼文，自己的貼文也越負向——**影響可長達三天**。詹姆斯難過又憂鬱，而且表現在他的臉書貼文上；他的朋友瑪麗的貼文受到了影響，不過你的也會，因為你認識瑪麗，即使你不認識詹姆斯——而且在詹姆斯貼文的三天之後仍然如此。也許我們應該要小心我們在社群媒體上把自己曝露在什麼類型的人前面。

在另一個類似卻更具爭議性的研究中，臉書研究人員刻意操弄了將近七十萬名臉書用戶的訊息更新頁的正向性或負向性。他們並沒有捏造貼文，而是篩選了這些用戶的臉書朋友的貼文。（我從這個研究學到了一件事，就是我們大多數人不會看所有朋友的貼文，因為數量實在是太龐大了，我們想看也看不完。所以，臉書的程式設計每天都會根據某個標準過濾這些貼文，只把一小部分放進你真正會看的貼文中。）某些用戶的資訊更新頁透過程式設定變得比一般更負向，而另一些則是比一般更正向。研究者透過分析接收者的貼文內容和語氣，測量改變用戶所閱讀的貼文心情如何影響他們作為接收者的心情。他們發現，若人們處在他人較正向的貼文中，他們會發較正向的貼文；若人們接觸較多負向貼文，他們自己的貼文也偏負向。這個研究告訴我們所有類型的行為，包括暴飲暴食和與人合作、粗魯或有禮、愛亂丟垃圾與否，這些行為在社群網絡上的傳染力也和目睹行為者本人一樣。無意識的模擬並不需要物理上的靠近。

同樣的原理也可以應用在我們的閱讀上，比方說看小說，我們會沉迷在一個不同的世界裡，由故事主人翁的觀點去看。康乃爾大學的研究人員要受試者讀一篇故事，女主角為了去墨西哥坎昆海灘度假而持續在減重，結果讀者自己的減重目標也被促發——但是如果故事中說女主角達成了減重的目的，讀者自己的減重目標就不會激發。因此，讀者本身的個人目標是否激發，端視主角的目標是否激發。第二項研究發現了同樣的結果，但也發現讀者越是認同主角，就越想要減重。不過，這得要在主角減重成功的條件下，而不是在她失敗的時候。顯然，不僅「看見什麼就做什麼」是真的，「讀到什麼就做什麼」也是真的。

我們置身的社會環境也會示意我們應該要有何舉止，而這些規範也在無意識中指導我們，輕而易舉就限制了我們的行為，以便融入環境、舉止合宜（同時不突出，引起他人的反感）。一九五〇年代的一項劃時代的社會學研究中，羅傑・巴爾克（Roger Barker）經過幾個月審慎地觀察「中西部」（後來才知是堪薩斯州的歐斯卡魯沙市）的居民，發現決定人們舉止的最大因素並不是他們的人格或個性，而是他當時的**所在地**——在教堂做禮拜、在理髮店、在家裡、在公園裡、在餐廳、在高速公路上。每個人在教堂裡都很安靜，乖乖坐著不動，在公園裡會跑來跑去而且有點吵，在餐廳會耐心等著上菜，在高速公路上車流多時比較不耐煩。不同人在同一個場景的行為的相似性，遠遠大於同一個人在不同場景的行為的相似性。如果你留心去觀察你自己和他人的行為因為場景不同而明顯改換，你也一定會發覺這個對人類行為的強大影響。你就會看到自己做什麼。

荷蘭有個研究也同樣展現了場景設定效果的無意識本質。這次是在大學裡，包括學院圖書館。我們都知道，圖書館裡不可大聲喧嘩，因為大多數的人是去讀書的。在實驗中，他們要求大學生把一張信封帶到校園的另一個地方。如果這個地方是圖書館，而不是另一個地方，比方說是大學餐廳，他們在去的途中就會比較安靜，說話比較小聲。目的地「圖書館」在他們的心裡活化了（即使他們還沒到圖書館，而是在人來人往的走廊上），就像「博物館」、「診療室」、「花園」對雷何密特的中風病人的影響。同樣的，我們在街上的行為規範也會影響我們的變色龍傾向，促使我們做別人在做的事情。

對我們許多人而言，生活中最常見的環境就是家裡和職場。我們經常在這兩個地方會有兩張面孔，因為適合家裡的行為不見得適合職場，反之亦然。而在那種場合中與我們互動的人對我們的期望也不同，我們在這兩個地方甚至會有截然不同的性格。我知道在家裡我是爸爸，我會開許許多多可怕的玩笑，都是我連作夢都不敢在職場上開的（爸爸都是這樣的嘛）。瑞士經濟學家恩斯特・費爾（Ernst Fehr）與同事在二〇一四年做了一系列研究，他們檢視這種不同的**特定情境身分**（situated identity）是如何在無意識中讓一個人做出相當不同的行為，甚至那在一地是不道德的，在另一地卻是道德的。他們研究了一種當地的人物——瑞士銀行家。

費爾團隊利用週末的線上實驗，趁這些投資銀行家在家休息，而不是在商場上時。他們的推論是這些銀行家在職場上有個特定情境身分，與他們在家裡的身分不同。一些銀行家在實驗開始前，透過回答幾道關於工作環境的問題而促發了其職場認同身分；而另一群銀行家則沒有被詢問職場相關的問題。然後所有人都玩一個擲硬幣的遊戲，每贏一次就能得到二十元（每次兩面的機率都相同），但是有個圈套，就是贏或輸完全聽憑玩家的說法。除了他們本人之外，不會有人知道他們是否說謊。如此一來，靠作弊來贏錢就非常容易。但是研究人員能夠檢視兩個實驗組的擲幣百分比，拿來和期望機率的五十%相比。先回答了與職場有關問題的銀行家贏錢的比例偏高，而無促發的另一組則在擲幣的自報成績上相當誠實，所說的百分比非常接近五十%的機率。別忘了這些受試者都是銀行家，兩組都是同一種人，只是隨機挑選讓誰先想到職場。

銀行家的道德行為有顯著的差異，而且完全是看他們對應兩個生活中的主要場景的個人身分在當下活化的是哪一個。從道德面來看，每一個人在公司都和在家裡不一樣。在這方面，瑞士銀行家就像哈佛大學研究的幼稚園亞裔美籍女生一樣——如果你促發了一種身分，他們會這樣表現（數學好／誠實）；如果促發了另一個身分，同一個人又會有非常不同的表現（數學差／不誠實）。這兩項研究的受試者都不知道有這樣的效果發生，也沒有刻意讓它發生。不過身分也能促發出好的一面來。

我們都進過超市，試吃過新菜餚或新食物。荷蘭心理學家愛絲特．帕皮斯（Esther Papies）與同事到超市去，一見到過重的消費者進門，就發食品廣告單給他們。有些消費者的廣告單上包含了與節食和健康飲食有關的詞彙，有些人的廣告單上沒有這類字眼。接著研究人員等候消費者買完東西，結完賬。他們就上前去，要求拍下每一個人的收據，以便知道消費者究竟買了多少不健康的零食，像是薯片。那些受廣告單促發的消費者購買零食的數量大幅下降，即便只有極少數的消費者還記得廣告單的內容，而且也沒有一個人相信廣告單影響了他們在店裡買了什麼。（如果你是他們，你會相信嗎？）儘管消費者沒有覺察到廣告單的影響，但若廣告單促發健康飲食，這對過重的顧客在購買零食上就有顯著的影響。

帕皮斯團隊在下一個實驗中挑中了當地的一家肉鋪，店裡彌漫著令人食指大動的烤雞香味。顧客在進門前就能從外面看到玻璃門上貼著海報，海報上列出了一週菜單，「使你窈窕」，而且低卡。在實驗為期四天期間，有兩個早上和兩個中午的時段中，海報都貼在門上，其餘的早上和中午時段則沒有（這是控制情境）。帕皮斯團隊觀察了顧客有與沒有被促發節食目標後，從店內大托盤上拿走免費試吃的肉類點心數量。顧客離開肉舖後，有名研究人員會請教他們一些背景問題，包括他們目前是否在節食以及他們目前的身高體重。就和超市研究一樣，海報——節食促發物——使得有飲食限制的食客（過重，而且正在節食中）在跟沒有被門口海報促發的飲食限制食客相比，他們只吃了全肉鋪一半的點心。海報並沒有影響沒有節食的顧客的試吃數量。

肥胖在今天的美國以及大多數的已開發國家都是個極龐大的健康與經濟重擔，所以這一類的真實生活促發介入是非常需要的。可是一個更強大更普遍的影響力——廣告——卻不見得會為我們著想。零食以及其他不健康食品的製造商竭盡所能要讓你吃他們的產品，而不是吃得健康，而研究結果證實了他們的廣告行銷非常成功。廣告上美味食物的圖片直接活化了連結品嘗味覺及獎賞、與吃有關的大腦區塊。拉德食物政策與肥胖中心的珍妮佛·哈里斯（Jennifer Harris）領導的一個研究就證明了廣告對飲食行為的影響。成人以及一群八歲兒童參加實驗，看一段電視喜劇影集《這是誰的臺詞？》（*Whose Line is It Anyway?*），在他們觀看時面前擺了一碗金魚鹹酥餅和一杯水。研究人員剪輯了影集，有的插播食物廣告，有的則否。播放完之後，研究人員秤那碗鹹酥餅，看受試者吃了多少。相較沒有食物廣告的情境，兒童和成人看的影集如果有食物廣告，他們都會吃相當多的鹹酥餅。因此，食物廣告的作用像是無意識的行為建議，能夠影響我們的飲食，尤其是我們毫無覺察它們對我們的力量時。

電視廣告與我們的行為之間的強大連結最近又從一個大型的全國調查結果獲得了證實。波士頓大學的醫學暨公共健康學院的研究人員調查了一千多位年輕飲酒人（他們在前一個月內都喝過酒），年齡從十三歲到二十歲不等。結果發現這些孩子在電視上看的酒類廣告多寡和他們自己的飲酒量有極強的關聯。進一步測量他們對六十一種不同品牌的酒類廣告的接觸程度；那些品牌都是在未成年青少年收看的二十個最受歡迎的非運動類電視節目播放的（而在運動節目上當然有極大量的酒類廣告）。沒有看過任何酒類廣告的未成年飲酒者平均每個月喝十四種，可是那些看過酒類廣告的卻平均每個月喝三十三種酒。而且另一個研究也發現十一歲到十四歲的孩子每天平均會看到二至四個酒類廣告。研究人員認為青少年看到的酒類廣告越多，他們就會喝越多那一個品牌的酒。

電視以及其他媒體上的食物與酒的廣告讓我們有吃吃喝喝的想法或是衝動，所以我們可能會想要再想一想我們這麼頻繁去開冰箱的真正原因是什麼，而且我們也會想更密切監督我們的孩子接觸到的廣告。

即使是用意良善的戒菸宣導也可能會有反效果，因為這些宣導包含了抽菸的線索。許多人為了很好的理由想要戒菸，因為全世界每年有超過五百萬人的死因是吸菸。可是想幫助這些人戒菸或至少減低他們的菸癮往往以失敗告終，不是因為香菸極其讓人上癮，而是因為強烈的戒菸意圖所活化的心理路徑及大腦網絡都是與渴望吸菸相關的。神經科學家就揭露了這個戒菸意圖的非蓄意後果，透過腦部照影研究，他們發現在兩種情況下都是同一塊大腦區域變得活化——在渴望抽菸時以及給予高度專注力要嘗試戒菸時。

丹・韋格納（Dan Wegner）和羅賓・瓦勒徹（Robin Vallacher）率先發現這種「諷刺的」、嘗試不去做任何事情而導致的非意圖結果。有悖常理的是，若我們嘗試不去做某件事，我們必須時刻把這件不要去做的某件事留在我們的心智中，如此一來，那個我們不想要的行為反而在我們的心智裡保持活躍，或是還會比我們沒有去想的時候來得更活躍。只要我們專注地抑制這個行為，我們可以成功地壓制那個我們不想要的行為，可是如果我們分心了，或是我們的注意力不夠集中（像是我們累了的時候），那就完了。你會比平常還容易去做你不想做的那件事，因為它太活躍、太容易取得、隨時準備進入你的心裡。韋格納和瓦勒徹在許多聰明的研究中證實了這一點，比方說叫受試者不要去想一頭白熊，結果受試者一分心，反而更可能去想白熊，還不如一開始就不要給他們這個念頭。（你可以自己試一試。叫一個朋友不要去想白熊，再叫另一個朋友來，壓根就不提起白熊這兩個字，然後比較看看誰更常想到白熊。）

同樣的事情也發生在立意良善的禁菸標誌和禁菸電視宣導上。這些要傳遞的訊息也是一樣叫大家不要做什麼事。可是這麼一來反倒提醒了大家「那件事」，而他們原本很可能壓根就沒想到要去做。這些宣導常常都是抽菸的畫面，會有一種「有樣學樣」的效應，讓觀者的抽菸傾向不減反增。香菸公司不能再打廣告了，可是他們贊助的公眾宣導，強調**抽菸**和**香菸**以及其他的視覺、聽覺線索，經研究證實了實際上反而助長了年輕人抽菸的意圖與行為。

為了要深入了解這個現象，我們的研究室實驗性地展示了禁菸訊息所帶來的反常的非意圖結果。由珍妮佛·哈里斯領軍的另一個研究中，我們讓五十六個菸槍看一段電視的喜劇影集。有些人看到中途會看到禁菸宣導（不是菲利普莫里斯的戒斷協助就是美國傳統基金會的「發現真相」活動）；另一些人看的影片則沒有禁菸宣導。等全都看過影片之後，所有的受試者都獲得允許休息五分鐘，我們觀察有多少人會利用這個機會到外頭去抽菸。結果發現看到禁菸宣導的人出去抽菸的百分比（菲利普莫里斯宣導片有四十二%，「真相」有三十三%）大大高過了沒看禁菸宣導的人（十一%）。因為呈現了有關香菸與抽菸行為的強烈線索，這些禁菸訊息反而達到了增加抽菸行為的非意圖結果。有樣學樣，尤其發生在我們被動看電視或是上網，沒有密切注意那些訊息在轟炸我們的時候。

我們的心智的模仿天性沒有好壞之分——完全是看我們在當下從外在世界接收到什麼建議，就像雷何密特古怪又活潑的病人接收到的線索一樣。我們的變色龍天性讓我們更容易做別人正在做的事。這個效應擴展到我們看見廣告中人的行為，也擴展到我們對別人在標準的場合與情況下一般會怎麼做的知識。有些情境會使我們變得更有禮貌和平靜，有些則更粗魯和敵對。有些模仿的行為，像是不誠實，會導致經濟瓦解，一如貪婪的投資銀行家；而另一些行為則能讓一個城市復興，像是朱利安尼市長以及他的紐約市同胞「忙著做小事」。

可是我們的行為對他人的效果，以及他們的行為對我們的效果，**最終還是取決於我們自己**。從實際的層面來說，你的所作所為真的會影響周遭的人以及一般的社會氣氛。（如果你是老闆或是領導人，這一點就真的不能再真了；你的屬下看見你有什麼行為，就會出現相應的行為。）你真的可以（而且也能做到）「讓愛傳出去」，立下一個好榜樣，表現出仁慈的行為，比方說是為別人扶著門、讓想要離開車陣的司機插到你的前面、放點零錢在遊民伸出來的帽子裡，或是把你不想要的廣告單拿到角落的垃圾桶裡丟。就和投票一樣，我猜很多人都懶得做這些小事，因為我們不認為這能帶來什麼改變。畢竟，我們每一個人都只不過是全球幾十億人口中的一個，只是滄海中的一顆小水滴。但是一個人的影響力、一個行動的效果會累積加倍，擴散開來影響其他許多人。一顆顆的小水滴就能夠匯聚出一道波浪。一個行為的迴響可以讓你感覺好幾天。所以如果你有機會的話，何不讓波浪動起來？

第三部

隱藏的未來

未來是被我們自己限制的世界；
我們在其中只發現與我們有關的東西。
——一九一一年諾貝爾文學獎得主／莫理斯·梅特林克

第八章 許願要當心

Hoy No Circula——今天不准開車上路。

這是墨西哥市在一九八九年為它創新的「道路空間分配」計畫起的名字。這個國家的首都，是個向四面八方輻射的大都會，在全球最髒亂城市的排行榜上名列前茅。我的一個朋友那時就住在墨西哥市，曾說每次她擤鼻子，手帕最後都會變成黑色的。嚴重的汙染以及壞到危險等級的空氣品質當然主要是因為車輛過多。這個城市的交通讓人聞之色變，而上班族的通勤距離遠得嚇人。為了數百萬居民的健康著想，市政府制定了一個計畫，強制限定墨西哥市的汽車主人的開車次數。在工作日的某幾天，他們不准開車上路，如此一來霧霾就會漸漸消散。

計畫很簡單，依據車牌的最後一個數字，一週裡有一天，指定數字的汽車不准在市區的道路上行駛。按照計畫，那天你得搭乘大眾運輸或是和別人共乘。地勢就像個缽一樣的墨西哥市每天都少一些汽車來排放廢氣、汙染空氣，市民罹患因汙染而引起的疾病的機會就會減低，早死的機率也會降低。首都整體的健康情況改善也會彌補個人的小小不便。聽起來不錯，對吧？

錯了。這個立意良善的計畫忘了把人性給算進去，我們人類會把自己的需求置於整體的利益之上。（這在政治學上是個經典的問題，叫作「公地困境」（commons dilemma），在我們的全球氣候變遷上也扮演了一個角色。）我們遇上了不方便的地方，通常都會想辦法鑽漏洞。而在墨西哥市，許多人還真找到了一個很有創意的方法來規避新的道路使用規則，因而破壞了改革政策的整體目標。

駕駛人索性再買一輛車，取得的車牌的最後一個數字跟他原先那輛的不一樣（偶數或奇數）。

這麼一來，他們還是能夠每天開車去上班——非但如此，第二輛車很快就變成一週使用四天，而不是一天。所以霧霾和塞車沒有解決，新的政策反倒讓車輛的數目、塞車、霧霾變得更多。這些第二輛車當然大多是中古車，現在又從外圍地區湧入墨西哥市，比市區原有的車輛更老舊、汙染更嚴重。新的道路使用計畫實施半年後，市內的耗油量大幅攀升，汙染以及塞車也更加嚴重。

即使（也可能特別是）在非做不可的時候，未來也是很難預測或是塑造的，尤其是又涉及了人類的行為。這樣的情況在為了大局著想而強制限制個人自由的時候格外真實，就像墨西哥市的例子，或是為想要的行為提供獎金或獎賞時。有一個很出名的例子，這個例子還創造出了「眼鏡蛇效應」（cobra effect）。印度政府提供幾百元的獎金，要民眾殺死眼鏡蛇並且帶到有關單位去，為的是要幫助鄉村擺脫這些危險又太過常見的掠食者。可是這個新政策卻反而增加了，而不是減少了眼鏡蛇的數量。事實上，它還造成了眼鏡蛇的蛇口**爆炸**！為什麼？因為許多人為了要把蛇抓去領賞，開始主動地餵養眼鏡蛇。

我在參與第一次心理實驗中算是養過眼鏡蛇，你可以這麼說，那時我還在大學修心理學導論。心理學入門課特別要求學生參加一個五或十分鐘的實驗，在這個實驗中我得做「轉盤追蹤作業」（pursuit rotor task），這是一個傳統的實驗，非常強調專心以及手眼協調。你得用手上的金屬棒去輕觸一片金屬碟，金屬碟在舊式的唱盤上快速旋轉，這麼一來便使一個電路完整，進而啟動一個計時器，記錄下你能持續讓金屬棒接觸金屬碟的時間。研究生實驗人員跟我說明我要做兩次，而且我會得到獎金，最多是十元，端看我第二次比第一次進步多少。在一九七〇年代，十元對一個大學生來說可不是一筆小數目，所以他讓唱盤轉動，叫我開始，然後就回控制室了。當然，我的第一次慘兮兮。因為某種理由吧，咳，我就是沒辦法讓金屬棒點在金屬碟上很久。第一次結束後，研究生進來，一臉擔憂，問我是否理解這個作業以及我應該要做什麼。我說當然啊，但是這真的是（咳咳）太難了啊。他再次啟動唱盤，回到控制室。我第二次好多了——其實幾乎是完美。他再回來時，一臉的懷疑——而且是很勉強地數了九張鈔票和零錢給我。經濟學家會說我的行為相當合理，獎金太大了，所以為了要讓我的所得最大化，我第一次當然會表現得越糟越好，而第二次就會全力以赴。但是實驗人員顯然忘了基本的人類動機與獎賞對於行為上的效果，他忘了把這個因素也加入他的科學意圖裡，就跟墨西哥市以及印度的政策制定者一樣。

就如尋求改造行為的政策一樣，我們的個人欲望與對未來的目標會在我們追求它們時改變我們，而且往往是以非意圖的方式——也就是無意識的。追求某個目標能導致我們做出違反我們重要價值觀以及自我形象的事情，做出我們通常認為是不道德、違背倫理，或是不健康的事情來。我們會變得比平時更容易受外在影響左右，即使是那些在閾下刺激的廣告。這會導致我們花錢，花得讓我們在事後收到賬單時覺得愚蠢和浪費。這會讓我們去喜歡我們過去可能不會喜歡的人，也會讓我們沒有平時那麼喜歡我們的朋友，一切都因為這些改變會幫助我們達到我們當下努力要得到的目標。我們當下的目標改變了我們——我們的心智，心靈以及價值觀。而且我們壓根就沒有覺察發生了這樣的改變，所以我們許願的時候才要小心。

被目標染了色的眼鏡

因為我們的目標與動機是為了我們想要的**未來**，其影響就深植於隱藏心智的第三個時區裡。未來——近期的或是遠程的——我們想要得到什麼、想成為什麼人、想在哪裡，形塑了我們此時此刻的想法、感覺與行為。我們想要弄到手的東西、我們想要在一起的人、我們想去的地方，在在強烈地影響我們此時此刻的好惡。我們成了我們追逐的東西，而且我們開始戴著被目標染了色的眼鏡看世界。這一點是千真萬確的，無論你追逐的目標是你意識到的或是沒有意識到的。

願望有極強大的力量。我們的目標好似重新捏塑了我們，讓我們暫時變了一個人，有不同的價值觀，做平常不會做的事情。可惜，我們通常要等到事實出現，等到目標已經達成，或是放棄之後才會體認到這一點，而且我們會納悶自己究竟是哪根筋不對了。丹．韋格納常說一個故事，他到自助餐廳去排隊，打算要吃一份健康的沙拉當午餐，結果坐下來卻詫異地看見面前是一盤熱騰騰的炸薯條（「這是怎麼來的？」）。他真正想要的，而且可能午餐通常都是吃這個，勝出了，因為他在執行立意良善的計畫時並沒有付出足夠的注意力。（克服我們的無意識欲望、戒除壞習慣並不容易，但不是做不到的事情，這一點留待第十章再討論。）

我們具有意圖的目標卻可能會帶來非意圖的後果。可是有意識的欲望起碼能讓我們有機會摘掉我們的有色鏡片，思索達成目標時的實際後果。可是通常——而且理由不盡相同——我們的動機都在無意識中運作。隱藏在背景中，在我們覺察之前就左右了我們的行為。十七世紀的荷蘭哲學家巴魯赫．史賓諾沙（Baruch de Spinoza）所寫的這段話就是這個意思：「人往往對欲望的成因無知——我們意識到自己的行動與欲望，卻對我們決定要有某種渴望的理由無知。」我們或許以為我們知道自己在做什麼，但其實往往有個更深層的潛在理由。

我在大約十五年前有過親身經驗。我到田納西州去和妹妹一家人過感恩節週末，從田納西州開車回紐約，這趟路程大約是一千四百多公里。我早上八點半出發，上車時跟大家說十二個小時內我就會到家，當成是一種挑戰。我開了一整天，滿腦子只想著要在晚上的八點半前回到家。我確實及時趕到了，走出停車場時還覺得挺開心的。可是我沒朝附近的公寓走，反而走向最近的一家賣酒的商店。當年賣酒的商店按照紐約州的規定，週六晚上九點打烊，週日不會營業。我直到那一刻才想起了公寓裡沒有東西可喝。那晚，我喝著剛買的葡萄酒，突然一愣，想通了我為什麼執意要在八點半前回來。壓根就不是什麼「挑戰」十二小時開一千四百多公里路，而是因為晚了我就買不到酒了。在我了解了我想在八點半前趕回來的真正的理由，了解了我那個週末需要喝點酒的需求之後，我有點震驚。不容易，可是那杯葡萄酒是我最後一杯酒，此後我滴酒不沾。我學到了一課：對我們的目標好的不見得對我們的靈魂好。

記不記得《魔戒》首部曲裡親切的比爾博叔叔突然五官扭曲，變成了一頭兇狠的禽獸，只因為他的姪子佛羅多不肯讓他拿魔戒？比爾博的需求改變了他，目標也會占據我們，讓我們的偏好以及行為產生劇變。最好的例子可能就是強烈的癮頭了。在第五章中我們看到了對戒菸的研究。戒菸者對吸菸以及香菸的無意識態度是負面的，可是在他們經過四個小時沒抽菸之後，他們產生了強烈的需求，對於抽菸的無意識態度就改變了。結果，雖然他們非常想戒菸，也知道吸菸帶來的種種健康問題，可是那種強大的需求仍然把他們對香菸的無意識感覺改變成正面的。強大的目標**改變了他們的心智**。

卡內基美隆大學的決策研究學學者喬治．雷文斯坦（George Loewenstein）是第一位喚起我們對於如此強大的內心需求是如何劇烈改變我們的選擇的關注。試想，酒鬼在早晨發誓（也相信）他再也不碰酒了，而且也發誓晚上絕對不會喝酒。可是時間一分一秒過去，他的身體在期待，不，是**要求**酒精，他的態度與行為就會急劇變化。這時，他會想出各式各樣的合理化藉口。「多一晚不會有什麼差別嘛。」他這麼說。「我明天一定戒。」但是對多數上癮者來說，這卻是一張空頭支票，而且明天也一直沒有來。

我們已經見過另一個深層目標——交配或繁殖動機，如何在背後操作利己的行為。具吸引力的女性求職者以及沒有那麼有吸引力的男性求職者被找去面試的機率高過了資歷相同卻不具吸引力的求職者。具吸引力的人會活化我們腦部的獎賞結構，我們並不自覺，也不是蓄意為之。交配動機是在無意識中被激發的，無視於雇主個人的平等主張和精英管理價值觀。

倫敦學院大學專注於大腦動機迴路的神經科學研究者馬嘉思・貝西格利尤諾（Mathias Pessiglione）及克里斯・弗瑞斯證實了無論是否有意識地覺察到外在酬賞，大腦中的獎賞中心也會因感知到獎賞而活化。在作業前，閾下閃過的一鎊硬幣的畫面（做得好的獎賞），相較閾下閃過一便士硬幣，前者讓受試者在握力作業中更用力地去握。此外，位於前腦基底的大腦獎賞中心在一鎊的情境下也比一便士的情境來得更活化。此外，腦部的獎賞中心（是在前腦的基底）在一鎊條件下也會比在一便士條件下更活化。

另一個研究顯示了交配動機的無意識運作。讓男大學生閱讀一篇浪漫邂逅的短文，促發其中一組想要與女性結交的目標，另一組則沒有促發。接著，他們可以選擇參加另一個人的簡短講座，他們有兩個選項，傑森或潔西卡，有兩個主題，地理或天文學。有一半的時段是傑森教地理而潔西卡教天文學，另一半的時段則相反。他們實際上教什麼主題並不是重點，若交配動機在無意識中運作，受試者會更想要與女性教師合作而不是和男性教師合作。而在研究結束時，他們真心地相信他們選擇她所教的主題（地理或天文學）是因為對該科目有興趣，而他們先前並不知道原來他們有興趣。

不知道自己的行為的真正原因有個問題，就是我們都太擅長在事後為自己的行為找出正面的理由。羅伯雇用這個女人不是因為她的外貌，而當然是因為她的資歷。瑪麗喝了三杯威士忌不是因為她有酒癮，而是因為她剛好想在漫長辛苦地工作了一天之後好好放鬆一下——而且也是她**應得的**。阿紀茲不是因為家教老師的吸引力才選擇這一科的，而是因為他對這一科真的很有興趣。而我以摔斷脖子的速度飛車回家也不是因為想在賣酒的商店關門之前趕到，而是因為想要挑戰一下是否能在十二小時之內開車回家。說穿了，這些都是合理化，而我們的意識心智非常擅長幫我們找藉口。一九八〇年代有部電影叫《大寒》（*The Big Chill*），傑夫．高布倫（Jeff Goldblum）扮演的角色說對他來說，合理化比性還重要，因為他經常幾個月沒跟人上床，可是他沒辦法經歷一個不合理的早晨。

當交配目標正在運作時，它可能會合理化我們去做一些我們一般上會因為對健康有危害而避免的事情。就拿日光浴沙龍和瘦身藥來當例子好了。這些東西可以幫助我們達成交配的目標，因為它們可以讓我們覺得比較有吸引力——較纖瘦，還有健康的、像被陽光親吻過，只是有點橘黃的皮膚。可是對我們的健康以及人身安全恐怕不是什麼好東西。日光浴沙龍會損傷我們的皮膚，提高了皮膚癌的機率；瘦身藥會讓血壓增高，傷害我們的心臟，使我們的睡眠失調，還會導致藥物上癮。缺點顯然大過了優點，所以很多人不使用瘦身藥或是日曬機。

沒錯，一所大型的美國州立大學的研究人員發現了有一組數百人的大學女生對於這兩者都有負面的看法。她們對於免費成為日光浴沙龍的會員興趣缺缺，也不願意服用一種已知將來會產生心臟問題的瘦身藥。可是一旦她們的交配動機，她們想要有親密的浪漫戀情的欲望被激發了，這一切就改觀了。實驗透過請受試者評估一個約會網站上許多魅力十足的「本地」男女照片進而激發她們的欲望。這時大學女生對於使用日光浴沙龍以及瘦身藥的態度就顯得比較積極。她們表達了更大的意願來從事這些危險的行為，而且比起對照組，她們對這兩樣的危險等級也評得較低。被激發的交配目標導致她們**低估**了日光浴沙龍與瘦身藥的負面效果，因為這些負面效果干擾了被激發的、變得更具吸引力的目標。這個目標現在壓過了學生平常的想法與價值觀，**改變了她們的心意**，好讓她們更有效地追求吸引配偶的目的。

吸引配偶，或是為這件事做好準備，是我們在空閒時常做的事情，可是在這些空閒的時刻，我們的心智也會想要滿足其他的目標。紐約大學水牛城分校的席拉．蓋布瑞爾（Shira Gabriel）團隊就指出我們大部分的休閒時間都用於滿足我們較深的社交需求，亦即歸屬和交流，可是我們大都沒有覺察到。根據美國勞工部的說法，二〇〇三年到二〇一四年間，成人的休閒時間大都是花在獨自完成的活動上——看電視電影（五十六％）、看書（七％）、上網（九％）。只有平均十三％的人會從事實際的社交——花時間和朋友以及同事在一起（下班時間）。不是說人類在本質上是愛社交的動物嗎？那要如何解釋這種對獨自活動的壓倒性偏好呢？

從她們的許多研究可以看出，那是因為這些看似不交際的個人活動其實在本質上是社交的。我們在內心深處覺得我們是和電視上的人在一起，所以他們滿足了驅使我們實際社交接觸的需求，而往往我們並不知道我們正透過這些獨自的活動，來滿足那研究人員稱為「鬼鬼祟祟的社交自我」的需求。比方說，我們覺得孤單時，會看更多我們喜歡的節目，裡頭有我們比較認識也比較熟悉的人物，而這麼做讓我們也覺得較不孤獨。而在我們感覺不孤單時，我們往往打開電視有什麼就看什麼。

蓋布瑞爾團隊發現人們常常抱怨看太多電視，問他們為什麼，他們很少會說是因為社交的理由，反而說他們看電視是因為他們發現情節有趣，或是他們覺得無聊。再追問下去，他們會對這些活動實際上竟然能滿足重要的社交需求的深層理由表達懷疑。但確實如此，所以看電視才會是這麼受歡迎的活動。寵物也是一個極佳的「替代品」。我兒時的一位英雄華特．克朗凱[9]過世了，他的家人都圍在床邊，而跟他非常親密的幾隻貓，也在他的床上陪他。研究發現只要有隻狗，不必是你自己的狗，在一個人被社會排斥之後，都能減低你的沮喪。狗的確是我們最好的朋友。

饑餓是另一個強大的無意識動機，就和人身安全以及繁殖一樣，驅使出令人意外的行為來。我們大多數都從經驗中得知不要在肚子餓時進超市。可是最近有個研究指出肚子餓會讓你買更多東西，而不限於食物。滿足饑餓是一個深層的演化動機，早在我們有

9. 華特．克朗凱（Walter Cronkite, 1916-2009）是哥倫比亞廣播公司的明星主播，被譽為「最值得信賴的美國人」。

百貨公司、塔吉特百貨和百思買之前就存在了，而且還影響了食物以外的消費形態。徐靜（Alison Jing Xu）和同事研究了從雙子城一家大型商場出來的購物者，檢視他們的收據，也請他們為當下的饑餓程度評等，結果發現饑餓的顧客買了更多非食品類商品，像是衣服、化妝品、電子用品。在另一個研究中，他們發現肚子餓的人也會拿更多免費商品，像是講義夾和迴紋針，可見他們並不是想多花錢，而是他們就是想要得到東西，這是受到對食物的潛在需求影響而產生的欲望。

所以肚子餓的時候去超市不但是個餿主意，肚子餓的時候**不管買什麼**都是餿主意。要是你正打算上網購物，最好是先跑一趟冰箱，弄個三明治吃。

我們的目標與需求也會讓我們對遇到的相關資訊更敏感。六十年前，哈佛的心理學家傑羅姆．布魯納（Jerome Bruner）提出了「知覺準備」（perceptual readiness）的概念，這個理論把一個人當下的動機狀態和欲望，與對環境中和目標有關的人物、事物的高敏感性串聯在一起。你在不知不覺間微調了你的注意力，轉向了那些會協助你滿足目標和需求的事物。所以在另一個研究中，徐靜團隊驗證了饑餓的人對於與饑餓以及想要、獲得、取得相關的字眼會在短時間內變得更敏感，敏感到他們甚至能夠看見與辨識那些分別在閾下呈現、只有五十毫秒或二十分之一秒呈現的詞彙，但是當下並不餓的人就無法在這麼短的時間內認出這些詞彙來。饑餓狀態**改變**了受試者，讓他們能看見與目標相關的東西，而一般狀態下卻看不見。

這種對目標相關資訊的較高敏感性也意指了我們受外在因素左右的程度。舉例而言，如果我們已經有了廣告所建議的需要或目標，我們就會比較容易受廣告的影響。記得前一章的食譜促發研究中的肥胖消費者吧？他們在進入商店之前看到廣告單上與健康飲食和節食有關的詞彙就能大幅減少他們購買的零食數量，可是這一個食譜促發效應只對肥胖者或是飲食有限制的人有效，因為他們已經有了節食目標——對沒有這個目標的消費者則無效。

所以，我們在許願的時候要當心，因為我們會比平常更受外在影響的操縱。我們有許多人都擔心閾下廣告，因為我們不想被大公司或是政府玩弄在股掌之間，去買一些我們平常不想要的東西，或是做平常不想做的事。一九五〇年代傳出一個和紐澤西州李堡的一家電影院有關的都會迷思，據說在電影放映中閃出「喝可樂」和其他閾下訊息，會讓觀眾像一群殭屍一樣湧向販賣部。這件事從沒發生過，這其實是一家公關公司設的騙局，卻故意把它當作事實，放入了當時的一本由范斯・派科德（Vance Packard）寫的暢銷書《神隱的說客》（*The Hidden Persuader*）裡。不僅是當時的電影技術還沒有辦法把這類訊息置入電影中，而且傳說中的那家電影院根本就不存在！不過，那種傳說還是讓許多人變得害怕，怕某某公司為了自身的利益而不是他們自己的利益操縱他們，還未經他們的同意。

二十年來，研究發現閾下廣告確實能夠左右你的選擇與行為，可是唯有在你已經**有**目標的情況下。如果你渴了，你想喝什麼就會受到影響；如果你餓了，你想吃什麼就會受到影響。重點倒不在於這些外在影響是否是閾下的，而是在於你是否了解它們可以影響你。對超市中的節食者以及百貨公司裡說他們肚子餓的饑餓消費者而言，這些都不是閾下的，但是他們都沒有覺察到自己的節食或吃飯目標影響了自己所購買的商品品項及數量。

你的目標對你越是重要，外在影響對你的支配力量就越大。最近有研究人員審視了上百個目標促發研究，歸納出這個基本原理。他們發現了促發目標的效果在一般上非常可考且強大，但若該目標對受試者而言是重要的，效果將會更強大。需求越大、欲望越重要，外在的影響就越大。事關我們的生涯和個人生活時，這一點就非常重要了，因為有動機是好的——可是我們也應該要知道會有副作用。你當下的目標改變了影響你的資訊，也改變了你如何分配你的注意力以及稍後會記得的東西。

比方說有兩個人坐在汽車前座，行駛在高速公路上吧。駕駛專心注意交通、四周的其他車輛、道路標誌，以及自己的車速，可能也注意空調。而坐在他旁邊的乘客在欣賞秋天的樹葉、看廣告牌、發現奇怪好玩的車牌和貼紙。等他們抵達目的地之後，他們對這趟路程會有非常不同的回憶，即使他們好幾個小時都身處同一個地方。這是因為我們看的東西、注意的東西完全要視跟我們當下的目標有什麼關係，而在這個例子裡，駕駛和乘客就截然不同。

一九七八年，理查・安德森（Richard Anderson）和皮徹特（J.W. Pichert）做了一個經典的實驗，檢視我們如何以迥然不同的方式重建對某個情境的記憶，端賴我們在那個情境中的目標。實驗人員請受試者看一段參觀某住家的錄影帶，每人看的都一樣。但他們請某些人把自己想像成竊賊，正計畫要打劫這一家；另一些人則想像自己是要買下這棟房子。之後，兩組人對於錄影帶的內容有相當不同的回憶。「購屋組」記得房間有多大，主要設備的狀況（像是熱水器和瓦斯爐），以及臥室的數量。而「竊盜組」卻記得是否有地下室窗戶可供闖入，值錢但可搬動的消費產品，像是電視機和音響，以及容易銷贓的其他物品。由於我們的注意力無論在何時都是有限的，「購屋組」遺漏了許多「竊盜組」留意的細節，「竊盜組」也疏忽了「購屋組」注意的地方。受試者對於錄影帶的記憶並不是錄影帶的精確拷貝（很多人以為記憶就是如此），而是另一種版本，而且因為他們在觀看時的特殊目標而篩揀編輯過。

長時間專注某個目標還有另一個風險，就是在你沒有意願再去追逐那個目標之後，你的無意識還會持續注意相關事物，並加以評估。這個效果有個絕佳的詮釋以及滑稽的暗喻，就出現在電影《摩登時代》（*Modern Times*）的一開頭。查理．卓別林（Charlie Chaplin）飾演的流浪漢在工廠裡辛苦地幹了一天的活，他整天都忙著轉緊巨大齒輪上的螺帽。好不容易下班的哨聲響起，人人都放下了工具，魚貫從出口離開。卓別林因為從早到晚都在轉螺帽，搞得他完全管不住自己，下了班手上還拿著扳鉗。這下可好了，街上迎面走來一位胸部極豐滿的女士，穿著大衣，而且前襟有兩排非常大的鈕釦。卓別林滿腦子被目標占據了，鈕釦看起來就像是工廠裡的螺帽，所以他撲了上去，想要擰緊那些鈕釦，豐滿女士想要逃脫，他卻死纏不放。

玩「俄羅斯方塊」的人可能會知道我在說什麼。長時間玩「俄羅斯方塊」的人說他們後來把真實的世界也看成是遊戲的放大版。一九九四年，傑佛瑞．高爾斯密（Jeffrey

Goldsmith）就把這種經驗寫出來，刊登在《連線》（*Wired*）雜誌上。他到東京的朋友家住了一個星期，朋友有個掌上型電玩機。「俄羅斯方塊奴役了我的腦子。晚上，我躺在借來的榻榻米上，幾何圖案會從黑暗中掉下來。白天，我坐在淡紫色麂皮沙發上，拚了老命玩俄羅斯方塊。在罕有的幾次出門遊覽時，我用眼睛把汽車、樹木和人嵌合起來。」我們投注了那麼多的時間與精力在追逐某個東西上，它就會在不知不覺間開始塑造我們的思想、心理圖像，甚至是夢。「俄羅斯方塊」玩家會以方塊形狀來看待世界，而這個遊戲的心裡表徵是自動發生的，玩家在無意識中把東西都接合起來，上下左右旋轉，為了要水平嵌合，消除障礙——一切都透過了一個玩得太多的遊戲濾網，結果遊戲在他的心智裡變得高度容易處理。研究夢境的學者甚至發現玩一整天「俄羅斯方塊」的人，就連完全不記得玩過的失憶症患者，都說夢見各種不同形狀的方塊從天空掉落，左右旋轉，嵌入了下方的空格裡。

我自己在一九八〇年代晚期也有過相同的經驗，那時我迷上了「小精靈」，也就是當時非常原始、桌上型個人電腦唯一能玩的單調電玩。我的手指會在上下左右的箭頭鍵上飛掠，而且我非常會閃鬼，累積的總分很高。有一天，我應該是要工作的，卻花了太多時間打電玩，我猛一抬頭，發現該到走廊去參加中午的討論會了。結果讓我驚訝的是，我一上了走廊立刻就往左邊看，然後再往右邊看，確定兩邊都是空的，我這才向前進。我們在紐約大學心理學大樓的那一個樓層就像個走廊迷宮，訪客經常會迷路，等我走到下一個交接口時，我又停下來在角落東張西望，確定沒有人，然後才繼續前進。在我「小精靈」狂熱的心智裡，我們的辦公室樓層變成了遊戲裡的迷宮，害得我把走廊上的別人當成了紅色的鬼、粉紅色的鬼、淺藍色的鬼和橘色的鬼。

朋友的一點幫助

受你的目標影響的重要心理歷程中有一個便是評價人、事是好的或是壞的，這依據的不是你的個人價值觀或是與他們一起的長久經驗，而是他們會協助或是阻礙你達成目標。你的當前目標甚至會在無意識中改變你考慮讓誰當你最好的朋友。我們大部分的人都有不同的朋友圈，我們並不會和所有的朋友做同樣的事情。我們喜歡跟某些人推心置腹、談論嚴肅的問題，跟另一些人健行或打高爾夫，再跟另一些人討論我們的孩子。大學時期是我們剛邁入成人階段的密集形成期，我們交的朋友常常會是一輩子的朋友，我們一起做的活動是念書，或一塊玩樂。研究人員也了解這一點，所以他們利用大學不斷變換的環境來檢驗目標如何重塑我們的親密友誼。根據我們在當時的目標，是否會覺得跟某些朋友更親近——讀書的／玩樂的？

葛榮良．費茲賽蒙斯（Gráinne Fitzsimons）團隊詢問了一組大學生誰是他們最好的朋友，都一起做什麼活動。受試者完成一份簡短的語言測驗，上頭的字詞（促發物）和成就與好成績有關，或是和休閒娛樂有關。接著他們完成了另一項實驗，在不知不覺中促發了他們的成就目標或是玩樂目標。接著上場的就是重頭戲了：所有學生必須為他們實驗開始前提供的朋友清單中的朋友做排序，從最親密的排到最生疏的。如果促發的是成就目標，學生就會把平常跟他們一起念書的列為最好的朋友，可如果促發的是玩樂目標，他們就會把跑趴的伴列為最好的朋友。目標重新排列了學生的好友等級，反映出誰最能夠幫助他們達成目標。

我們當下的目標不但會影響我們對當前朋友的看法，而且也會左右我們在一開始跟誰交朋友。西北大學的學生在一開始便受促發，而且是在背景中無意識地運作，把目標設定在學業或是體適能上。如果促發的是學業成就，學生就想跟能一起念書的人交朋友；可如果促發的是體適能成就，他們就會想跟能一起運動的人交朋友。他們並不知道他們的積極目標會左右了他們的交友選擇。

這個效果是可以雙向操作的。你的目標不僅僅是影響了你如何去思考你的朋友及其他親密關係，反過來說，只需要思考一段親密的個人關係也能影響你在追求目標時的積極性。想想你的母親好了，想想（常常是無意識的）那些跟她有關的目標，比方說讓她以你為榮。費茲賽蒙斯跟我找了一組學生，他們在幾個月前的問卷調查中說想要讓他們的母親以他們為榮；我們也找了另外一組受試者，他們有和母親相關的另一個目標，像是幫忙她或是跟她做好朋友（但不是讓她感到驕傲）。接著，我們請一些學生想想他們的母親，以一個附帶的形式，像是寫下她一般在週六的活動，畫出她的社區，列出她的嗜好等等。對照組的學生只回答了有關自己的問題，沒有一個涉及他們的母親。

想到母親會促發他們讓她感到光榮的目標嗎？也就是說他們的成就動機？在「媽

媽」促發的這部分實驗結束之後，所有受試者再做一次簡短的語言作業，取自拼字遊戲。我們給每個人相同的七塊字母積木，他們要在五分鐘之內拼出越多字越好。一如我們的預測，那些懷著讓母親引以為榮的目標**並且**在拼字測驗之前想到母親的學生，表現遠勝過其他的受試者。光是想到母親還不夠，你還得把她跟好表現、高成就連結在一起；同樣的，想要讓母親驕傲的目標在你沒有想起她的時候也是不足夠的，想起母親才能去促發、喚醒你的目標。單單是想起一個在你的生命中很重要的人，讓你更有可能立即去追求那些你一般上與他們有連結的目標。重要的是，這個效果在這個人不在時——她可能實際上不在現場，但**心理上**卻在——也會發生。實際上她是不是距你有千里之遙一點也不重要。

所以我們當下的目標影響了我們的好惡。它可以讓我們喜歡甲勝於喜歡乙，端賴這人是我們達到目標時的跳板或是擋路的大石頭。你當下的目標甚至能讓你喜歡一個平常根本就不會喜歡的人。比方說，那個目標會改變你平常對負面的、粗魯的行為的反應，而如果那種粗魯對你的目標有利，你甚至自己都會變成那種粗魯的人。

就拿人事主管面試應徵者的場景來說吧，我們的實驗室製作了一段實際的面試錄影帶，模擬了這個情境。攝影機架設在面試官的桌子後方，所以你只看到他的背面，不過你能看到應徵者坐在桌子前方。參加實驗的每個人都會看相同的錄影帶，只有一個地方例外。這個例外的地方跟工作面試一點關係也沒有，只是一間相當忙碌的辦公室，秘書和員工來來去去，有個叫麥可的員工突然站在門口，提醒主試官他們說好中午要出去吃飯。兩支帶子最關鍵的差異在於麥可的表現。在一支帶子裡，麥可很有禮貌，甚至可說是尊敬有加，為了打斷面試而道歉，說他會在門外等；但在另一支帶子裡，麥可非常粗魯，憤怒地指出他們說好了要出去吃午餐，現在該走了。

受試者並沒有得到指示要評斷麥可這個人，只是評估攝影機對準的應徵者，看他是否適合這個工作。而各種目標就在這時出現了。我們告訴一組受試者應徵者要找的工作是附近一家餐廳的服務生。我們知道大多數的人認為服務生應該要有禮貌、尊重客人——抱持著「顧客永遠是對的」之類的信條。我們跟另一組受試者說應徵者是來找另一種工作的——《紐約每日新聞報》的記者，負責報導組織犯罪。報導犯罪記者的理想資歷跟服務生恰恰相反——報導犯罪的記者必須強悍、好鬥、堅持不懈——需要的話，還得粗魯。

兩支錄影帶的應徵者都是同一個人，主試官問的問題也都一樣泛泛，可以適用於兩種職務，而且也都有關之前的經歷、工作展望等等。可是在受試者看過帶子之後，我們問他們——意外吧！——問的不是真正的求職者，而是問打斷了面試的麥可。我們問他們有多喜歡麥可，也請他們評估他的個性，像是有禮貌或粗魯。

你大概也猜到了，在完全沒有提到要應徵什麼工作的對照組比較喜歡有禮客氣的麥可，而不是粗魯討厭的麥可。這個傾向甚至比服務生情境更明顯。一般人都比較喜歡有禮貌又親切的人，這沒有什麼好奇怪的。可奇怪的地方來了：報導犯罪的記者組，受試者真的比較喜歡**粗魯的**麥可，而不是有禮貌的麥可，即使他們清楚地認知到他的無禮和好鬥也一樣。發生變化的地方在於，這些原本不是好的特質變成了好的特質，只因為受試者當下正要評估求職者是否適合當報導犯罪的記者。在這個目標激發下，他們又剛好看到麥可，雖然他們沒有意識意圖或被指示要評估麥可，他們受激發的目標卻對他的粗魯產生了正面的反應。受激發的目標有意識地聚焦在另一個人身上，使他們喜歡上一個要是當時沒有那個目標的話，他們顯然一點也不喜歡的人。

這種作用在真實生活中是相當重要的。在我們的某個生活領域中，就說是工作吧，我們可能會重視的個人特色與價值觀，在我們談戀愛的時候可能就不一樣了。反之亦然。試想一位人事主管在下班時間積極地約會，尋找那個特殊的人。如果假以時日這個目標變得夠強烈，就跟查理・卓別林滿腦子想著拴緊螺帽一樣，她可能會雇用一個更適合跟她談戀愛而不是勝任這個職位的人。而且她可能並不明白她錯用了選人的標準，就像那些義大利雇主一面倒地偏愛具吸引力的求職者。反過來看，投資銀行家或是警官也會喜歡並且選擇跟貪婪又好勝的人，或是高效率卻無情的人約會。小學老師會重視文靜服從又認真的學生，同時也偏好這樣的人當朋友或約會對象嗎？

自我欺騙

一九八〇年四月二十一日，一名留著黑色短髮的女性通過了波士頓馬拉松的終點線，身上穿著黃色愛迪達跑步裝，別著她的號碼牌。蘿西・魯伊茲（Rosie Ruiz）在女子組拿了第一，擊敗了四百四十八名參賽者。附近的群眾樂得像漩渦一樣打轉，而且他們有興奮的理由。這位出生於古巴的二十六歲女性不僅贏得了全球數一數二的運動競賽，而且之前很少跑馬拉松的她還締造了史上第三佳的成績，驚人的兩小時三十一分五十六秒。她平常的工作是助理，突然搖身一變成了賽跑冠軍。這是最棒的灰姑娘故事。

只不過卻不是真的。在宣布她是冠軍後不到四小時內，主辦單位就接到不少報告，讓魯伊茲轟動一時的成就罩上了重重疑雲。比方說，隨她之後跑進終點的參賽者是世界級的跑者，前三十二公里一路領先，不記得魯伊茲超過她們。儘管疑點越來越多，她仍堅持自己的說法，還自願去測謊。隔天，俗話說的冒煙的槍就出現了：兩名觀賽的哈佛學生看見魯伊茲從觀眾群裡鑽出來，在競賽後段加入了其他的跑者。沒多久，又發現了她是在紐約市馬拉松賽取得了參加波士頓馬拉松賽的資格的，可是那一次她偷搭地鐵，使用相同的伎倆，在比賽的後段偷溜進來。四月二十九日，在她作弊得勝的八天之後，主辦單位摘掉了她的后冠。

雖然沒有蘿西．魯伊茲那麼極端，但各式各樣的作弊欺騙在運動界也是家常便飯，就像打籃球會使用「假摔」來欺騙裁判，讓他判對手犯規（其實人家根本就沒打那麼重）。我們都看過足球員在被阻截鏟球後倒在地上翻滾，顯然痛得不得了，緊抓著小腿，而在家看轉播的觀眾看著重播畫面，發現對方根本就沒碰到他。這些驚人的運動範例說明了研究人員證實的一個普遍人性傾向：成就與高表現的目標活化時，我們比較會曲解規則（平常我們對這種行為可是很不以為然的），只要能幫助我們達到目標。

我教書多年，發現在考試宣布時間到的時候，只有零零星星幾個學生會乖乖放下筆。有時候我說了好幾次要他們交卷，也等了幾分鐘，結果最後還是得走過去抽走他們的考卷，而他們仍拚命寫個不停！（有個學生甚至還嫌我抽走考卷很粗魯。）我和紐約大學的同事彼得．高維則（Peter Gollwitzer）以及安妮特．李蔡（Annette Lee-Chai）合作，重製了這個效果。我們先以句子重組的方式，當中包含**達成**、**努力**、**成功**等字眼，促發了受試者的成就目標。接著我們給他們一組字母積木，給他們三分鐘寫下利用這些積木拼出來的字。之後實驗人員說他得離開房間去做另一個實驗，要是他不能及時回來，他會利用內線電話來宣布時間到，他們就得放下鉛筆，不能再寫了。

我們的受試者不知道的是，房間前端有個隱藏攝影機，供我們事後檢查他們是否聽到了「時間到」就真的放下筆，還是會一直寫到實驗人員回來（大約在五分鐘後）。對那些成就目標在運作的人，因為受到了促發，超過五十％「作弊」，在聽到「時間到」的指令後仍寫個不停；而對照組則只有二十％作弊。要是活化的成就目標能夠讓一個人在這種相對的小事上違規——既沒有獎品，也沒有表揚，更不可能會有誰注意，不過是個小小的心理實驗——那就不難理解涉及真正的金錢或是運動勝負時，它的力量是能壓過我們的道德判斷和行為的。

蘿西．魯伊茲太想要贏波士頓馬拉松了，所以她真的走了捷徑。她作弊，作得不但離譜而且還是在大庭廣眾之下。她要贏得著名大賽的熾熱欲望讓她相信靠作弊來贏沒有關係。人性本來就會做一些能有益於我們達成強烈目標的事情，如果沒有這個目標，我們是不會這麼做的，而魯伊茲只是這種人性特點的一個極端例子。

我們的目標實在對我們有太大的影響力，甚至能凌駕我們長期的價值觀與信念。要是我說神學院的學生會直接走過一個躺在路邊的病人，只因為他急著要去上下一堂課，而他已經快遲到了，你會相信嗎？神學院學生可是要奉獻一生當神父和牧師的，有強烈的個人價值觀和自我形象呢。不過這件事確確實實發生了，就在一九七〇年代普林斯頓大學做的「好撒瑪利亞人」研究裡。

這個實驗由約翰．達爾利（John Darley）和丹尼爾．拜特森（Daniel Batson）主持。他們請神學院的學生來演講，主題不是想成為教會一員的人的職業生涯，就是聖經中的好撒瑪利亞人寓言，也就是有個人幫助了一名需要救助的陌生人，而別人卻都只匆匆經過。為了發表演講，所有的受試者都必須從一棟大樓走到另一棟大樓去。有一組受試者被告知快遲到了，得趕緊到另一棟樓去，另一組則否。在到另一棟大樓的途中有遮棚的走道上，所有學生都會經過一個衣衫襤褸的人，他倒在地上，顯然身體不舒服。這個人其實是實驗團隊的一員。這個研究的重點是要看誰會幫忙，是哪種情境因素和性格因素決定了要不要幫忙。

結果唯一能決定學生會不會停下來幫忙的因素就是看他們是否在趕時間。他們要去發表的是什麼樣的演講以及他們在宗教上有多虔誠（這一點由人格量表測量而知），完全沒有關係。只有是否能儘快趕到教室去最重要。停下來幫助別人會浪費時間，而這被「儘快趕到」的目標評定為是不利的。這個目標是一個強大的無意識影響，讓他們自己的道德信念短路，即使有些學生的心裡就存著非常相關的道德原則——好撒瑪利亞人的寓言！

但值得注意的是這些神學院學生並沒有變成壞人，只是因為他們活化的目標讓他們的注意力從那個需要救助的人身上移開了，讓他們比較不可能覺得那個人需要他們的協助，貶抑了停下來幫忙的想法，指引神學院學生向儘快趕到教室的目的行動。在實驗後達爾利與拜特森跟受試者討論，他們相信急著去上課的學生並沒有把那個人詮釋為一個不舒服、需要救助的人。研究人員最後認為「因為他們很急」，神學院學生所有心思就是要準時趕到教室，所以他們看見了一個生病的人就沒有平常的同理心反應。停下來幫忙就意味著上課會遲到，所以這個目標就把幫助病人的這件事貼上了**負面**的標籤，把學生對幫助生病的人的正面心態改變了——諷刺的是，他們急著要去課堂上討論的就是好撒瑪利亞人寓言。

危險的春藥

有一個因素具有巨大的力量，能改變我們的目標，從而扭轉我們的價值觀與行為，那就是權力。權力的力量簡直就是傳奇：俗話說得好，權力帶來腐敗，而絕對的權力帶來絕對的腐敗。政府官員濫權貪腐的例子不勝枚舉，我自己的家鄉伊利諾州就差不多有個傳統，先把政客送進州長官邸，接著就送去坐牢，因為他們為了私人的利益而濫用權力。

濫用權勢的人似乎完全不在乎外界對他們的觀感，彷彿他們並不知道自己濫用了權力。可是對別人來說，卻過不了「嗅覺測試」這一關。老喬治・布希（George H. W. Bush）的國會圖書館長封藏了一切有關伊朗戰爭的醜聞資料（布希身為副總統時涉入的），時間長達五十年，直到一九九三年布希卸任的前一天。幾週之後，同一個人被任命為位於德州農工大學的布希總統圖書館的館長，年薪四十萬，簡直是富比公侯（在那個年代）。這兩件事當然是沒有關聯的。而在沒有那麼久之前，卡羅萊納州長不得不辭職，因為他飛到南美洲去見情婦，而且居然連掩飾都省了。這一類的例子可以說是比比皆是，而你也只能詫異地搖頭，貪腐居然都明著來了——那些濫用權力的人好像對於權力的無意識影響既盲又聾，跟他們周遭的人不一樣。

權力為什麼有這種腐敗的效果倒是有幾種理論，不過我要強調的一個是權力在本質上就有激發一個人的個人重要目標的作用——那些通常是受到限制或壓抑的目標，因為社會的不贊同，或是認為追逐這些目標就該受到懲罰。這些經常都是自私的目標，達成時會犧牲別人。權力給了你取得你想要東西的能力，不顧別人的反對或缺乏他人的認同。其實，我們的研究結果發現，給一個人權力就能揭露他內心深處的需求是什麼。而在這一點上，我們可以引用我的家鄉的不朽英雄亞伯拉罕・林肯（Abraham Lincoln）的話：「把一個人放在做正確之事的位置上，那誰都能做正確的事。可如果你想要知道一個人的品格，就給他權力。」

二〇一六年的美國總統大選，超過十二位女性出面指控唐納・川普（Donald

Trump）濫用權勢與地位非禮她們。比方說，參加環球小姐與妙齡小姐選美的參賽者說他覺得他自己有權力走進她們的更衣室，不管有的人正全裸或是半裸；而且川普在十年之前被《前進好萊塢》（*Access Hollywood*）節目拍到他吹噓自己走向不認識的女人然後親吻撫摸她們。但令人氣餒的是，雖然科學家已經研究了一陣子，但這類醜惡的行為在有權有勢的人身上卻不是什麼新鮮事，甚至還被某些人容忍。

我們的實驗室在一九九〇年代對性騷擾議題開始感興趣，那時最高法院大法官被提名人科雷倫斯・湯瑪斯（Clarence Thomas）被控對前雇員安妮塔・希爾（Anita Hill）行為不當。從那之後，美國在處理這種系統性問題上已經有了斬獲，但顯然還有很大的進步空間。性騷擾是把下屬（較弱勢的同仁）物化為性玩物，把他們當成性對象，而非尊重他們是同事或工作團隊的一分子。性騷擾的型態有許多種，但最驚人的一個是對價關係性騷擾，像是**我會給你這個換那個**。這可以是明講或暗示。拿個真實事件做例子，田納西州有個男性老闆當著一屋子的雇員面前跟他的女下屬說：「我們到假日客棧去討論妳的升遷。」

一九九三年，伊利諾大學的一位法學教授露易絲・費滋傑羅（Louise Fitzgerald）檢驗了最高法院審理的對價關係性騷擾案件，尤其是被告（通常是男性）的證詞。她的研究發現整整七十五%的被告**不知道或是不明白他們做錯了什麼**。他們一貫的說詞是：一、他們真的被那名女性吸引；二、他們的作為就跟我們大家對受到某人吸引時的行為一樣：我們會對他們微笑、邀他們出去、追求他們、向他們表現愛意。換言之，他們相信——顯然是真心的，根據費滋傑羅的分析——他們是真正受到不堪他們騷擾的女性所吸引，**單純**因為她的特點（外貌、舉止、人格特質），而且跟他們以權力向她施壓一點關係也沒有。

費滋傑羅的結論讓我們知道權力可能是在無意識中影響了那些騷擾者，不知不覺間激發了他們想和女性發生性關係的強烈個人目標，導致他們受到了他們可以施加權力的女性吸引，並且表現出不當的行為。在性騷擾的極端或對價關係的型態中，握有生殺大權的老闆不當使用權力來達到和女人上床的目標，他們以雇用或開除，以及升遷和加薪為手段來向女性施加壓力。

在一九九〇年代中期，其他的研究者也發展出一套人格量表來區別出有性騷擾傾向以及沒有性騷擾傾向的男人。而兩者的分野似乎就在於願不願意利用影響力或權力來讓女性屈服，從而發生性關係。另一個重要的決定因子是男人自己承認會這麼做，**只要保證不會被揭發**——也就是說，只要他不會發生什麼壞事就好。我們和其他的研究人員都是既震驚又洩氣，有這麼大百分比的男性說只要不會被抓，他們很可能會犯下強暴與性攻擊的罪行。

我們在一個實驗中，請這類傾向高與低的兩組人到我們的紐約大學實驗室來，假裝是來做視覺錯覺（visual illusion）實驗的。進行之前，我們利用與權力相關的詞彙，比方**老闆**、**權威**、**地位**、**權力**等進行造句測驗促發受試者。而對照組則不給他們這類詞彙。我們預料在無意識中激發了權力的概念會促發高性騷擾傾向組的性目標，進一步導致他們更容易受到一名同樣參加視覺錯覺實驗的女實驗同謀吸引。等兩組人看過也為幾個標準的視覺錯覺評等過之後，我們把他們帶到不同的房間，提出幾個問題，請教男性受試者對這個實驗的看法。其中一個問題是關於「另一位受試者」，與她相處有多舒適、她有多吸引人。於是我們可以看到促發權力的操弄，影響了男性受試者認為那位和他一起參加實驗的女學生有多大的吸引力。

先說好消息——低性騷擾傾向的男性受試者無論是在權力促發組或是對照組，這名女性對他們的吸引程度是相同的。對這些男性而言，權力與女性對他們有多大的吸引力完全沒有關聯。可是對於那些高性騷擾與暴力傾向的男人來說就是另一回事了。在對照組中權力概念沒有被激發的男性，壓根就不覺得這名女性具吸引力——在不吸引人到吸引人評量上低於中間點。唯有在權力概念激發了，他們才會認為這名女性吸引人，而且吸引程度和那些低性騷擾傾向的男性有一致的評分。也就是說，權力的觀念一旦在他們的心中促發了，就會對他們的感覺發揮無意識的影響，那名女性也就變得更具吸引力了。所以從這項研究可以看出真實生活裡的權力情況是相當令人心驚的：性騷擾者被女性吸引**就是因為**他們高高在上。

因為這些權力作用是在無意識中運作的，我們的受試者毫不知情，所以讓我們更容易理解真實生活中的老闆，就像露易絲·費滋傑羅審查的那些性騷擾案中的被告，為何能真心誠意地說他們不知道自己有什麼錯，或是有什麼不道德。對他們而言，他們認為自己的行為就跟其他受到異性吸引的人一樣，但是他們卻沒認清他們覺得具吸引力的那個人是可以任由他們的權力擺布的。就是為了這個原因——套用亨利．季辛吉[10]的話，權力本身就是一種春藥——許多大學以及公司行號制定了政策，禁止師生戀、辦公室戀情，或是任何執掌他人最終生殺大權者與對方約會及戀愛。耶魯大學教授湯瑪士．帕格（Thomas Pogge）曾被控以對價關係性騷擾多名學生，這起轟動一時的官司案強調了持續執行這類政策的需要。帕格的行為持續多年，尤其令人不齒，不過這類一竿子打翻一船人的政策就是為了要阻止非蓄意的濫用權力，這在我們的研究以及真實法律案件中屢見不鮮。掌握權力的人或許（有意識地）相信一切都是純潔的、可以攤在陽光下的，但是相對弱勢的人卻還是很可能會覺得不舒服，擔心如果不從，生涯會受到影響。

不過，我們的研究還是有個「好消息」或「半滿」摘要的，也就是並不是人人都會被權力腐化。我們的那些個人目標中沒有把性及擁有權力的概念結合的受試者，權力的無意識效果無法影響女性對他們的吸引力。我的耶魯同事瑪格麗特．克拉克是率先指出並非人人都會對別人有自私的、剝削的目標。還是有許多人對於人類同胞是比較以**集體**為重，而且在實際上會把別人的利益置於自己的之前。就拿父母作例子吧。父母親——當然是指好父母——總是把孩子的利益放在他們自己的之上，即使家裡的掌權者是父母，而不是他們的孩子。這些以集體為重的人若擁有了他人之上的權力會有什麼反應？我們決定要在我們的實驗室裡求證——靠一張桌子。

我跟紐約大學的同事莎琳娜．陳（Serena Chen）以及安妮特．李蔡都認為以集體為重的人對於權力的反應會跟我們其他人有別。我們利用了瑪格麗特．克拉克設計的人格量表，篩選出一個集體為重組和一個對照組。在第一個實驗中，我們請受試者來到我實際的教授辦公室，跟他們說其他的實驗室目前都有人使用。我們請他們隨便坐，椅子只有兩張：一張是我的大皮椅（這張椅子現在擺在我家裡的辦公室，而且我現在就坐在上頭），放在我的辦公桌後；另一張是學生坐的木椅，比較小，擺在辦公桌前。我們這麼做是為了要自然而然促發權力的觀念。對參加實驗的學生而言，坐我的椅子代表的是權力的位置，而坐在辦公桌前則是弱勢的位置。

接著我們給受試者問卷調查，調查他們有多在意別人對他們的看法，同時也能相當外顯地調查出他們的種族態度。如果你並不在意別人對你的看法——這是擁有權力的特徵，因為別人傷害不了你——那你就在「在乎別人怎麼想」這一點上得到低分，在種族偏見上拿高分。我們在對照組確實就發現這樣的結果：坐在教授的椅子上時，受試者較不在乎別人的看法，坐在相對弱勢的學生木椅上時就在乎多了。但是對有以集體為重目標的學生卻有著完全相反的結果，他們通常把他人的利益放在前面。對他們來說，坐在「權力」椅子上使他們比平常**更**在乎別人會怎麼想，而且坐在權力椅子上會讓他們**更少**種族偏見，而不是更多。

在進一步的研究中，受到權力促發的受試者只要有機會，就會挑選容易的事做，把較難的留給別人。除非是以集體為重的人。這些受試者如果用與權力相關的詞彙去促發

10. 亨利・季辛吉（Henry Kissinger, 1923-）是德國出生的猶太裔美國外交官，曾因解決越戰的努力而獲得一九七三年諾貝爾和平獎。

他們，他們反而會承擔更多困難的工作，而把簡單的留給別人。掌權的概念在他們的心中激發，他們變得比較關心別人，較不關心自己。權力對我們的受試者的無意識效果端賴他們個人有何重要目標，而在無意識中激發權力概念則可以清楚地分辨出他們是否自私自利以及對他人的關心程度。換句話說，可以看出一個人的性格。

林肯都不知道自己說得有多對。

我們的願望、我們對短期以及長期將來的想望，對我們的心智與行為都有可觀的影響（大部分都是隱藏的）。我們可能沒有發現，我們當下的目標正在掌控我們，並且時常會壓過我們的核心信念與個人價值觀，讓我們在那個目標運作時，實際上變成了另一個人。所以我們許願的時候才要小心，因為這些願望與欲求會在我們沒有覺察的時候占據我們的心智。我們把控制權交給了那個目標，雖然我們可能沒有覺察甚至沒有同意這個目標導致了什麼，但我們本身還是卸不了責的。

如果我們重要和可能有點自私的目標得到滿足時會犧牲其他人，我們就需要更加地小心。這就是為什麼培養對他人真誠關切是那麼地重要，因為如同在我們的權力研究中所看到的那樣，這些傾向一有機會就會展現，即使我們自己沒有意識到。總之，絕不要希望你自己或別人會有什麼壞結果，像是在氣頭上說氣話，因為對你的心而言，目標就是目標，而那個懷恨的願望很可能會回頭來反咬你一口。反過來說，盼望一些陽光的事情可以有助於你夢想成真，比方說為自己立下一個重要的目標——因為你在作夢時，無意識是不睡覺的。

第九章　無意識從不睡覺

「多年以來我發現了一個規則。每次我在談論寫作的時候，就一定會談這條規則。」美國極受矚目的作家諾曼・梅勒（Norman Mailer）在他談寫作的書《詭異的藝術》（*The Spooky Art*）中如此說明。「規則很簡單。如果你跟自己說明天會坐下來寫，你就是用這個宣告在叫你的無意識準備材料。實際上你就是計畫要在某段時間內把金銀財寶都撿起來。相信我，你是在對底下的一些力量說：我會坐下來寫。」

梅勒的策略顯然對他很管用。在他漫長的生涯中，他寫出了三十多本書，成為美國最受推崇——也備受爭議——的作家之一。一九四八年他出版了第一本小說《裸者與死者》（*The Naked and the Dead*），談他在二次大戰的從軍經驗，使他以二十五歲之齡一鳴驚人，躍入了文學圈。與他同時代的許多作家在出版了第一本書之後，後來不是文思枯竭就是遲遲不見新作——像是拉爾夫・艾理森（Ralph Ellison）的《看不見的人》（*Invisible Man*）、哈波・李（Harper Lee）的《梅崗城故事》（*To Kill a Mockingbird*）、約瑟夫・海勒（Joseph Heller）的《第二十二條軍規》（*Catch-22*）——梅勒卻筆耕不輟。他把無窮的精力投注在幾乎各種類別上，不肯把自己限制在小說上。散文、報導文學、傳記、創造性的非小說、戲劇——他什麼都寫。梅勒或許沒能寫出「經典美國小說」，但他絕對是一位偉大的美國作家。

這樣的藝術生產力從何而來？

梅勒認為他的無意識在他的寫作計畫中是個好夥伴——需以尊重對待的好夥伴。他相信他必須跟隱藏的心智建立起可靠的信賴關係。如果你給你的無意識這麼一樁任務，他說，那你最好把自己那部分的工作做好，隔天早晨坐下來寫作，按照計畫，而不是決定繼續睡，或休息一天。否則如果老是有下一次，那你的無意識在你下一次提出這樣的請求時，就不會當真，不會幫你準備材料，因為你反正也不會現身。

你的無意識知道你有什麼重要目標，憑的是你有多常有意識地思索那些目標，以及你花的時間精力有多少。我們在上一章看過，尤其是對重要目標而言，你的價值觀、感覺及選擇都會偏向最能幫助你達成目標的那個方向，而且為了實現那個目標會真的改變你的心智。在這一章中，未來以具滲透力的影響作用於心智隱藏的運作將會變得更加明顯。我們在幕後為了我們的重要目標進行無意識的運作：利用白天意識心智並沒有忙著什麼事時的**停工時間**，以及夜間的睡眠時間。永遠像站崗的哨兵一樣**保持覺察**，留意與目標相關的資訊，注意可能有幫助的事件與對象（我們可能會錯失遺漏的），並且設法找尋我們難以有意識地想到的**答案**。我的鱷魚夢就是個最好的例子，說明我的無意識找出了一個解答，解開了我絞盡腦汁多年也解不開的難題。

在幕後發生的事情是，你的心智在忙著你的未來，而且是無時無刻。真的，神經科學證實了這是心智的預設模式，在沒有別的事可做的時候，它就在忙這個。它在忙著解決過去或現在都沒能解決的重要問題，那些仍**留待**未來解決的問題。它在每個可能的方面指引我們，讓我們走向重要目標會實現、重要需求會滿足、重要問題會解決的未來。第六章所說的「無意識思考理論」研究指出了進行無意識思考的期間在結合統整許多不同的相關要點與資訊上更為優秀。早期關於解決那些看似無解和兩難的問題，想出「跳脫盒子的框架」解決方案的創意研究，也證實了這些解決方案往往是由無意識的洞見所產生，再傳遞給意識層形成完整的解決方案。

無意識心智具洞見的問題解決能力在一九三〇年代由一位美國心理學家發現了，而且巧得很，他的姓名居然就跟著有《裸者與死者》、這位獨自在創作中擁護無意識思想所扮演的角色的作家非常近似。

諾曼・梅勒，遇見諾曼・梅爾（Norman Maier）。

浴缸中的頓悟

巧合的還不只是姓名雷同，諾曼・梅爾跟《裸者與死者》這本書竟然還有幾個相關點。他的一個學生叫T. C.施內爾拉，後來成為美國自然歷史博物館館長，也寫出了〈該走或該留〉接近－迴避動機的經典論文（參見第五章）。梅爾在一九二九年到一九三一年間於芝加哥大學念書時，做了他最出名的創意研究，而他的良師卡爾・萊許利教授（Karl Lashley），是發現促發效果與心理準備效果的原始啟發者（參見第四章）。

梅爾後來進了密西根大學，在心理系擔任教職超過了四十年，而且，又是巧合，他在一九七七年九月去世——而我就在同一個月進了密西根大學的研究所。

梅爾是位獨行俠，在行為主義當道的時代對推理與問題解決有興趣。早期他在芝加哥大學萊許利的指導下，鑑別出意識問題解決的一個主要毛病，叫作「**功能固著**」（functional fixedness），指的是我們對一個物件的既有功能太過執著，而忘了還有別的更有創意的使用方法。這個傾向在時間緊迫或有心理壓力的時候更為明顯。梅爾發現了無意識機制在解決問題時可以得出意識推理給不出的新奇解答，讓我們有靈機一動的時候，因為無意識並不像意識思考般受限於注意力的焦點。

梅爾在他著名的實驗中把芝加哥大學心理學實驗室的一個大房間擺滿了各種日常用品，像是延長線、桌椅、桿子、老虎鉗、夾鉗。最重要的是兩根從天花板垂到地板的長繩。一條繩子貼著牆，一條則掛在房間正中央。接著他請六十一名受試者進入這個雜亂的房間，一次一個人，並且請他們利用房間裡的物品解決許多問題。有的問題很容易解決，有些則否。但這個研究真正的重點是那兩條繩子。梅爾跟每一位受試者說他的任務是把兩條繩子接起來，但是棘手的是兩條繩子距離太遠，沒辦法拉著繩子尾端走向另一條繩子。在受試者不知道的情況下，梅爾按下了口袋裡的碼表，就跟六十年後我們在紐約大學做粗魯或禮貌的實驗一樣。

創意的解決方法是把一件沉重的工具（老虎鉗或是夾鉗）綁在繩子的尾端，讓它朝另一條繩子擺動，然後把另一條繩子抓過來，等原先的繩子擺動到可觸及的範圍內，就把兩條繩子綁在一起。三十九%的受試者自行解決了這個問題，不需要提示。剩下的想了十分鐘都沒能解決問題。這個時候，會給他們兩個提示中的第一個提示；如果再過幾分鐘第一個提示沒能讓他們想出答案來，就再給第二個提示。三十八%的受試者能夠在得到一個或多於一個提示之後解決問題——這是解決了問題的受試者總人數的一半，也是梅爾最感興趣的一組人。其餘的受試者（二十三%）在第二個提示後，再給他們額外的時間，也沒能解決問題。

第一個提示是個促發提示。梅爾走向窗戶，身體順帶拂動了旁邊的繩索，讓它微微擺動（如果在幾分鐘之後這個微渺的線索沒有作用，梅爾就會改用不那麼委婉的提示——他會把老虎鉗直接拿給受試者，告訴他們要靠這個工具來解決問題）。在偶然看見繩索擺動之後，有十六個人解決了問題。他們整整為難了十分鐘，可是一看見梅爾不經意觸動了繩索，大部分的人在四十秒之內就想出了答案，也就是把老虎鉗綁在繩子尾端，讓繩子晃動起來。但事後問他們是如何解決問題的，十六人中只有一個說梅爾不經意地使繩索晃動幫助他想出了解答。另外十五個人在描述如何想出解答時，並沒有提到看見繩索晃動；事實上，十五個人沒有一個記得看見繩索晃動。梅爾的說法是「他們堅稱如果是提示幫助了他們，他們也完全沒意識到。」

梅爾最後說最有可能的解釋是晃動提示在帶出解決方案時扮演了重要的角色，但受試者並無**有意識地**經驗到。而他也很訝異解決方法是以完整的形式出現在受試者的意識中的：「非常突然，而且無法察覺到有什麼發展過程。」並不是在解決這個問題時各步驟都一一實踐過了，然後再由意識推理來指導過程，整合出解答，而是有了一個新方式來理解問題——看見了繩索，卻不當它是繩索，而是鐘擺的一部分——突然就完完整整地冒了出來，由無意識工具製造的。

約莫在同時，另一個著名的創意問題由卡爾・董凱堯（Karl Duncker）研究了出來。他是德國心理學家，一九三五年遭到納粹放逐，他的發現在一九四五年他過世後出版。這個問題包括了下列的材料：一盒火柴、一盒圖釘、一支蠟燭。你的任務是把蠟燭固定在牆上，在點燃蠟燭後蠟油不會滴到地板上。這跟梅爾的繩子問題類似，因為解決方法真的得要「跳脫盒子的框架」思考[11]，不要把裝圖釘的盒子看成是一個盒子，而是一個潛在的燭臺。一旦這麼看，就很簡單了，只要用一個圖釘把盒子固定在牆上，再把蠟燭筆直放在打開的盒子裡，最後以火柴點燃。這個謎題的關鍵是把盒子和盒子裡的圖釘分開來看，盒子不僅僅是裝圖釘的容器，本身就是個有用的工具。

無意識地引導這類洞見的一個方式是微妙地強調盒子與圖釘是兩件不同的物品。哥倫比亞大學的托利・希金斯（E. Tory Higgins）和同事想出了一個方法，使用會促發洞見的詞彙，而不是利用行為——像梅爾一樣拂動繩索。他們的關鍵是在受試者開始解決蠟燭問題之前，強調或促發「**和**」（and），或是「**的**」（of）這個詞，在受試者開始解決蠟燭問題之前。首先，讓三十名男大學生看十個物品的幻燈片，當中實驗人員以「**和**」而不是「**的**」來進行描述，比方說一個「瓶子和水」（bottle and water）而不是「一瓶的水」（bottle of water），一個「條板箱和盤子」（crate and plates）而不是一個「條板箱的盤子」（crate of plates）。接著他們再請大學生解決蠟燭問題。就跟梅爾給了擺動繩子的暗示一樣，「**和**」這一組和「**的**」組以及對照組（只看幻燈片，沒有文字說明）比起來，解決了問題的受試者要多許多。十個大學生裡有八個在「**和**」提示後解決了問題，但在另外兩組的十個大學生裡分別只有兩個解決了問題。而且最值得玩味的地方是，事後問受試者是如何解決問題的，是否實驗一開始的階段有什麼可能影響了他們的能力——無論是正面的或是負面的——也跟梅爾的繩索實驗一樣，沒有一個人說兩者有任何關聯。他們表示並沒有察覺到看幻燈片（「**和**」及「**的**」）對他們解決蠟燭問題的能力有何影響。無意識用了促發線索解決了問題，而受試者並沒有覺察它的協助。

另一位哥倫比亞大學的學者珍妮特．梅特凱爾夫（Janet Metcalfe）也研究了這個「洞見」問題。她利用困難的謎語，不但解謎時很困難，想出答案也一樣困難。比如「試將二十七隻動物關入四個畜欄中，每一欄的動物數量都是奇數」，或是「請把一張三乘五的索引卡挖一個洞，剛好可以讓你把頭伸過去。」這一類的問題，你就算預測到最終自己能不能找到答案，也預測不了你是否能夠解決這個問題。我們的意識好像沒有進入答案的門路，**或是**走對能夠解答的捷徑。梅特凱爾夫的結論是，這類問題的解答也一樣來得很突然，像靈光一閃。這是因為解答者是在無意識中思索，等無意識找到了答案，就會以完整的形式傳送給他，供他使用。

11. 英文諺語「to think outside the box」，意思是跳脫傳統的框架。

這種看似魔法的本領究竟是如何練成的？誠如第六章所見，戴克史得赫伊斯團隊在他們的無意識思考理論研究中指出，經過一段時間的無意識思考，而不是有意識的思考之後，反而能作出更好，或至少一樣好的選擇。這個理論的一個重要元素是必須分散注意力，不要去有意識地考量各選項，讓神經系統重新活躍起來，而取得資訊供決定的同一個大腦區塊也會在無意識中活化。還記得吧，這個研究發現後來也經過卡內基美隆大學的大衛．奎斯威爾團隊證實了。他們證實了無意識解決問題過程使用的大腦區塊正是意識在揣摩問題以及一切相關資訊時，所使用的同一個區塊。而在意識注意別的地方時，這些區塊越是活化，最後的解決方案就越好。

這可能會讓你想起那個坐在浴缸裡的古希臘人。你知道，就是那個大喊「我知道了！」的阿基米德。梅爾和董凱堯、梅特凱爾夫和希金斯研究的洞見問題都跟阿基米德突然解開了一個困惑他許久的物理問題一樣。他正在公共澡堂裡泡澡，答案卻莫名其妙就冒出來了。根據希臘史學家普魯塔克的記載，在阿基米德想到解答之後，他大喊了一聲「我知道了！」喊了好幾次，然後就光溜溜地跑到了敘拉古的街道上，一句解釋也沒有。是的，有許多這樣的例子，科學上的或是其他智慧及藝術上的突破都在最料想不到的時候，當事人忙著其他事情的時刻發生了——比如說愛因斯坦是在刮鬍子、阿基米德在泡澡。甚至是在你壓根就沒動腦筋，而是睡得很沉的時候。

對了——作夢！那個奇妙的、悶熱的、佛羅里達的沼澤心靈。奇異的旅程會發生，有時還會有突破。至少**我**是這麼看待夢的，因為我在夢裡找到了我的奇蹟鱷魚。

苯。周期表上兩個元素組成的有機化合物——氫和碳，每一個都有六個原子。無色，有毒，苯把許多重要的元素結合在一起，像神奇的膠水。因為有苯才有原油，對現代文明貢獻良多。可是儘管是這麼重要的東西，在十九世紀時它仍然披著層層的面紗。一八二五年英國科學天才麥可．法拉第（Michael Faraday）發現了苯的存在，三十五年多過去了，化學家仍然不了解在它樹膠狀的分子核心之下是何種結構。這點很麻煩，因為限制了以科學開發苯全部潛能的能力。

德國有機化學家奧古斯特．凱庫勒（August Kekulé）是一八六〇年代想要解開苯之謎的眾多科學家之一。他在衡量化學隱藏的真相這方面並不是新手，幾年前他就推出了精采的理論，闡述了碳原子互相聯繫的能力。而且他的長相也是個道地的學者型科學家：猶太法學博士似的白鬍子，布滿皺紋的額頭。可是他的心智——意識成分與無意識成分，以及其他許多化學家的心智，都在忙著解開苯之謎，卻徒勞無功。那麼關鍵的洞見幾時會出現呢？

大約在同時，凱庫勒忙著編寫一部新的化學教科書。有天晚上在家裡，他振筆疾書，寫著寫著睏了（能怪他嗎？）。接下來是他的記述：

> 我把椅子掉過去對著壁爐，半睡半醒。原子在我眼前飛掠……扭動個不停，像一群蛇。慢著，那是什麼？有條蛇咬住了自己的尾巴，在我眼前轉個不停，像在挖苦我。我好似被閃電擊中，一驚而醒。而這晚剩下來的時間我都忙著寫出這個假設的後續。

又一隻洩漏天機、讓人毛骨悚然的爬蟲類——在我的夢裡是鱷魚，在凱庫勒的夢裡是一條蛇。而他也當即明白了這個包含著重大化學理論暗示的夢的意義。它直接就把他需要的領悟傳送到了他的意識心智。吃掉尾巴的蛇——這是名為銜尾蛇的神話象徵——就是打開隱藏著秘密的櫃子的鑰匙：**苯環**。苯的氫和碳分子互相連接，形成一個圓形，單鍵和雙鍵交替。凱庫勒解決了困擾眾人的問題，而他的幻象也變得出名，甚至比他的發現還要出名，這個發現奠立了他有機化學之父的地位。不過凱庫勒的夢並不是神蹟或什麼超自然事件，因為夢是由充分準備的心智所製造的，來自於廣泛的意識思考以及和問題纏鬥不休。他的心智透過他在這個問題上有意識地投注了許多精力，進而理解了得到這個問題的解決之道對他而言有多麼重要。從事後去回想，他的未來得到了保證。

在上述這許許多多的例子裡，天資和創意都是無意識問題解決能力所帶來的結果。以梅爾來說，他刻意利用停工時間來讓他的心有事情做，而他的意識則忙著別的事情。在梅爾和董凱堯的「跳脫盒子的框架」創意研究中，無意識為意識思考無法解決的問題提供了解決之道。就跟阿基米德和凱庫勒的情況一樣，在他們做另一件完全不同的事情時，解答以完整的型態竄入受試者的意識心智，蓄勢待發。由這些例子可見，無意識心理歷程和一個人的意識心智在處理同樣的問題時點亮了創意的燈泡。兩者是**隊友**，朝同一個目標努力。

跟喬丹一樣

弗瑞德瑞克・邁爾斯（Frederic Myers）和威廉・詹姆斯、皮耶・賈內、阿爾弗雷德・比奈（Alfred Binet）是同屬於第一批的心理科學家，但其他人都比他出名。說起來也真的是有點奇怪，因為幾乎當代的每一位卓越的心理學家都對邁爾斯推崇備至，而且他還和賈內合作了巴黎薩貝特里耶醫院的劃時代研究。而在邁爾斯的諸多智能探討中，他對天才與創意的研究更是終身不懈。邁爾斯對**天資**的定義預言了梅爾與董凱堯的創意研究，以及諾曼・梅勒在《詭異的藝術》中給有抱負作家的建議。天才，邁爾斯說，就是能比大多數的人更懂得利用閾下（無意識）思考。他說天才或是創意突破的靈感來自於一股閾下念頭，湧入了一個人正在有計畫地操作的思想意識流。令人驚豔的洞見來自於比大多數人更懂得利用這個心智的無意識力量。

各行各業都有許多天才，不限於科學與文學，像發明家湯瑪斯・愛迪生（Thomas Edison）、史帝夫・賈伯斯（Steve Jobs），以及贏得了二〇一六年諾貝爾文學獎的巴布・狄倫（Bob Dylan），瑞典學院還把他寫的歌詞比喻為古希臘詩人荷馬與莎芙的作品。但是狄倫往往並不知道這些歌詞從何而來，或是有何意義。等記者終於找到他詢問他的得獎心得時，他聽說了他的歌詞被拿來比作古希臘詩，他說就讓學者專家去分析吧，因為他不覺得他有資格解釋他的歌詞。而傳奇吉他手艾瑞克・克萊普頓（Eric Clapton）回憶一九七五年狄倫在馬里布給了他一首歌，叫〈手語〉，讓他收入新專輯。「他說他是一口氣寫完的，自己也不懂是什麼意思。我說我不在乎是什麼意思，我就是喜歡那些文字和旋律。這首是整張專輯裡我最愛的一首歌。」

在運動界也是天才備出，而且偶爾會出現一名「改變了比賽」的運動員，總是那麼的與眾不同、富有創意，絲毫不受故步自封的比賽方式束縛。就因為這麼一個人，常規成了老骨董。在我這一生中，沒有一個運動員能像芝加哥公牛隊的ＮＢＡ明星麥可・喬丹一樣打出這種「不一樣的比賽」。

那是一九八六年的一個週日午後，ＮＢＡ東區聯盟季後賽第一輪的第二場，波士頓塞爾提克人在波士頓球場對上芝加哥公牛。一九八〇年代的聯盟賽事，塞爾提克人以及洛杉磯湖人隊叱吒風雲，而那一年塞爾提克人更是正位於戰力顛峰。那一季有五位將來會列入名人堂的球員為波士頓效命，包括最可怕的三位前鋒：賴瑞・柏德（Larry Bird）、羅伯特・巴里許（Robert Parish）和凱文・麥克海爾（Kevin McHale）。他們是聯盟中的季後賽頭號種子球員，在第一輪中對上第八號種子球隊公牛。

我在一個相當不尋常的地點觀看了那場比賽——紐約州埃爾蒙市貝爾蒙賽馬場賽道後面的圍場。那是一個漂亮的春日午後，我搭了一列叫「貝爾蒙特快」的火車從曼哈頓的賓州車站直達長島。能離開城市個幾天，享受美麗的公園和新鮮空氣，開心地觀看賽馬，順便也下點小注，實在是賞心樂事。

我並不是為了看公牛對塞爾提克人的比賽去的，可是在我為第四場比賽押下了兩塊錢之後，我注意到有一群人圍攏在牆上的大型電視前。電視的音量很大，我看見也聽出了是季後賽。我馬上就猜出那些人是塞爾提克人的球迷，回頭就去看我的賽馬了。

之後我又押了第五場比賽，等我回來後，發現觀眾呈指數成長。現在擠在電視機前的人有幾百個了。有人把音量放到了最大，所以我就停下來看看是怎麼回事。這一看，我的腳底就像生了根，把賽馬忘了個一乾二淨。

那是比賽的後段，比數極接近，出乎大多數人的預料，但觀眾這麼多並不是為了這個原因。聯盟的一位明日之星，叫作麥可．喬丹，在球場上施展爆炸性的魔法，穿破塞爾提克人的防線——別忘了那可是史上最佳球隊之一啊——如入無人之境，不是直衝籃下，就是急停中距離跳投。他得了三十分，然後是四十分，然後超過了五十分——他即將打破季後賽的得分紀錄了（而且他也真的打破了，六十三分，這個紀錄至今仍高懸不破）。塞爾提克人阻止不了他，他隻手擎天。他是如何做到的？

我現在只模模糊糊記得漂亮的籃網，成為藝術名家的喬丹疾掠飛翔，投射飄浮。那些身經百戰的防守球員越是想不到的地方，他就越能找到空隙，在他們以為他要攻進籃下時，他卻縱躍挺腰來記遠射。塞爾提克人的直覺都錯了，一次又一次。顯然喬丹就是神出鬼沒，不落俗套，一次又一次，即便塞爾提克人做了調整，他也跟著調整。兩個人或三個人防守他也不奏效。貝爾蒙賽馬場的電視機前的觀眾張口結舌，為他的每一個動作歡呼。

賽後他的隊友說喬丹極其專注。這場比賽全國轉播，時間在週日下午，當年只有幾家電視臺，電視轉播並不是常態。熱愛ＮＢＡ的全體美國人都在觀賞。他很清楚這一點，所以他上演了一齣好戲。就在這一天，麥可．喬丹現象、他的空中傳奇、他的背號二十三，正式登場。他和他的公牛隊會在接下來的十二年中繼續贏得六次冠軍——但是他的傳奇是在那個週日午後誕生的。

人手不足的公牛隊最後輸了比賽，比賽延長了兩次，塞爾提克人在那一年又搶下了一次冠軍杯，但是在運動史上留下的光輝燦爛的一刻並不是塞爾提克人的勝利，而是喬丹在公牛輸球的那場比賽中的表現。賴瑞·柏德在賽後接受記者採訪時說得最好：「我覺得是上帝假扮成麥可·喬丹。」柏德說。「他是NBA最可怕的球員。今天在波士頓球場、在全國觀眾面前、在季後賽，他上演了有史以來最精采的一場秀。我不敢相信有誰對上波士頓塞爾提克人能有那樣的表現。」

如果喬丹從頭到尾時時刻刻都在做**意識**思考，決定該怎麼做、該採取哪一步、該如何投球，他是絕對不可能在不能讓鄉親父老失望的塞爾提克人主場給塞爾提克人那麼大的難堪的。刻意的意識思考太慢了，而NBA比賽太快了。他看見了球員的模式，預測到他們的動作，搶在別人之前，而且他時時利用這種先見之明。想想看。球場上每一分鐘瞬息萬變：這個球員移動到那邊、那一個到這邊，人體、機會、風險，就跟萬花筒似的——在在都需要當機立斷，做出有利於己的反應。喬丹的「直覺」——這也是無意識歷程的另一個說法——毫不出錯地指引他，而別人都沒有這般的直覺。他那天的表現——以及接下來的十二個賽季——符合了弗瑞德瑞克·邁爾斯對天才的定義，也就是比別人更懂得利用閾下思考歷程。因為意識心智在決定一次該處理多少資訊時能力有限，而且處理資訊的速度又不夠快，所以喬丹的無意識把對抗塞爾提克人越來越激烈的防守所需要的策略，完整地傳送給他的意識心智，一切焦點都放在贏得比賽上面。他必須要做出這些球場老將預料不到的事情，也就是不能採用平常的打法——換言之，就是要非常有創意。而無意識做出的分析思索讓喬丹又多了一個額外的好處，就是把他的意識心智從這些細節釋放出來，給予他擬定更高階策略和規劃的能力。喬丹在「那個地帶」——傳說中的狀態，也就是在無意識嵌合了最高的齒輪，意識心智也平靜地加入了自己的特殊貢獻時。其實球賽轉播員經常會描述一名籃球員打得最順手時，似乎怎麼投怎麼進，因為「無意識」意味著這個層級的表現，高於透過會出錯的、緩慢的、有限制的意識方法所得到的表現。

當然，儘管我們非常想「跟喬丹一樣」（像開特力運動飲料的廣告說的），就算把全世界無意識問題解決的辦法都加起來，也給不了我們他累積多年的經驗、體格和技巧。想要充分利用無意識的幫助，我們必須先做好意識工作——就如梅勒、阿基米德、凱庫勒嫻熟各自的領域一樣。喬丹當然是做了意識功課：誠如他自己所說，在他的球員生涯中，他在心裡投籃的次數遠多過於在球場上投籃的次數。我也不是憑空就在夢裡夢見了鱷魚的，我為了解開自己的謎題，也是先花了多年思考並且大量閱讀的。

不過麥可．喬丹在那年四月的那個下午於波士頓的驚人爆發，的確證實了只要你聽從諾曼．梅勒的建議，把無意識當作是夥伴，早早開始著手重要的工作與目標，趁你的意識在忙著做別的事情，你就能夠收割創意及問題解決的益處。寫作這本書時，我也經常遵循這個建議——讀書，在找出時間實際動筆寫下一章的一兩天前就開始思索。我發現了想法會自己跑出來，而且我會在新聞中發現故事，或是想起了多年前的例子（要是我刻意去留意或回想，恐怕會連一個成果也沒有）。而且我也把這個建議教給學生：別等到交報告的前一週，或是就快工作面試了才去準備，而是要及早開始，才能讓目標動起來，幫他們自己一把——在他們的意識層面忙著別的事情時，無意識會在背景一點一滴蒐集洞見和優勢。

心智如果不忙著處理現在，就會去注意未來，努力處理目標，模擬不同的解決方案。思考是很「昂貴」的，從它耗費的精力來看——人腦平均占了一個人體重的二%，卻要消耗一個人清醒時大約二十%的能量——而在演化的過程中，我們並不是隨時都能走進商店去買食物的，反而常常需要花費大量精力去找到下一餐。換句話說，能更有效率地利用我們的腦能量，在背後更便宜地做事，從適應與節省熱量來說，是很有道理的。

這種安排讓我想起了一九九九年啟動的一個計畫，利用幾千臺電腦的停工時間來搜尋從宇宙的各個角落記錄下的巨量無線電波資料，為的是要尋找外星生物，亦即搜尋地外智慧計畫（SETI）。SETI@home就是由大衛．傑戴（David Gedye）以及加州大學柏克萊分校的奎格．卡斯諾夫（Carig Kasnoff）發想的，至今仍是非常受歡迎的義工分配電腦計畫。美國國會議員認為由政府金援這個計畫荒唐可笑，斥之為既浪費金錢又瑣屑無聊，其中的代表人物就是威廉．普拉克斯米爾（William Proxmire），以及他的「金羊毛」獎金。所以傑戴和卡斯諾夫就尋找替代方案，用更便宜的方式來分析大量的無線電波資料。他們請義工（我也是早期的義工之一）下載無線電波資料，用我們的個人電腦在休息時間分析，再把結果自動回傳到SETI總部。你的心智也像這樣利用休息時間處理你的重要目標與當下關注的東西，再把結果回傳給意識——尤其是在找到答案時，像是偶爾會作奇異的夢，那些夢讓大量的、密集的、昂貴的、有意識的思考達到了高峰。

有時候我們的心智會太焦急，緊揪著休息時間不放，比方說我們為了某個沒那麼感興趣的考試在讀書、在讀書裡一段無聊的文章，或是只有普通興趣的報紙。我們的心思會飄向別處，我們發現自己瞪著書，甚至還自動翻頁，卻根本沒有讀進去。我們的心在想著完全不同的東西。是什麼東西？我們的心思又為什麼會老是往哪兒飄？

動機科學家艾瑞克·柯林格（Eric Klinger）窮畢生之力研究這些問題。一般來說，我們一天會清醒十六個小時，而十六個小時中一直在做有意識的思索。柯林格估計我們每天大約有四千個各別的思想片段（鎖定某主題的想法，接著又換成另一個）。他的研究指出你清醒時的思想有整整三分之一到**二分之一**不是聚焦在你正在做的事或正看見的東西上，而是飄到了別的主題上頭。顯然，你的心思覺得這些主題比你正在做的事更有趣味（所以我很肯定你在讀這本書的時候**沒有一次**會這樣）。學生讀教科書，甚至是一般人輕鬆下來讀本好書，沒有那麼專心時，也會去想別的事情：爲什麼我男朋友沒打電話來？晚餐要去哪裡吃？我能找到工作嗎？明天的演講我準備好了嗎？我答應送輛汽車給我兒子當高中畢業的禮物，可我到哪兒去弄錢買啊？

我們的心思飄移時，它的方向是一定的。它有目的，而且不是隨便的一個目的——全部與我們的未來有關，我們重要的、仍未達成的、仍高張著旗幟的目標、我們擔心的事情以及需要很快完成的事情。心智的生產力在停工時間仍然不停，這情況很像是你的個人電腦在你不使用時仍會更新及掃毒。

夜半奇想

讓我們回頭來談夢的神秘「訊息」。現代心理學研究這個領域，指標人物是動機專家柯林格，指出我們當前的重要目標不僅盤據了我們清醒時的心理停工時間，也占據了我們在睡眠的心智。柯林格團隊趁受試者睡眠時研究他們，如果他們出現了在作夢的跡象（亦即他們表現出REM，就是快速眼動（rapid eye movement）活動），他就會用耳機播放語詞。這些語詞都和睡覺的這個人眼下的生活目標有關——諸如「想加入助人的行業」或「跟兒子再變成朋友」。而播放給對照組聽的語詞都和別人的目標有關，而不是他們自己的。幾分鐘後，作夢的人醒了，請他們說出剛才夢見什麼。如果聽見了跟他們重要的目標相關的語詞，有三倍的受試者更可能會夢見與這語詞相關的主題。在晚上，無意識心智很顯然是非常清醒的。

所以即便我們是在作夢，我們的心智仍在無意識中忙著我們的重要目標和關切的主題，而且對於和目標有關的外來資訊比平常還要敏感。它會處理種種問題，諸如重要人際關係出現裂痕時該如何修補、解決工作上的麻煩、想出送配偶或孩子的生日禮物。柯林格團隊的結論是你的心智為你的重要目標分出了輕重緩急，而且在你睡眠時仍繼續在你的夢中運作。

未來對無意識心智的影響有時也會不討人喜歡。有些目標我們就是不能在想要或甚至是需要的時候放手不管，比方說迫近的期末報告截止日，或是我們應該要和某人進行的討厭對話。我們也許會拖延，把討厭卻必需的活動再擱置一天，出去喝一杯而不是讀書，或跟自己說我們過幾天再跟某人談。在這兩個例子上，懸而未決的目標會繼續在無意識中運作，即使我們積極地、**有意識地**去迴避。諾曼．梅勒說得好：「經驗法則：一個人的心有多煩亂可以從他尚未實現的承諾有多少而得知。」記住，你以未來為導向的心智可不是只管你是不是覺得輕鬆開心，而是要讓你的重要目標以及工作完成。如果這表示得用擔憂和焦慮來讓你坐也不是站也不是，那就這麼辦。這樣的頑固往往會讓一個人的心智在晚上發出奇怪的聲音，也就是說害你作惡夢。

睡眠研究中一個非常常見的問題是如果你在半夜醒來，焦慮和擔憂就會自動跑出來，讓你沒辦法再回頭睡覺。我們在睡眠時，處理問題的腦部區塊仍然會持續在無意識中解決問題。無意識並不擅長為未來做什麼詳盡的計畫——是的，它擅長找出問題的解答，追求某個目標的大概念，可是卻不擅長構思出具體計畫，謀劃出詳細的行動順序——所以它會把問題踢給意識心智，說：「那，你來處理。」如果憂慮很重要——像是考試、做簡報，或是該不該和男朋友或女朋友分手——我們一清醒，這些想法就會自動跑出來。我有一首最愛的「臉部特寫」樂團的歌說得很傳神：夜半三更，人人都睡了，可是「我清醒著回憶——這些回憶不肯等。」

有項研究失眠症的實驗，比較睡得好與睡得差的人，自稱有睡眠問題的人有超過八十％在半夜醒來後很難再回去睡覺。這個問題可能持續一輩子。平均來說，這些人超過十七年，有一旦醒來就很難再睡的問題——有個人甚至是六十年。研究人員發現迄今為止，將近五十％的人會睡不著是因為與將來有關的想法，也就是在未來一天或一週會發生的事件。他們滿腦子想著隔天或是隔幾天需要完成的事情。即使是相對較正面的思緒也是與隔天未完成的工作有關，比方說幫親愛的人買生日禮物。總之，晚上醒來就沒辦法再回去睡覺的主要原因是負面的、刺激焦慮的想法，而這些想法與新近的將來有關，大約不脫必須完成的事或是需要解決的問題。

為什麼在一個人睡著時，無意識會來處理這些問題，可等他們一清醒，心智就必須用這些問題纏住他們？因為這些問題很重要，而且時間很緊迫，所以無法靠無意識解決，而是需要意識協助。所以一等這個人清醒，他們的意識心智一連線，這些緊迫的目標與憂慮就在心理的收件匣裡等著他們，尤其當無意識思考歷程要求的是具體計畫時。這是意識思考歷程的專長，不是無意識辦得到的，所以無意識過程會嘮叨個不休。只要計畫擬定了，嘮叨就會停止。說不定你還能回頭去補眠呢。

試想，你醒過來，開始擔心你昨晚可能沒關瓦斯爐，或是忘了鎖門。你可以躺在床上擔心，也可以下床去查看。然後你就能回來繼續睡，因為問題解決了。可是會害得你睡不著的問題可能沒辦法在半夜三點這麼輕鬆解決。也許你有健康問題，你一直想去檢查，卻老是沒去，所以你就擔心這個，擔心得睡不著。你無法立刻處理這件事，但是你可以擬定計畫，答應自己明天醫院一開門你就會打電話去預約。無意識要求你的也不過就是擬定計畫，做到了，你應該就能夠回去再睡了。

研究人員實驗性地示範了，這些計畫是如何把未完成目標那讓人分心的、煩死人的影響力關閉的。我、埃塞奇耶勒・莫夕勒（Ezequiel Morsella）和同事驗證了未完成目標是如何闖入你的意識思想。我們事先告訴一些受試者稍後他們要接受地理小考，他們得寫出美國的每一州；另一些受試者則需要快速數出他們看見的州名是由多少字母拼成的（比如WISCONSIN＝9）。這兩件未來任務最大的差異在於，其中一件只要是事先思考過，就會比較容易完成（說出所有的州名），而另一件則否（數出州名中有多少字母）。所以我們預測寫出州名的目標會衍生較多的闖入思緒（因為受試者會在無意識中事前處理目標）。這個實驗的重點會在受試者實際執行任務之前出現——我們請他們做八分鐘的冥想運動，要他們清理過多的念頭，只專心呼吸。在此期間，如果有任何闖入的思緒，就請他們寫下來。預計要寫出五十個州名的受試者比要數出字母的受試者多了七倍的闖入思緒（儘可能想出所有的州名）。這顯示「嘮叨的無意識」的第一部分效果，尤其發生在停工時間。

那麼第二部分呢？擬定具體的計畫能夠減低嘮叨的思緒嗎？為了要檢驗這一點，研究人員馬西坎波（E. J. Masicampo）和羅伊・博梅斯特（Roy Baumeister）首先要受試者寫下他們必須完成的兩項重要任務，比方說是繳交期限就快到了的期末報告，然後給他們讀一段神秘小說，摘自厄爾．史丹利．葛德納（Erle Stanley Gardner）的《蛇蠍美人案》（*The Case of the Velvet Claws*），故事主角是戰無不勝的律師培利．梅森（Perry Mason）。等他們讀過了無敵的梅森先生的豐功偉業之後，再問他們在閱讀時有幾次心不在焉，有幾次想到了未完成的任務。你可能也猜到了，受試者說他們的心思從神秘小說上飄走，常常在想快要繳交的期末報告。不過換另一組受試者，在他們讀小說之前就按照實驗人員的指示，為如何完成待做的工作擬定了詳細的計畫。這一組人說在閱讀時僅有極少數的闖入思緒。

在進一步的實驗中，受試者被告知稍後他們必須把想出來的海洋生物寫下來。可是開始之前他們得先完成一項與海洋生物無關的任務。在第一個任務中，海洋生物的名稱會不知不覺跑進他們的腦海，分散了他們的注意，工作表現不好。而另一組受試者就不同了，他們得到了一個好計畫，有助於他們稍後列出海洋生物名稱——按照字母順序，每個字母都想出一個海洋生物。因為有了這個有用的計畫，在第一項任務中，這一組被即將來臨的任務的思緒闖入就少得很多。為完成某個緊迫的、即將來臨的目標擬定計畫，確實能夠減低無意識的碎碎念。最後，馬西坎波和博梅斯特也證實了擬定具體計畫能減輕我們對截止日，以及尚未完成的重要計畫的緊張焦慮。

一如梅勒的勸告，無意識與意識心態間的良好關係並不是免費的，而是以信賴為基礎，所以要它正常運作，你得履行你那一方的責任。要是你能做的事都做了，而且確實貫徹始終，那麼下一次你嘗試用半夜三更做計畫的方法來讓囉嗦的想法停止，就會有用。可是如果你不執行計畫，那麼下一次囉嗦就會沒完沒了，因為你已經證實了你擬的計畫只是在敷衍了事。你可能得實際去執行計畫才能得到清靜，像是打電話給醫生，或是解決問題，不然的話，滿腦子都是不能等的想法，你乾脆整晚別睡算了。

我在加州的姊姊生了頭一胎之後幾個月，我們在伊利諾州有了一次家庭小聚會，讓大家都見見新生兒。她的寶寶是我們這個小家庭的頭一個下一代，所以等她把寶寶帶到後面臥室小睡之後，我們這些手足就聚在客廳裡，圍坐在新手媽媽四周，聽她說故事。約十五分鐘後，她正在說一個非常有意思的故事，才說到一半，她突然就打住了，我看見她的眼球用力向右偏，像是要看到後面的走廊。我們都搞不清楚是怎麼回事，就問她是怎麼了，頓了一頓她才說她以為聽見了什麼。我們大家都沒聽見。她的小女兒睡的房間距離客廳有六十多呎遠。我們大家都安靜了一會兒，讓她確定並沒有哭聲，接著她繼續說故事。

我們最重要的目標和動機每週七天、每天二十四小時都在忙碌中，時時刻刻都像機警的哨兵，在留意與之相關的事物。它們在我們忙於其他活動時，甚至是在我們睡眠時，在背後活躍。睡眠中的父母一聽見孩子的嗚咽就會立刻驚醒，但是雷雨交加卻吵不醒他們。要能做到這一點，睡眠中的人腦得要持續處理感官信號，即使是在我們睡得毫無意識的時候，只要一接收到重要的、關鍵的刺激，不到一秒鐘之內就會啟動全面清醒。真是不可思議。

心理學有一個經典的實驗指出了我們的目標把我們的注意力抓得有多牢，即使是在我們想要忽略，改而注意別的事情時。這叫作史楚普作業，在一九三五年由田納西州納許維爾市喬治皮博迪學院的約翰．李德利．史楚普（John Ridley Stroop）發明的。在這個實驗中，你一次會看到一個詞彙，只需要把詞彙的印刷顏色說出來即可，不需要說出是什麼字；其實詞彙本身跟你的任務並不相關。史楚普作業有趣的地方在我們還是會忍不住去讀那些字詞，那是自動反應，我們無法控制。而且因為我們讀了那些字詞，如果跟我們重要的目標相關，目標就會讓我們去注意字詞，即使我們儘量不去留意——因為這麼做會偏離我們應該要做的事情，也就是儘快說出字詞的**顏色**。字詞的意義越是害我們分心，說出顏色所需的時間就會越長。

你可以用一個人說出某類字詞顏色的快慢來衡量他們對那類字詞有多感興趣，或是衡量這些字詞是否與他們的某個重要目標或需求吻合。說出顏色的速度越慢，那類字詞跟動機的關係就越密切，所以他們就越容易分心。比方說，在某個類似的研究中，經常飲酒的人在說出與酒相關的詞彙的顏色，比如**啤酒**、**雞尾酒**、**烈酒**，就比不常喝酒的人速度要慢。尤有甚者，分心的次數、說出與酒相關的詞彙的顏色時速度變慢的程度，都和一個人一週通常喝多少酒是有關聯的。目標越重要，與目標相關的詞彙就越黏人，而在他想說出顏色時就越是會被這些詞彙弄得心不在焉。這種心不在焉的起因是對與目標相關詞彙的自動注意，即使那個人當下並沒有想到那個目標，且想到那個目標就會損害了他們正在做的事情的表現。即使跟這個實驗一樣，在事前並不知道會有跟目標相關的詞彙出現的情況下——如果與酒有關的詞彙會讓人分心，就必須讓喝酒的目標在背後時時刻刻保持警戒。

這就是為什麼開車使用手機是那麼危險的事。你親近的人，像是朋友和家人，傳來簡訊或是打的電話與你的社會關係目標密切相關。這些中央目標無時無刻不在提高警覺，準備要讓你分心，把你的注意力導向你的朋友與摯愛。現在，我們都了解一邊開車一邊傳簡訊是多麼危險的一件事，因為你的視線會離開馬路，看著手機，再讀簡訊，然後（最糟糕的）敲下你的反應。當然，這些本能的反應讓你有意識的注意偏離了需要安全駕駛的關鍵需求。

而且還不只是傳簡訊——今天許多人開車上路時還有許多的應用程式可用。導航助手（幫助你的當下目標，讓你抵達目的地）；Snapchat，你可以一邊開車一邊貼照片，可以顯示你的車速（迎合了你的社交目標，跟朋友互動，又被其他人注意到）；還有（更糟糕的）寶可夢，讓駕駛一邊開車一邊尋找遊戲中的生物（跟朋友和別人競爭的目標）。難怪美國近五十年來高速公路上發生死亡車禍的比率是全世界最高的，而且是在四十年來的穩定下降之後。二〇一五年比率急速上升，二〇一六年更是直線攀升——前半年就有高達一萬七千七百七十五人在高速公路發生死亡車禍。州警與其他單位都認為罪魁禍首是手機和手機應用程式。比方說，佛羅里達州坦帕市附近的一件車禍，五人死亡，而就在撞車前，一輛汽車中的青少年在Snapchat貼了影片，他們的車速超過了一百六十公里。

因應這個危機，汽車製造商說新的免動手型手機系統能夠解決這個問題，因為即使是正在使用智慧手機，駕駛人也得兩手握著方向盤，眼睛盯著路面。可是他們（大多數的人可能也一樣）不了解的是開車時講電話有多麼地需要你的注意力，並且還會分散你的焦點。即便是「免動手」（其實常常根本不是），而且即使你的眼睛始終盯著路面，交談本身都會讓你有限的意識注意力嚴重分散掉，把你的心神從該留意的地方——開車以及隨時準備要對其他駕駛突然的動作做出反應——調走。與工作、家務事，或是，千萬不要啊，跟子女或配偶吵架的對話，都跟你非常重要的目標密切相關，關涉到你的親密關係、你的生涯、工作壓力、你的日常瑣事，以及其他的家務事。即使是在開車時進行愉快的交談也會害你分心，因為充滿了新聞、新發展或是表達的感情。畢竟，我們只有一定限量的注意力，要是被其他事情占據了，就沒有多少能用來安全駕駛了。

你有沒有這種經驗，跟在一輛龜速車後面，等你終於超過他，你看見他一直在講手機？分心會害我們慢下來，害我們對突發緊急狀態的反應時間變慢，害我們的注意力忘了要監看複雜的道路或是高速公路的車況。我們的一個補償辦法就是放慢速度，而且經常自己不知道，因為速度較慢，我們就能拿回需要用來反應的時間。我就發生過一次這種情況。那次我從紐約北上到密西根去看我的家人，我媽到機場去接我。到我們的小屋還有七十二公里，由我開車，我一邊開車一面聽她跟我說家裡發生的事。我記得我聽得入神，可是突然間她一聲不吭，疑惑地看著我。「你知道我們的車子完全不動了吧？」哈，我們就在M-72州際公路的正中央，車速慢得差不多等於是停住了。

你的重要目標從來不睡覺。它在背景裡不知不覺地運作著，不需要你來指導，甚至不需要你知道，孜孜不倦地監視你的環境，尋找可能符合你的需求的事物。某個問題的解答可能憑空就在你的心裡冒出來。睡眠是一段很大的停工時間，意識活動極少，你的心智利用這段時間無意識地繼續解決問題。好消息是有時它會成功，提供突破瓶頸的答案，解開你以意識處理了一陣子的問題。壞消息是要是它沒有足夠的進展，而且時間又短，你的心智就會跟你囉嗦個沒完，造成憂慮。不是你的心智要折磨你，無論看起來有多像。它是來到了一個關卡，只有一點點的意識工作才能夠突破——而這個意識工作的形態就是擬定一個具體的計畫，在不久的將來解決問題。

意識與無意識歷程相互運作、彼此幫助。在本章我們闡述了許多即使我們已經放棄了，或是移向下一個需要做的事時，無意識仍有許多方式接手意識的指揮棒繼續解決問題。就如密切的同事或隊友分工合作來完成事情一樣，無意識歷程把你的有意識的注意力導向重要的資訊，它會誠實地跟你的意識心智溝通，報告進度是否順利。有時有些大難題的答案甚至會在夢中出現，但通常是在經過了大量的意識努力之後。創意往往依靠這種無意識活動——無論你是麥可．喬丹、諾曼．梅勒，或是又老又平凡的我。

「睡一覺再說」沒關係，在思索過很久之後暫時忘記某個問題也沒關係。事實上，這麼做還很有益處。比方說，意識努力的認知是有限的，也很累人，所以暫時做點別的事，讓意識充個電是個很好的主意。我就學到了放下心，相信自己。想從書桌後站起來，休息一下，煮杯咖啡，到院子裡走個幾分鐘，我就去做；特別是在我對於接下來該寫什麼只有模糊的概念時。短暫的休息通常很有用；它給了無意識歷程一個機會，按照迷你版的梅勒方式來運作，等我再坐下來，我就會有比較清楚的方向。許多作家與思想家把散步或運動當作是一個心靈的強大充電器。我以前常常在鄉下長跑，經常會有洞見以及研究的點子，等我回家後就能盡快寫下來。在從事這類活動時，你的目標與無意識問題解決機制能夠利用這段停工時間，而且往往能完成你的意識難以進行的事情。

照梅勒的建議，跟自己對話，給自己任務，想來或許很怪異。我剛搬到紐約時，看到有些人獨自走路時會大聲說話，我們知道他們有些不正常，會離他們遠一點。（今天這種自言自語的人可多了，可是他們是戴了耳機或智慧型手機。）可是如果你想一想，我們正常的意識思考不也在心裡跟我們說話嗎？而且事實上，這種內部談話從我們年齡很小的時候就開始了，幼兒會大聲跟自己說話，跟自己聊天，甚至跟自己說下一步要做什麼。這個發展階段很短，約在三歲時，首先是俄國發展心理學家列夫．維高斯基（Lev Vygotsky）在一九三〇年代注意到的。兒童在發展意識思考的能力時，會先大聲跟自己說話，只有這麼做之後，他們才能悄悄地在心裡跟自己說話。

因此梅勒的做法以及對於作家的建議，實際上是一種操作心理機制的自然而然做法，可以較完整地利用我們的意識與無意識的思考及問題解決模式的合作本質。我們控制自己的能力，也就是**自律**的能力，實際上是依賴這個跟自己對話的能力——要等我們有能力這麼做之後，自制才會開始（四歲左右）。而這個控制我們心智與行為的能力，利用無意識與意識方法來更有效率地達成我們的目標，就是最後一章的重點。

第十章　你能控制心智

幾千年來，我們一直很特殊，說有多特殊就有多特殊。不僅是地球，還包括環繞我們的整個宇宙。在西方的觀念裡，地球是宇宙的中心，而人類則是地球的中心。萬物都是為了我們的利益而存在的，而我們的意識心智居於核心——我們的靈魂、我們每一個人的核心、我們跟上帝以及永恆的超自然連結。

接著是幾百年冷酷無情的下臺階段。首先是哥白尼和伽利略推出了他們的理論，接著望遠鏡發明了，證實了地球其實並不是宇宙的中心，甚至不是太陽系的中心，因為是我們繞著太陽轉動，而不是太陽繞著我們轉動。然後是更致命的一擊，達爾文說人類不是地球上一切生命的核心——生物無論大小，初始的型態都不是我們今天看見的樣子，而是經過了幾十億年的時間以及純粹自然的過程才演化到今天的模樣，而人類也是一樣。尼采閱讀寫在牆上的字，宣稱上帝已死。無論我們是什麼，我們在宇宙中都是孤獨的。但至少我們仍有我們的意識心智、我們的超能力、我們的自由意志。至少在我們自己的身體裡，我們仍然是自己的主宰，能控制我們的所做所思。

接著是佛洛伊德和史金納擊出了最後的一拳。你的星球，你坐著的這塊大石頭，只是宇宙遙遠一角的一個小斑點。你不但不比自然力量在浩瀚的時間中塑造的動植物特別——你甚至不能控制自己的心智、自己的感情、自己的行動。佛洛伊德說，在你體內運作的隱藏力量控制了你，只是你並沒有發現。然後史金納連這麼一丁點的力量都奪走了。你的內部沒有一樣是重要的，他如此主張。你的環境和外在的世界把你當把小提琴一樣拉——你還自以為自己是莫扎特呢。

地球不再是宇宙的中心，人類不再是地球的中心，我們的意識心智不再是我們的中心。我們是被放在我們的位置上的。希臘神話中的「狂妄自大」說的就是相信自己有神一樣的能力與特徵的凡人，而復仇女神專門懲罰狂妄自大的凡人，讓他們認清自己的地位。我們享受我們長久的妄自尊大，一直享受到哥白尼的時代，可是接下來復仇女神就出現來討債了。就這方面而言，這本書可能沒什麼幫助，可是我的目的是要揭開人類心智真正的本質，好讓我們能夠把真正的力量找回來。

從我們的過去、現在、未來產生的深刻影響，在我們發覺之前，一次又一次左右了我們的行為、我們的選擇、我們的好惡。生命會逗留——經驗從某個情境傳到另一個情境，在不知不覺間影響了我們。我們天生就會模仿別人的舉動，像感冒似地傳染了他們的情緒和行為，甚至只因為在電視上看人抽菸喝酒，自己也跟著抽更多菸喝更多酒。暫時的目標與需求決定了我們對別人的好惡，決定了我們留意並且事後記得的東西，也影響了我們在商店裡購物的多寡。我們光看一個人的臉孔就很武斷地認定我們能摸透他，其實不然。這麼多不同的無意識影響都在表面之下運作——我要怎麼控制它？還是說我只能任由它擺布？

我有自由意志嗎？

在最後一章，我們會討論如何以最有效的方式在不需要這些影響力的時候來控制它們，並且在它們有用處的時候，使用這些無意識歷程來讓你獲益。這是一條雙向道：你可以利用意識及有意圖的歷程來對抗或是控制不想要的無意識影響；但你也能夠利用無意識機制來輔助你，在一般的意識方法還不夠的情況下，幫你完成任務。我會分成三個重點，希望你隨身攜帶，應用在這本書之外的人生上。

- **第一點：你的意識思考很重要。這個意思是，根據心理學家的定義，你有「自由意志」。但卻不如你相信的那麼完整、那麼全能。**

要是你已經讀到這裡了，你也就知道了有許許多多的力量在操縱我們，而我們一般都沒有覺察到，也因此沒有控制力。就如傳奇的克利夫蘭印第安人隊投手鮑伯·費勒說他自己的快速球：「你看不見就打不到。」所以看見——或是更能覺察出——這些隱藏的影響就是控制它們的第一步，或是讓它們來為你所用。假裝它們不存在、堅持說你就是有完整的自由意志與控制力，你是會三振出局的。

- **第二點：承認你沒有完整的自由意志或是完整的意識控制，實際上是增加了你真正擁有的自由意志和控制力。**

這是怎麼一回事呢？一口咬定別人的廣告手法或是說服勸誘絕對不能打動他們的人，其實最有可能受別人的控制；一口咬定別人做的事跟他們做的事完全無關的人，其實讓他們更容易受到他人的行為傳染，他們也最有可能把職場上的不愉快帶回家裡。事實證明，他們也較無法有效地控制自己，因為他們相信能夠用意識意志力來行動，所以不去使用無意識的自我控制方法，而其實無意識才是最有效的方法（參見第三點）。

我們當然是自己靈魂的船長，而且當船長聽起來也很了不起，可是就和人生其他的道路一樣，有壞船長，也有好船長。睿智的船長會考慮風勢、風向、海流，只要不利於航行，就會適時調整，而在自然的力量和船的方向一致時，就善加利用。壞船長堅持只有舵輪最重要，結果不是撞上了礁石，就是在大海中漂流。

承認了這些隱藏的影響力在運作後，你現在就有機會來處理它，在你之前其實並沒有控制力的地方重獲真正的控制力。這是實打實的收穫，但好處還不止於此。把控制力委託給這些無意識力量，你就更能夠達成你有意識及有意圖的目標。在意識忙著其他事情時，你讓無意識力量來處理這些重要的目標，利用它問題解決的能力以及創意。**你讓它來為你工作**。這樣的利潤甚至還更大。

- **第三點：最有效率的自制不是透過意志力，不是使勁壓抑衝動和不想要的行為。而是有效地羈束心智的無意識力量，讓它更輕鬆地為你來控制自己。**

這下子可把老人家的話推翻了吧？

事實上，比較能夠自制的人——成績比較高、身體比較健康、比較常運動、體重沒那麼驚人、不抽菸、比較會賺錢、人際關係比較好——都**不是**那些比我們更常使用意志力的人。恰恰相反，像聖人一樣，似乎特別受上帝賜福，把自己的生活規劃得那麼好的那些人都是**沒那麼**有意識地去做有益的事情，反而更自動自發，更習慣性。而且你當然也可以一樣。

好，這就是我們會在最後一章討論的東西。現在，讓你的心先舒服自在，不要去擔心我們在這本書裡討論過的部分，那些都會「上樓去」，不需要你分分秒秒有意識的指導與監視。想像自己是有一群能幹員工的執行長。他們都為「你」這家公司工作，而且盡忠職守，一心一意要讓你滿意，為你的成就奮鬥。放輕鬆，讓他們做事。

執行你的意圖

你的意識思想很重要。它是**因果**，意思是它有力量改變你的感覺和你的作為。你可能覺得，這麼明顯的事還用得著說嗎？但事實上，一百年前的主流科學心理學的主張卻正好相反。在本書一開始我就說過，一九一三年，美國心理學家、行為論之父約翰·華生，出版了指標性的論文，震撼了也改變了科學心理學的這個新興領域——尤其是對心智的研究。其震撼的程度等同於尼采的上帝已死。其實華生是秉筆直書：「意識是死寂的。」為什麼？因為他寫作的時代並沒有可信的方法來評估或是研究意識思想。當時電腦、電子計時器、螢幕都還沒有問世，不像現代的認知心理學可以利用這些工具來進行控制的實驗，研究知覺能力、注意力與判斷力。華生有的只是志願受試者的自省報告，描述他們的所見所思，但是最後卻證明並不是很可靠。不同的受試者對他們所見沒有一致的認同，即使他們觀看與判斷的都是同一件事；他們對於同樣一件事有不同的想法和感覺，而同一個人甚至無法在不同的時間點有相同的觀點和想法。當時的心理學才剛萌芽，研究人員只能拿現成的工具將就著湊合，就像是到荒野去開拓的墾荒者一樣，只能靠自己。這讓科學家深感為難。有沒有放諸四海皆準的結論？有沒有十足的把握？

因為內省的方式並不會產生可靠的結果，華生最後說科學心理學根本不應該使用內省或是研究意識，而是應該聚焦在外在的「刺激」（Stimulus）性質，以及生物實際的行為「反應」（Responses）上，不要去管所謂的內在想法與經驗。他的主張後來稱為刺激—反應心理學（S-R psychology）。他更進一步說，因為意識完全無關緊要，動物也可以研究，好似動物在行為上和人類是幾乎相等的。動物不像我們一樣有意識，可是意識反正也不重要了。華生以及行為學派實際上是禁止了科學心理學領域去研究人類的意識。當然，現在聽起來很荒唐——人類經驗還有什麼比**意識**更核心的呢？

華生認為意識不應該是科學心理學的一部分，因為沒有可靠的方法能夠評估，可是繼他而起的史金納以及他的「新行為學派」同仁卻把這個強硬的立場又往前推了一步：因為他們無法測量，因此不能包含在他們實驗室的動物行為模型（包括人類），所以史金納那一派說意識在真實人生中也沒有什麼因果的角色。因為他們無法如心中所想地那麼積極研究，也因為在他們的實驗室中意識並不像某個可以研究的變數一樣存在，人類意識因此一定不存在於實驗室之外的世界中。它只是一種**副現象**，意思是其他現象的副作用，站不住腳的，本身並不重要，也沒有什麼因果。不知為何，**當年**只是缺少可靠的方法來研究意識思想，後來居然質變了，變成了意識思想**並不以**影響人類生活的力量而存在。

行為論學派只強調現在的環境，排除了我們的心智經歷過的其他時區——我們深刻的、新近的過去，以及我們未來的目標與渴望的影響。對這一派而言，我們全都像雷何密特的病人，被外在環境的信號控制，除此之外，別無其他。但這只是因為行為學派在心理學史上的這個時間點，只看得見外在環境，看不見心智的內部運作。他們的邏輯是看不見的就一定不存在。這種態度讓我想到兩歲的孩子玩捉迷藏，遮著眼睛當瞎子。

又一次，狂妄自大露出了它傲慢的腦袋。行為學派甚至連可靠的方法都不想要了，直接假設因為現在**還沒有**可靠的方法來研究內在思想與判斷，以後也不會有。他們相信心理學發展到他們那裡已經走到盡頭——他們的科學已經是顛峰狀態，不會有人再超越，新的科技或方法也無法再有什麼增益。但我們都知道，沒多久就出現了晶體管、電腦、電視螢幕和電子測量儀器，讓心智的科學研究有了幫手。這些新的方法衍生了認知革命，把行為論永遠驅逐出境了。

心理學對自由意志的爭辯可以回溯到華生一九一三年的論文。問題不在自由意志的本身，而是在意識思想究竟重不重要，它是否扮演了一個因果角色。史金納與其他的行為論學家認為沒有，而且根據他對鴿子和老鼠的研究，也寫了幾本暢銷書，討論人類的自由意志只是一種錯覺。而我們大多數的人在問「自由意志真的存在嗎？」時，都想要知道答案。我們是在問，我自己的內心想法和決策具有作用嗎？我的想法和決策會改變我的行動嗎？所以我能夠控制我的判斷和決定，進而控制我的人生嗎？而這些問題的答案，根據數十年來的心理學研究，是一聲很響亮的「是」。

班哲明・富蘭克林（Benjamin Franklin）在他的《自傳》（*Autobiography*）中寫道他不吃肉，或是「動物」，包括魚，因為動物沒有對不起我們，「不該被屠殺」。但他以前很愛吃魚，還覺得「熱騰騰剛上桌的魚味道真是香啊」。

> 我在原則與愛好之間猶豫了一陣子，後來我想起了在剖魚時，我看見了魚胃裡還有更小的魚，所以我就想：「既然你吃別的魚，那我們爲什麼不能吃你。」所以我就開心大啖鱈魚。看吧，做個有理性的生物眞是太方便了，因爲只要你想做什麼事，理性就能讓你找到理由或是編出個藉口來。（原文無強調）

富蘭克林利用了他的意識推理來為他的改變原則找理由，讓他有理由吃他一直想吃的動物。我們把這個叫作**合理化**，而從他的例子來看，這種意識推理是有因果關係的。它讓富蘭克林的行為產生了變化（也改變了與吃有關的道德立場）。意識心智很善於把我們的作為，或是我們想做的事，翻轉到較正面的方向，至不濟也要讓它比較合理、比較能辯解。我們在心理上把退步和人生中的悲劇轉變了，讓它不那麼嚴重，才能在情緒上更妥善處理。我們最愛的一個手段叫作**趨下型社會比較**（downward social comparison），而且是我們的通病。在人生中對什麼不滿，我們會提醒自己總有人比我們更差，比我們的境況更不堪，而我們慶幸自己還比他們好。在這裡，我們的意識想法也是有因果的，因為它有效地改變了（減輕了）我們情緒低落的程度。把某個情況心理轉換為另一個不同的情況，較容易處理，這是我們控制情緒與衝動的主要手法——看到一塊巧克力蛋糕就想到N萬大卡而不是有多好吃。

本書的一個主旨是如何讓你利用無意識機制來協助你達成你的意識目標。想交朋友、想跟剛認識的人熟絡嗎？看著他們、注意他們，讓自然的、無意識的模仿效應自動發生，就會有好效果，喜歡與共同點就會慢慢增加。手邊有項困難或是耗時的工作嗎？提早開始動手，讓無意識追求目標的過程自然而然幫你解決問題，提供跳出傳統框架的創意解答，幫你注意相關的有用資訊，在心智的停工時間處理問題。

同樣地，實驗證明發揮自制力的最佳方法是把大量的工作讓給無意識的自動機制來做。研究指出有兩種無意識自制的主要模式能夠在日常生活中提供你極大的幫助。一個是短期的、技術性的，一個是長期的、策略性的。

短期模式（比如：記住你老是忘了做的事情，或是開始運動），把你的困難企圖付諸實行，最有效的方法是透過**執行意圖**。我長年的同事彼得·高維則發現了執行意圖技術在進行困難意圖和渴想行為時是最有效果的方法。這說的是擬定具體的計畫，你要在**何時、何地、如何**來實踐你的企圖。使用這個方法，你就能凌駕本書中講述的許多無意識影響。

長期模式也一樣（比方說：節食、運動，或是培養讀書習慣），想要持續不懈，避開誘惑，達成目標的最佳途徑不是發揮意志力、拚死拚活地用意志來壓制物質，而是透過有規律的時間地點來**養成好習慣**。

這兩種自制的方法都比費力的意識方法要有效得多，因為兩者都用上了環境線索自然而然啟動行為的方式。執行意圖的重點就是選定一個未來的時間地點，讓你做出你想要的行為。習慣能養成就得靠定出一個規律來，一個日常的時間地點，讓你來執行你想做的行為。這麼做你就不需要特意去記住你要做什麼行為，而我們常常因為生活中有太多顧慮，所以不容易記住；同時它也能幫我們排除推諉閃躲的機會（像是運動或節食，或是減少飲酒量），在這一點上，正如富蘭克林所說，我們的意識推理力量是有很大的彈性的。無論是哪一種模式都是在**不假思索**的情況下就做出了有用的、需要做的事情，因此在自制上也就提出了一個更可靠、更高效率的方法。

史金納和佛洛伊德一樣，並不是什麼都錯。我們的環境中的刺激事件往往能夠自然而然地誘發行為反應，這點是百分之百正確的。我們在雷何密特的病人身上，以及羅傑·巴爾克在環境對行為影響的研究上，都看出了環境中的線索可以是直接左右我們做什麼事又如何做的強大決定因素。高維則帶著學生做的一個早期研究中，詢問慕尼黑大學的學生回家過聖誕節想要做什麼事。例如，想完成一項重要的功課，或是做對男大學生而言尤其重要的私事，像是跟他們的父親說愛他。所有學生都想要完成這些目標。研究人員指示其中一些大學生，要他們作出堅定的實現目標承諾，像是「我會跟我父親說我愛他！」但另一組則要他們擬定具體的計畫，列出他們要在何時、何地、如何做這件事，比如：「我爸到火車站接我，我一坐進車子裡就要跟他說我愛他！」等學生度完假期回來，研究人員問他們是否完成了假期目標。這項早期的研究發現執行意圖的學生——為想要做的行為制定了實際上執行的時間及地點的人——比其他學生，甚至是那一組承諾要達成目標的學生，在實踐意圖上要成功得多。

在我學到執行意圖之後不久，我決定要親身體驗一次，因為我從紐約大學的同事那兒借了一本書，老是忘記要還回去，就跟個典型的心不在焉教授一樣。我的同事有點不耐煩了，因為他真的很需要那本書來寫手邊的論文。所以在我的辦公室又一次討書失敗，而且場面有點不愉快之後，我告訴自己，等今晚我走進家門，我就會直接走向書桌，把書放進公事包裡！放學後，我一回到家，就往臥室走，而不是平常去的廚房，連燈都沒打開。我記得我有點迷惑，為什麼兩條腿會朝那邊走，後來我發現自己走到了書桌前，直接看著那本書。我還提著公事包，要把書放進去完全不是問題，而且我連想都沒去想。完成了：意圖執行了。

腦部照影研究也發現了這種意圖執行是如何運作的。基本上，一個執行意圖形成後，對行為的控制會從大腦的一區轉移到另一區。在你對某種行為有目標和欲望時，已知稱為布羅德曼區（Brodmann area）的一部分與自我啟動動作有關的區塊，會變得活化，好比說目標是「我今天想去店裡買牛奶和晚餐」。而一旦執行意圖成形了，諸如「等我把這篇報告做完，我要離開書桌，到那家店去。」同一個區塊的不同部分就會活化，也就是與環境驅動行為有關的區塊。所以大腦掃描研究證實了意圖一般是由內在思考控制的（記住要做的事），可是執行意圖——比較可靠、有效率——把行為控制從你自我產生的內部思考轉向了外在環境的刺激，所以發生了這件事，你就會去做那件事，不需要你去記住，也不需要停下來思索。在你知道之前就會發生。

等到執行意圖開始賺進科學貨幣，健康心理學家就運用這個技術來幫助難以遵循複雜的大批服藥計畫的病人，因為這些病人漏掉了一種藥品就是攸關生死的大事。有個早期的實驗，帕斯可·習仁（Pascal Sheeran）和蘇珊·歐貝爾（Susan Orbell）讓養護中心的年老病人為每天該在何時、何地、如何服下藥物定下了執行意圖。聽起來容易其實做起來難，因為有些藥品需要連同食物一起服用，有些需空腹，有些在早晨吃，有些要晚上吃，每次他們都得要記住要吃藥，可單是記住就是很大的問題。對照組在幾個月裡只有二十五%的病人每天在正確的時間吃藥，可是另一組的病人形成了執行意圖。這一組的病人會說：「等我吃完了早餐，回到房間，我就會吃一號藥。」以及：「在我關燈睡覺前，我會吃四號藥。」關鍵就在於要把未來極其可能發生的事件具體化，給它一個規律。這一組，在幾個月的實驗期間，成功率高達百分之百。當然，並非所有的研究都有這麼完美的結果，可是很顯然，把控制服藥的力量從意識意志力轉換到規律的環境事件上，幫助了這些年長的病人。

我們雖然立意良善卻常常為德不卒，一個主要的原因就是我們老是會忘記。有個調查詢問了想做乳房自行檢查卻沒做的女性，七十%的人說她們就是忘記了。建立執行意圖進行自我檢查或預約醫生做定期檢查，不但能降低個人罹患重症的機會，更能減輕社會對每個人的健康照護成本。人壽保險公司寄郵件給一萬兩千名還沒做大腸鏡檢查的員工，要他們做意圖執行——擬定個具體的計畫——何時、何地、如何為檢查訂時間。只收到備忘錄，之後就去排定檢查時間的員工有六・二%，收到備忘錄以及擬定具體計畫指示的員工則有七・二%去排定了時間。成長了百分之一，聽來或許很少，可是紀念斯隆—凱特林癌症中心的研究人員卻發現光是百分之一的成長，就能讓每十萬名高危險族群多活兩百七十一年。

二十一世紀的幾次美國總統大選得票數都十分接近，讓我們看到投票的總數影響了結果。政治科學家開始利用執行意圖在初選與定期的選舉上增加選民的投票人數。舉例而言，二〇〇八年賓州民主黨黨內初選，巴拉克・歐巴馬（Barack Obama）對希拉蕊・柯林頓（Hillary Clinton），研究人員就做了田野調查。將近三十萬選民接到專業公司的電話，這家公司為不同的競選活動在那一年撥了幾百萬通的電話。研究分為兩組，他們請其中一組的潛在選民建立一個執行意圖，定出何時、何地、如何在選舉日當天去投票，而另一組則是接到一般的鼓勵你去投票的訊息。選舉日通常是在週二，大家都上班了，早晨得送孩子去上學，放學還得去接——換句話說，就是很平常的一個繁忙的日子，很難擠得出時間去投票。因為大家通常事前甚至不知道投票所在哪裡，所以事先查清楚，並且擬定具體計畫就會造成很大的不同。果不其然，在這次調查實際州初選的大型研究中，發現了執行意圖組比標準的鼓勵投票電話組高出了四%的投票率。競選活動花費數百萬的金錢（寄郵件，挨家挨戶拜票，電視廣告），連多出百分之一的投票率都不肯放過，所以對他們而言，這是非常大的效益。

執行意圖不僅幫助我們做事，也幫我們**不**去做——比方說屈服於不想要的無意識衝動和影響。比方說，如果我們真心不想有種族歧視，我們的無意識意志會幫助我們表達這種欲望，不僅在思想上，也會付諸行動。高維則早期的一個研究指出，誓言平等待人的學生跟那些並沒有同樣的激發目標的學生相比，更勇於加入緊湊的談話，並且反對種族歧視的意見。在其他種族歧視的研究中，請受試者扮演警察，一看見螢幕上出現了持槍的人，就盡快開槍。螢幕上的人手上都拿著東西，有一半不是武器，而是別的物品，像是皮夾。螢幕上的人一半是白人，一半是黑人。對照組就跟之前的幾個研究一樣，白人受試者比較可能會錯誤地射擊一名無武裝的黑人，而不是無武裝的白人，而且和持械黑人相比，他們較不可能正確地射擊持械白人。但是在執行意圖組，受試者先跟自己說：「要是我看見一個人，我會忽略他的種族！」種族偏見就會大幅減小。這個研究對執法人員的含意是很明顯的。

我們在第六章中看到模擬另一個人會很自然地增加聯繫與喜歡。法國有一項百貨公司研究，銷售員模擬顧客比較能夠讓顧客買下昂貴的電子用品。那麼執行意圖能保護你不受這類無意識影響操弄嗎？最近高維則團隊證實了節儉的執行意圖能夠阻擋這些被模擬的微妙作用。受試者先跟自己說：「如果我被說得很心動，我就跟自己說我可以把錢省下來做重要的投資！」稍後，等實驗好像結束了，實驗人員設法讓受試者收下巧克力或咖啡而不是現金做為實驗的酬勞。實驗人員模擬某些受試者的肢體語言，就如我們在變色龍研究的做法。對照組同樣也有節儉的目標，但是並沒有擬定特定的執行意圖。而沒有執行意圖的人比較容易受到模擬的影響，接受更多巧克力和咖啡——事實上是多了三倍。可是執行意圖組就不是那麼回事了。他們不受模擬的影響，接受巧克力和咖啡的人數沒有增加。執行意圖——把你的未來行為交付給可靠的信號——似乎是一種非常實際的做法，可以避免推銷壓力以及額外的花費，稍後又害你後悔不已。

誘惑形形色色，不一而足，你可以把這條簡單的規則加進你自己的罩門上：「要是我受不住誘惑：『吃了一大份甜點／跟朋友出去／跟老闆回嘴／又買了新衣服』，那我就會告訴自己：『我需要吃得健康／我得做完功課／要有禮貌，懂尊重／要把錢省下來』。」荷蘭在兩百多名減重失敗的人身上做實驗，那些使用執行意圖來迴避獨特誘惑（巧克力、披薩、炸薯條）的人，在往後的兩週順利減少了不健康食品的攝取量。比方說，想減少巧克力攝取量的人會跟自己說：「下次我再受不了誘惑要吃巧克力，我會想到我在節食！」這種方法比「不要做」或是「不要吃」（「下次我再受不了誘惑要吃巧克力，我絕不會吃！」）這種讓節食者的注意力集中在誘惑上的意圖情境要來得有效。

我自己也利用這個技巧來阻止白天工作的牽連效應帶到晚上的家裡。我把執行意圖建立在一個可靠的情況上，就是「等我停在車道上，走下車」。這件事差不多是每天下班後都會發生的，除非我想一整晚坐在車子裡。我之所以會受刺激，想要改變，是因為受了一次結結實實的教訓，我在工作上的壞心情延續了下來，影響了我在家裡的行為。幾年前我在辦公室過得很不愉快——原因很一般，有太多事要做，時間又太少——我的心情和壓力以及對人的感覺，會影響我如何詮釋及反應家裡明明是很友善的事件。我會進家來，非常疲憊，而我那時才三歲的小女兒會跑向門口，看見我很是興奮。我會坐下來，而她自然想要得到我全部的注意，要我看她畫的東西或是想跟我玩。有好幾次我發現自己對她很不耐煩，彷彿她是某個同事——又是一個想要跟我索求的人，在我想要放鬆和做**我**想做的事的時候，向我要求我的時間。可是看見她失望的小臉讓我後悔莫及，我決心要採取步驟，不讓這種事再重演。我需要一個控制這種無意識牽連效應的方法——不要讓我把女兒想跟我在一起的願望自動詮釋成「又是一個想要跟我索求的人」。

因為我早已知道了執行意圖的力量，我就採用這個策略。它是連結了（a）回家後我要表現出很開心看到家人的樣子，很感激他們願意我在場，想跟我在一起，和（b）一個規律的、可靠的環境線索——走出汽車，站在車道上，然後再進家門。所以我做了個執行意圖，有點像：「等我停在車道上，下了車，我會開開心心地進家門，而且親切地和我的家人打招呼！」而後我做得次數夠多，讓它被下車的固定情況提示，成了一種習慣。從那年之後，我也許故態復萌了幾次，但幸好次數不多，而這個方法很有效地幫我阻止了把那些我不要的牽連效應從工作上帶回家裡。

不過，執行意圖並不是什麼魔咒。你自己該做的事情絕不能偷懶——你得真心承諾要執行這個新的目標和企圖，而且腳踏實地去做。我們良善的意圖會失敗有太多次是因為內心深處我們並不想要改變——我們真的想繼續抽菸、繼續喝酒、做個懶人。執行意圖就跟你可能會有的任何目標一樣，如果你是真心想要做到，就得去實踐。

利用外在線索來幫助你控制不想要的衝動和行為是很有力量的，而且這個力量能超越偶一為之的情況，讓你的生活型態有顯著的改變。其實，研究顯示養成好習慣，把控制行為的力量指派給規律的日常情況與事件，是最有效、最能夠持久的方法——成績更好、找到更好的工作、更健康的飲食和生活方式。這是天大的好消息，可是首先得由你來培養這些好習慣，而這點可能不是那麼容易。所以這又是執行意圖能使得上力的地方了，它能讓你有好的開始。也許心臟病病人每天在下班後就去散個步，在她走下汽車之後，連家門都先別進；或是她可以上樓去換掉上班的衣服，立刻就套上運動服，像是短褲、T恤、慢跑鞋。這些步驟雖小，卻能引導出更大更好的事情。

一旦這種新的好行為成形了，在連續幾天使用執行意圖之後，就會變成新的習慣、新的日常規律，而環境線索（抵達車道，下班後在房間換衣服）就會變成無意識的啟動裝置，誘發這個新的複雜行為。頭幾週是最難熬的，可是之後就會變成日常生活的一部分，是你不假思索就會做的事情，甚至是你想做的事情。我在一九九〇年代為了參加紐約市的馬拉松賽，做了許多長跑訓練，我依賴一本許多跑者都會讀的指南《蓋洛威的跑步指南》。書中引述了倡導跑步的大師喬治・席亨博士（Dr. George Sheehan）的話：

「身體想要做昨天做的事。要是你昨天跑步了，它就想今天也跑。要是你不跑，那它也就不想跑了。」所以重要的是遵照你的規律，可以的話儘量不要休假，因為那只會讓你更難重新開始，你就會失去了辛苦那麼久得到的動能。

仔細想想，習慣早就在「經營」你的生活了。羅傑·巴克爾在一九五〇年代就指出了迄今為止，我們的行為的導因就是我們所處的特殊情境或是背景。我們在教堂裡就靜肅莊重，上館子就輕鬆多話，跟著上萬球迷去看大學橄欖球賽就比較喧鬧盡興。而且在每一個情況中我們都知道哪種行為舉止是合宜的，不需要停下來思索。比方說在速食店裡，我們先點餐，然後等待，再拿走，坐下來，吃。可是進了漂亮的餐廳，我們絕不會立刻點餐。我們會等人來帶位，等菜單送上來，然後點餐，再等餐點送上桌。感覺很簡單，因為很熟悉。試想，如果我們是來自某個沒有速食店的地方，只有那種比較漂亮的慢食餐廳——我們就會走進麥當勞，挑張桌子坐下，等著有人來幫我們點餐，等到猴年馬月去！

我們到別的國家時都體驗過這種「文化衝擊」。到了外國，我們有許多的假設就錯了，而且我們不會輕輕鬆鬆就知道怎麼做才是對的。就連最簡單的活動都需要一大堆的意識努力：翻譯交通標誌、學習地方習俗與行為規範，還要盡量別因為個人的自大而做出什麼得罪別人的事情。那會累死人！或者更糟，還可能很危險——許多美國人在倫敦街上走被車撞了，因為他們在過街時，想也不想，看錯了方向。去一個習俗規範都不一樣的地方就能讓我們知道我們在家裡的日常生活有多少是在無意識習慣歷程的控制之下，它把持續的、令人筋疲力盡的要求傳送到我們的意識心智，範圍竟然是那麼的廣。

好消息是我們可以利用這個習慣機制來讓我們的生活變得更美好。就算不是大多數人，也有許多人相信要壓下強烈的誘惑和衝動，需要用上大量的意志力以及內在力量——而且還需要莫大的毅力，可能得鬥爭一整天，甚至是一生。但是新的研究指出正好相反。能夠有效地自我控制的人比較**不受**誘惑威脅，也花費**較少**的精力在壓抑衝動上。

對，你沒看錯。有良好自我控制的人能夠預先規劃人生。使用**無意識**的自律方法，讓「必要之惡」像是吃得健康、運動、念書變成他們生活的一種例行事項，他們把正向的活動變成了習慣，不需要費力去開始，也不需要使勁去克服不想做的念頭。意識以及費力的自制太累人了，也太不可靠了，而且我們也都知道，容易被合理化（「一片蛋糕又不會怎樣」）和藉口（「我辛苦了一天，今晚需要放鬆」）一筆抹殺。

賓州大學的布萊恩・迦拉（Brian Galla）和安琪拉・達克沃斯（Angela Duckworth）做了一系列的研究，對象是在標準測量的自制能力中取得高分的人。他們使用了一個十題的問卷，有的是直述句，如「我很能抵抗誘惑」、「我會做當時覺得很棒但事後會後悔的事」、「有時我沒辦法不讓自己做某件事，即使我知道是錯的」，然後要受試者以一至五的程度來表示同意或不同意。在第一個研究中，他們發現在這個評等上得分高的人比別人更可能說他們做了有益的行為，像是運動，這類「不需要刻意記住」的行為，而是「我會自動去做的事」，他們就比別人更有可能每天在固定的時間和地點去運動——把地點和時間（外在線索）跟他們想要的行為連結起來。他們每天都做，而不是偶一為之，把這個行為培養成了日常的習慣。結果，有效的自律者跟自律較差的人相比，他們的報告是不必經歷那麼大的天人交戰就能去做那個活動，而且做起來也較順手。換言之，實際有效的自制反而會用**較少的**意志力與努力來做某件想做的活動，而不是更多。

近期對於善於自制的人做的研究，透露了他們比我們較少受到誘惑，而且也比較不需要控制自己。德國有一項研究，一週七天追蹤兩百多個人，利用黑莓機，隨時呼叫他們，詢問他們在當下的經驗——他們的誘惑、欲望，以及他們正在施行的自制力。最能夠自制的人（以類似「我善於抵抗誘惑」等問題的標準問卷測量而出），在那一週期間回報了較少的誘惑。蒙特利爾市的麥基爾大學做了另一種實驗，發現自稱需要對誘惑和衝動使用更大自制力的學生，並不是那些最能夠達成重要目標的人。研究人員在學期末再檢查，那些最能夠完成目標的人，一開始就體驗較少的誘惑。研究人員的結論是：「長期而言，竭力的自制力並沒有好處。」

你可能會覺得善於自制的人不像我們這些人有那麼強的欲望——詩人威廉・布雷克（William Blake）就是這麼想的，他說：「那些管得住欲望的人是因為他們的欲望太弱，可以管得住。」但看起來布雷克可說錯了。真正的情況是那些能夠自制的人一開始就把環境布置成沒有誘惑線索和機會。他們進一家商店，不買垃圾食品；如果他們想要減少飲酒量，他們就不會往酒櫃補貨。這是利用外在線索來提升渴望行為的另一面，也是執行意圖和好習慣運作的方式；這裡的關鍵是把不想要的外在信號排除。俄亥俄大學的自制與動機研究學者藤田健太郎（Kentaro Fujita）說：「真正的節食者不會買杯子蛋糕，他們不會經過麵包店；如果看到了杯子蛋糕，他們會想辦法說噁心，而不是好吃。」

南加州大學的溫蒂・伍德（Wendy Wood）是研究習慣與自制的重要專家，她跟我說二十五年來，「真正成功的減菸活動主要是靠改變生活環境。禁菸、加稅、不准電視和雜誌登出香菸廣告、禁止商店陳列香菸，種種行動加起來讓吸菸人口大幅減低。這些都是環境的改變，讓抽菸變得更困難，因而有助於打破這種習慣性的行為模式。」伍德自己的研究計畫就證實了習慣行為是根植於一個人的日常環境的，而這個人會在無意識中受提示，於是自動把這種行為維持下去。總之，在這裡我們學到了改變某種行為的最佳方式就是去改變環境。對於你想要有的好習慣，把它和固定的時間地點綁在一起；至於你想戒除的壞習慣，把會誘發惡習的線索和機會從你的環境中剔除。

無意識心智對我們的行為有強大的影響，而且經常讓你看不出來，有時甚至到了讓你嚇一大跳的程度。它不但決定了我們當下是哪種人，也決定了將來我們是哪種人，以及我們會——或是不會——完成的目標。然而，我們在這一章也看到了，我們的意識心智也能夠是讓我們彈奏的樂器——比方說是芬達的斯翠多凱特（Stratocaster）或是吉普森的萊斯・保羅（Les Paul，吉米・佩奇的最愛），經典搖滾世代的經典電吉他。科學發現了我們的無意識心智為了回應我們的意識訊息而演化，只要我們知道如何有效地溝通這些訊息。用我們的意圖來為我們的心智調弦，我們可以大幅改善我們的健康、我們的心理平靜、我們的事業以及我們的關係。我們可以運用甚至增加我們擁有的自由意志，並且享受讓人類這個物種非常特別的各種方面。

結語——你是DJ

我在二〇〇六年秋天作了那個改變我人生的鱷魚夢時，我的女兒才幾個月大。她這個小不點，嘴巴咕嘟嘟響，讓人又憐又愛，她是一種未來生活的承諾。我希望在她面前的人生能夠充滿了喜樂與和平、熱望與滿足，儘管我也知道阻礙與失望會定期出現，而我真心誠意希望自己有那些本領、那個能力、那份耐性來幫助她面對，並且克服這些挑戰。那天下午我睡著了，我的無意識送給我一個訊息，會重鑄我對心智的看法。她的心智也在快速發展，她雖然懵懵懂懂，但是她的大腦已經在指導她，讓她有我群的偏好，把世界分割成我們和他們。不出幾年，她會漸漸了解她和許多人生活在一起，並且和他們有相同的特質，她會很容易因為身為女孩而受到傷害，因為她的社會對女性有偏見。等她長大，發現了她喜歡某些事、渴望某些事，這些偏好與動力會塑造她的朋友圈，以及她對待朋友的態度。你可能也猜到了，我探究心智的隱藏活板門，反而讓我已經數不清的煩惱又煩上加煩——但它也幫助我知道該留心什麼。所以我的研究不僅是怎麼當個科學家，也事關怎麼當個父親。

我在籌劃和寫作這本書的十年中，一面看著我女兒成長。我們一起經歷了許多事。

她從一個吵鬧可愛的長牙嬰兒變成了一名極有自信聰明的十一歲兒童，戴著牙套，正站在青春期的門檻上。一路走來，她一直都是我真實生活中的超級英雄，我也把這本書獻給她。所有的父母都想要留些珍貴的東西給孩子，等我們死後幫助他們過得幸福快樂，這本書也可以說是我希望能留給她的遺產——我畢生的工作成果，我在我們這個奇異星球上度過一生所辛苦累積的智慧與領悟。（話是這麼說，我也知道很少有孩子聽到要讀父母寫的書會高興得跳起來，他們甚至連聽他說個一分鐘話都受不了。）不過，這本可以說是遺產的東西不是只留給我的女兒。我的目的是要讓這本書能夠幫助任何人或是每一個有興趣學習如何透過了解自己的心智，幫助你更了解自己，因此而讓自己變得更好的人。

我們為什麼要讓自己變得更好？從個人的觀點來說，答案很明顯：這樣我們才能更開心、更健康、更成功。但是沒有人可以孤立存在，真空狀態是生長不出東西的。我們向四面八方送出漣漪，也接收別人送出的漣漪，我們的社群網絡，無論是數位的或非數位的，都因為與朋友、家人、認識的人、不認識的人互動而振動。如果我們真的改善了自己，我們就有機會改善我們的社區，推而廣之，我們的世界。但是這個過程需要的東西總是缺貨中：**謙虛**。謙虛地接受我們並非完全了解自己為什麼會這樣做。我並不是說接受這個事實是很容易的事，它可難了。儘管可能會非常不自在，可是一旦你把自我懷疑放進來，其他的事情也會接踵而至：好奇、驚訝、新想法、檢驗沒有被質疑的假設。也許辛苦，卻是重要的理解，而最終——有如奇蹟發生——產生了改變。為我們的孩子留下一個更美好的世界，即使他們不會讀我們寫給他們的書。

意識與無意識心理歷程也會做不一樣的事情。要是它們做得好的事都一樣，做不好的事也都一樣，那就是多餘的，也就不需要兩者都演化了。所以兩者並沒有什麼好壞之分，兩個都好，不過是在它自己的領域裡好。意識與無意識分工合作，通常都很和諧，效率很高：一個導致另一個，反之亦然。比如，某個情境中的意識經驗會逗留，在不知不覺中進入下一個情境，在接下來的背景中變成無意識影響。無意識歷程處理我們重要的問題和目標，出其不意就把解答送進了意識心智中。無意識目標指導我們的意識把注意力放到與我們的目標相關的事物上，讓我們利用這些事物。**兩種**思考模式都是你的一部分，而不是僅有意識部分。兩者聯手組成了你真實的、內在的自我。所以你在許願的時候才需要小心。意識的願望會以無意識方式呈現在你最料想不到的地方，而且可能會害你做出你寧可沒做的事情。你的強烈需求可能會造成非意圖的結果，像是你肚子餓的時候去購物，或是在州際公路上狂飆一千六百公里回家去，以免賣酒的店打烊。

我從我的同事彼得．高維則那兒學到了許多與人類動機有關的知識，尤其是我們會在毫無所察之前就讓意識來接管外在世界對我們的無意識影響。我跟彼得在一九八九年的慕尼黑相識，他請我到他的學校去演講，跟他的學生座談。我的領域是社會認知，他的是社會動機，兩個一拍即合。不過在他教導我動機之前，他先教我一些德語。那是我第一次訪問德國，我只懂一點德語，所以有一天我問他意識的德文是什麼。「Bewusstsein。」他這麼說。*Bewusstsein*。我自己念了一遍。過了一會兒，我又問：

「那無意識呢？」他給了我一個好笑的表情，翻個白眼。「Unbewusstein。」他說。（意思是**你白痴啊**。現在想想，我夢中的鱷魚也是投給我一模一樣的表情……）

高維則在一九八〇年代末的研究真可以說是超前時代幾十年，而且不像無意識的德文，我自己是打破頭也想不出來的。他的實驗室展示了一種無意識與意識心理效果的結合——刻意把對行為的控制交給外在環境線索、交給未來的事件——就是自由意志和不自由意志的詭異混合。有意識地運用你的無意識力量。我算是鴻運當頭吧，那段時間才能住在德國，而且高維則還邀我去慕尼黑學習他在實驗室裡的所有研究。把他在一九八〇年代的研究加上我當時對外在世界的自動無意識影響的研究結合起來，就是下列的結果，也是你可以參考的做法：

你的環境充滿了能夠刺激你行動的線索，也充滿了在不知不覺間左右你的促發物，所以，何不反過來控制環境呢？畢竟，如果促發物就像備忘錄，我們不是都用便利貼或其他方法來提醒自己做什麼重要的事情，否則的話我們就會忘得一乾二淨嗎？所以我們早就使用了促發自己的基本概念了，有點像達爾文時代的農夫和畜牧人使用物競天擇的原理來培育更肥壯的牛和更大的玉米，而不明白其中的道理。把你的環境塑造成一個更有益的影響，沒有理由讓你不想要的影響力繼續存在。打個簡單的比方好了，你放在辦公桌上的相片，或是你十幾歲的女兒貼在牆上的海報，與這些有關的目標是什麼？你看著照片或海報，心裡想到什麼？對我們某些人來說，如果配偶的相片在工作場合觸動的是浪漫情懷，那擺它們可能就不是什麼好主意，因為在職場上我們是寧可不要這類誘惑的，也不想對別人有什麼不合適的行為。可如果它促發的是我們對家人的思念，以及必須認真工作來扶養他們的想法，那就會是個正向的影響。我想起了《辛普森家庭》著名的一集，荷馬把瑪姬寶寶的相片貼在他在春田核能電廠的牆上，旁邊還貼了「為了她」。你只需要問問自己這些問題，誠實地回答，並且嚴肅看待那些相片可能有的未來無意識影響。

有些研究人員特別指出愛因斯坦和超人之類的名人海報其實是會起反作用的。要是我們在實際生活上不能像他們，這類海報就可能導致自尊降低、打擊士氣，而不是預想的提高自尊和士氣。我不可能像愛因斯坦一樣聰明，你會這麼想，於是覺得更渺小；我不可能像超人一樣強壯或是勇敢，你難過地承認，於是覺得自己沒有用。所以，要慎選你的促發楷模——選個你尊重的，但是在現實生活中真的可以仿效的，比方說林肯，他很誠實，而且做艱困的事情時雖千萬人吾往矣；或是馬丁・路德・金恩博士（Martin Luther King），他宣達種族間的非暴力與和解，而且也具體實踐，他的言行激發了數百萬的人。別忘了，外在世界只能促發你自身早已有的事物——超人再怎麼促發你，也不能讓你飛起來，而如果你本身並不想要健康飲食，這種促發也不會成功。**可是外在世界能夠激發你本身就有的目標和特質，以及你可能做得到的行為。**

多年來，我聽到許多人說他們想知道自己能否促發自己，或是聽到老師說想要促發他們的學生，讓他們的學業成績能夠提高。這個主意很好，卻有兩個問題。第一個是我們剛才提過的：外在促發只能激發你本身就擁有的。第二個問題是你會覺察到你正在做什麼——如果你是有意識地、有意圖地在做的話，這就不是什麼無意識的、被動的影響力在運作了。這情況跟你自己沒辦法給自己呵癢一樣——你很清楚狀況，而且控制權在你手裡。不過別那麼悲觀。你把林肯或是金恩博士的相片掛上去的頭幾天或頭幾週，你知道相片為什麼在牆上，可是到最後它會融入背景——你不會再刻意去注意，你甚至會忘記當初幹嘛掛這種相片。這就對了，等東西在你的眼前你卻不再特別去注意，那時它也成了牆壁的一部分，而促發效應就可以發生了。為你自己而做，但是眼光要放得長遠，然後，就如紐約客的口頭禪：**隨它去啦！**

利用無意識影響來讓你自己占便宜的好處就在這裡。因為那是自然而然發生的，你只需要啟動那個過程，就可以放輕鬆，讓它來為你服務。比如說變色龍效應吧，只要留意剛認識的人，就自然而然會產生模擬和仿效，從而增加了好感和聯繫。你只需要注意某一個人——看著他，聽他說話，其餘的部分會自己出現。也許你想要為自己設一個重要的目標、完成某件事或是解決一個問題，你需要給你的目標一些意識思考，才能夠把它「設定」為重要目標，然後你會發現自己在無意識中努力，並且收割好處——彷彿你是執行長，把任務暫時分派給某個值得信任又非常能幹的手下。

促發確實有不利的影響，比方說電視廣告。CNN的記者凱莉．華勒斯（Kelly Wallace）報導過電視的啤酒與烈酒廣告對未成年人口的飲酒問題有極大的影響。她自己就有未滿十三歲的孩子，所以她決定要錄下她和孩子想看的美式足球球賽，遇到廣告時就快轉。這是個好點子，而且起因是她非常慎重地看待「有樣學樣」效應。否認會受到廣告左右的人當然有權利否認，可能也不會採取什麼行動來阻止那些廣告的影響力，但是他們不該忘了他們的孩子可能也在看，因此而暴露在這些影響之下——而且證據相當清楚，他們**會**被影響。

至於其他的無意識影響，比如生活會從一個情境逗留到另一個情境，如果因此而產生了問題，你可以用執行意圖來打破魔咒——「等我停在車道上，下了車，我會提醒自己要開開心心進家門，跟家人在一起！」遇見新朋友，盡量看穿造成第一印象的膚淺動力，比方說他們的種族、臉孔和魅力，留意他們的人格特質以及他們對你和其他人的態度。把你的看法以及你的信賴建立在他們的行為上，而不是他們的外表上。

而且你也許應該要慎選你的臉書「朋友」，多控制一下你的訊息來源以及你的社群網絡，因為那些你根本就不認識的人在左右你的心情、你的體重、你助人跟合作的意願——太多太多了——在你毫不知情的時候。他們的行為以及他們的想法和感覺，都透過社群網絡滲透過來，變成了你的一部分，改變了你的內在，以及外在的行為。你不必什麼都聽他們的，你可以控制想要聯絡誰，至少比我們現在的許多人要做得好。

培養好習慣，做那個你想做的人。如果你不想有種族偏見和性別歧視，就利用執行意圖，像是「等我看到有色人種，我會提醒自己要公平！」看見了跟你不同的人就把它當作一次實踐人人生而平等的機會。開始每天在同一個時間地點運動，不要給自己找藉口（除了確實發生緊急事件之外）。多購買健康的食品，少買零食。這類正向的行為做得越多，下一次就會變得越容易，久而久之就會變成第二天性，變成嶄新的「真正的你」。還有別忘了，別人看見了你的行為，就會受到影響，就如同你看見了他們的行為受到他們影響一樣。你的善行和利社會行為會增殖，因為真的會傳染到別人身上——不過壞行為和反社會行為也一樣。所以當個正面的榜樣，它會像波浪一樣向外擴散。

從我在一九七〇年代進研究所之後，我走了很長的一條發現之旅，解析我們心智的運作方式，區分我們覺察到的以及沒有覺察到的部分。這本書記錄了我們對自己的心智了解多少，以及通常我們沒察覺到的地方又有多少。我在寫這本書時，我們的實驗室已經計畫要把這個基本的問題再擴大到我們對**別人的**心智的了解。我們對自己的心靈世界都察覺不了，對別人心裡的乾坤當然知道得就更少了。而因為我們對自己的意識思想比別人的要了解得多，這份知識就能夠為我們對別人的看法、他們心裡的想法，甚至是他們比我們善良道德多少，帶來一些重要的結果。

在這方面已經有獨具慧眼的研究了，普林斯頓大學的愛蜜麗．普羅寧（Emily Pronin）、康乃爾大學的大衛．鄧寧（David Dunning）以及他們的同事，指出我們並不知道別人的想法或是意圖，可是我們知道我們自己的，所以我們經常會自覺立意良善，即使我們並沒有實際的作為。舉個例子好了，我想捐錢給慈善團體，偏偏忘了，所以我還是個好人。可是因為我們沒辦法鑽進別人的腦袋裡得知他們的良好意圖，所以對他們就不那麼寬容，於是在人家沒有捐錢或是奉獻時間時，就對他們比較嚴厲。雖然我們也沒捐錢，我們卻覺得別人小氣、自私或不關心他人，而我們就「只是忘了」。好像很不公平，對吧？

可是因為我們能夠進入自己的意識思考，完全弄不清楚別人的，居然還衍生了令人意外的寓意，就是我們有多特別，但某種程度上來說在社交世界裡也是寂寞和孤立的。我跟耶魯的同事愛瑞卡．布思比（Erica Boothby）和瑪格麗特．克拉克就證實了人類——全部的人類，最客氣的說法也是大部分的人——相信我們在公共場所多少是隱形的。我們大家都知道我們常常在火車上或候診室裡、教室或公園長椅上打量別人，我們當然是偷偷摸摸的，避免視線接觸，而且我們不認為有誰會注意到，但同時我們也不認為有誰在打量我們。我們的調查發現每個人都覺得他差不多是唯一這麼做的人——亦即我們在偷偷打量別人，卻沒有人在打量我們。我的同事跟我把這個叫作「隱形披風錯覺」，套用哈利波特的故事。可是如果你仔細想一想，當然也有人在看我們、打量我們，就跟我們自己一樣。畢竟，你就是我的「其他人」，而我是你的「其他人」。你覺得你在觀察我，可是我沒在觀察你；而我以為你沒在觀察我，是我在觀察你，邏輯上我們兩個不可能都對。現實裡，我們都在打量彼此，而且誤以為我們是唯一這麼做的人。

可以這麼說，我們個人的行為也重蹈了一百年前約翰．華生以及行為學派的覆轍。還記得吧？就因為他們沒有可靠的方法來評估意識思想，所以他們的結論是意識思想不重要，對於人的情緒或行為沒有什麼重要的因果角色。作出一個因為沒有直接證據說別人在觀察你，就沒有人在觀察你的結論，本身就是一個邏輯謬論。當然了，你沒有證據能證明他們的想法以及悄悄的留意，而別人也沒有證據能說你，同樣的，你沒有直接的證據能證明他們的立意良善，因此你（還有我，以及每一個人）就假定他們沒有善意。而他們的推論是你沒有良好的意圖，導致你（還有我，以及每一個人）抗議說有，你是想做好事，他們好不要臉，敢以小人之心度君子之腹。這對於我們是如何評斷彼此、形成看法方面富有深奧的含意，尤其是那些屬於他群的人，比方說別的政黨，以及我們又為何會很容易就假設他們用心不良。

好，把這種基本的二元論（我們有進入自己心智的通路／我們缺乏進入別人心智的通路）放到另外一個領域上，不是我們和別人怎麼看彼此，而是我們和別人怎麼**想**彼此。情況還是一樣。我們每一個人都相信，我們在一天中的隨便什麼時候，都在想著我們生活中的其他人——家人、孩子、同事——而那些其他人並沒有想著我們（也許偶爾會想，但不會有我們想得那麼多）。為什麼呢？還是一樣，我們沒有證據能證明他們有想到我們，再說，他們為什麼會想？逕自假設我們不在時別人會想我們，有點自戀吧？可是，我們卻知道**我們**會想那些**我們**認識的人。如果你去問人，大家都會承認一天有好幾次會想到別人，可是同時又相信那些人想他們的次數比較少。（我們稱為**心理間隙**，借用一下倫敦地鐵提醒旅客注意火車與月臺間間隙時的著名標誌。）

如果一個人知道別人在一天之中確實會想著他，特別是對那些覺得孤單、沒人愛、沒人感激的人而言，這可真是一大恩典。要是每個人隨時記錄，在何時想到了生命中的什麼人，然後大家聚在一塊，出示各自的紀錄，對，我真的想過你，哇——真的嗎？——你也想到我？我敢說在他們發現的時候，一定會有好幾張開心的笑臉。

這是我們實驗室研究的一個激勵人心的新方向，因為它把這個問題，我們能夠覺察到多少自己心智中的活動以及本書中所提到的種種重要意涵及後果，延伸到了我們對別人的心智活動能有多少的覺察——而且對於這種程度的覺知（尤其是缺少覺知），似乎確實是有非常重要的意涵和後果的。我們對他人作出了一些相當重要的結論，而且我們的根據似乎就是無力窺探他們的內心，好像我們**察覺**不到有什麼活動就代表**沒有**活動。而且就像本書中討論的許多隱藏心智的負面後果，錯誤結論及邏輯謬論似乎是可以修正的，只需要一分鐘的反思。但最重要的是，這種逐漸萌生的研究提醒了我們，我們的互相聯繫有多麼地緊密，不但透過看得見的行為，也透過看不見的思想。我們依賴他人就像我們的意識心智依賴我們的無意識一樣，而歡迎這個真相融入我們的觀點內，可以幫我們更懂得支持我們生命中的人，並且也接受他們的支持。

＊＊＊

我從高中開始就在家鄉的大學電臺當ＤＪ，可以說慘不忍睹。我第一次對著麥克風報氣象就岔了氣，而用一首歌去銜接上一首歌也沒有我想像中那麼容易。有一次我趁著播放一首長曲的時間去上洗手間，結果莫名其妙把自己鎖在控制室外了。

我們也是自己生活的ＤＪ，也不可能一帆風順。我們會在壓力下心慌意亂，學不來新東西（還記得第一次開車嗎？），而如果情況變得真的壞，就會失控（去問賽馬馬主史帝夫．柯本就知道了）。但我們每次都會學到新的一課，我們會避免犯同樣的錯誤，於是情況就變得比較順利。我們的現在，尤其是我們的未來，可以比我們的過去好。我在播音室磨練了一兩個月之後，在銜接和融合歌曲方面我還真不是蓋的，我也學到了話不要太多，別喧賓奪主，畢竟，聽眾是為了聽歌才轉到這一臺的，而聽眾可能不了解我跟他們一樣喜歡正在播放的歌曲。當然，我不是忙著把新聞都組合起來，就是忙著在第二個轉盤上放唱片，但我也跟他們一起享受當下。我的心想著未來，預備著下一部分的節目，但我當ＤＪ的真正理由是體驗以及控制當下播出的音樂。

而今天，如果你看我的 iPhone 播放單，你會看到大部分的曲目就跟當年我播放的一樣——當然是一堆「齊柏林飛船」，但也有「交通樂團」、「奶油樂團」和林納．史金納，以及更多無名樂團，像是「鬼牙」和「美味棕色」，我是在電臺的音樂圖書室裡找到的。此外也有一九八〇和九〇年代的歌，一堆的「臉部特寫」、一點「超脫」和「珍珠果醬」。音樂對我的魔力始終不衰。耳機傳來的樂聲灌注到我的心智，許許多多舊的情緒、感覺和回憶也隨之湧回。我們身不由己，只能同時活在三個時區裡，回憶過去、重溫過去，那是現在的我們的根源，同時計畫著、擔心著明天和下週要完成什麼事情，今年希望能做到的事，五年後想讓我們的人生變成什麼樣子。過去與未來時時刻刻都在形塑我們的現在。

一九七〇年代的「齊柏林飛船」在此時此刻包含著美國藍調的過去，正如一九七〇年代伊利諾州主修心理系的大學生現在想著的是史金納與佛洛伊德的巨人之聲。從那時開始，我大多數的現在時刻都會留一隻眼睛看著未來的目標，試圖理解我們對自己的所思、所感、所為有多少自由意志，又有多少實際的控制。但這一切都少不了我的過去在我的腦海中演奏——非僅是在電臺那些美妙的歲月，還有我好奇不已的童年、我爬的樹和打的棒球、我瘋狂的高中樂團哥兒們，以及我對父親的記憶。我在電臺裡一開始的笨拙終於變成了第二天性，習慣了程式讓我能樂在其中，感覺很酷，也為深夜的聽眾帶來一些樂趣。我希望這本書也能讓你在自己心智中的播音室輕鬆自在，而且更能夠控制你人生的音軌。

謝辭

缺少兩位人士這本書就不會存在。其中一位是我在「意念建築師」的經紀人道格・亞伯拉姆斯，這本書是他的智慧結晶。道格在十年前初次跟我接觸，此後就緊追不捨，耐性十足，一直等到我的生活安定了下來，讓我有時間執筆。要不是道格對這本書的價值以及傳達的訊息堅信不移，要不是他的經驗和專長，更重要的要不是他的支持和鼓勵，你現在就不會手上捧著東西。（也可能你巴不得有一本書能夠說明你幹嘛要做這種奇怪的事情。）因為這是我第一次嘗試另一種寫作風格，寫一本比較主流、非學術的書籍，多虧了道格的同事亞倫・舒爾曼和拉若・樂孚・哈汀才讓我的文章比較不那麼技術性、比較通俗，也靠他們找出了有趣的故事，讓關鍵的論點更突顯，他們兩位真是無價之寶。

不過，少了內人摩妮卡實際的、情感上的支持，我也不可能會有任何進展。她讓我能夠安穩地坐下來寫作。她一肩擔起了絕大多數的家務事，卸下我肩上的擔子，給了我所需要的時間與空間，不受干擾，一連幾年來幾乎每天早晨都是如此。她幫我讀草稿，遇到不清楚的地方，或是看到某章節不如另一章有趣，就會坦白告訴我。她從不間斷的情愛、支持和鼓勵——還有聖人一樣的耐心——都是我最大的幫手。少了氫和氧就不會有水，少了道格和摩妮卡就不會有這本書。

我們的兩個女兒丹妮兒和蕾克西，也給了我許多的支持與鼓勵，雖然我是連著幾個暑假都在忙這本書。我希望在不久的將來能夠補償她們。她們當時可能不了解，其實我密切地注意她們，看著她們兩人成長，我學到了許多人性以及兒童天性的知識。

我也要大大感激我的同事，十年來他們跟我黏在一塊（有些人感覺不只十年）：瑪格麗特・克拉克、朗・哈珊、埃塞奇耶勒・莫夕勒、蓋瑞・萊瑟姆、諾伯特・舒瓦茨、丹・吉爾伯特、桑德拉・莫瑞、瑪西雅・強森、瓊恩・古魯伯、塔德・希瑟登、金恩・博吉達、提姆・威爾森、羅伊・博梅斯特、彼得・高維則、蓋布莉兒・艾廷根、席夢・舒諾以及阿珀・戴克史得赫伊斯。還有幾位在特定的主題上慷慨相助，不吝給予時間以及專業知識的人士：哈利・瑞斯、溫蒂・伍德、班哲明・卡爾尼、施華維以及席拉・蓋布瑞爾。

我在Simon & Schuster / Touchstone的編輯翠徐・塔德，以及她了不起的同事和員工也以熱忱與令人信服的指導來給我加油打氣，在編輯和出版的過程中，大幅改良了我的初稿。再也找不出比他們更能幹的人了。我很幸運，他們相信這個計畫，投注了那麼多的時間和精神把這本書送到你們的手上。

當然還有許多人在我的學術生涯中給予我指導、支持、與我合作——因為這本書涵蓋了我大部分的生涯（也受到了我的童年與青春期的影響），如果我不感謝他們卓越的貢獻，就太怠慢了。可是時間那麼長，要謝的人實在太多，我只能概括地表示我深深的感激，謝謝他們所做的一切，同時我也要牢牢定下一個意圖執行，將來一有機會就會個別感謝他們。所以，我的姊妹、母親、我過世的父親、我在伊利諾大學以及密西根大學的同學、我在紐約大學以及耶魯大學的同事和研究生——謝謝你們。這不會是你們聽到我最後一次說謝謝。

本書參考資料請見：http://www.crown.com.tw/crown107/02Feb/425083.pdf

國家圖書館出版品預行編目資料

為什麼我們會這麼想、那樣做？：耶魯心理學權威揭開你不能不知道的「無意識」法則 / 約翰・巴吉 博士 著；趙丕慧 譯--初版.--臺北市：平安文化, 2018. 3
面；公分. --(平安叢書;第0587種)(UPWARD;83)
譯自：Before You Know It: The Unconscious Reasons We Do What We Do
ISBN 978-986-96077-2-8(平裝)

1.潛意識 2.無意識 3.人類行為

176.9 107002172

平安叢書第587種
UPWARD 083

為什麼我們會這麼想、那樣做？

耶魯心理學權威揭開你不能不知道的「無意識」法則

Before You Know It: The Unconscious Reasons We Do What We Do

作　　者—約翰・巴吉 博士
譯　　者—趙丕慧
審 訂 者—林書緣
發 行 人—平雲
出版發行—平安文化有限公司
台北市敦化北路120巷50號
電話◎02-27168888
郵撥帳號◎18420815號
皇冠出版社(香港)有限公司
香港上環文咸東街50號寶恒商業中心
23樓2301-3室
電話◎2529-1778　傳真◎2527-0904
總 編 輯—龔橞甄
責任編輯—蔡承歡
美術設計—嚴昱琳
著作完成日期—2017年
初版一刷日期—2018年3月

法律顧問—王惠光律師

讀者服務傳真專線◎02-27150507
電腦編號◎425083
ISBN◎978-986-96077-2-8
Printed in Taiwan
本書定價◎新台幣430元/港幣144元